中国系统重要性保险机构识别和监管研究

Research on Identification and Supervision of the Domestic Systemically Important Insurance Institutions in China

高侯平　著

·北京·

图书在版编目（CIP）数据

中国系统重要性保险机构识别和监管研究 / 高侯平著. -- 北京：中国经济出版社，2021.3（2025.4 重印）

ISBN 978-7-5136-6498-1

Ⅰ.①中… Ⅱ.①高… Ⅲ.①保险业-风险管理-研究-中国 Ⅳ.①F842

中国版本图书馆 CIP 数据核字（2021）第 118636 号

责任编辑　闫明明
责任印制　李　伟
封面设计　任燕飞

出版发行　中国经济出版社
印 刷 者　三河市同力彩印有限公司
经 销 者　各地新华书店
开　　本　710mm×1000mm　1/16
印　　张　13.5
字　　数　195 千字
版　　次　2021 年 3 月第 1 版
印　　次　2025 年 4 月第 2 次
定　　价　69.80 元
广告经营许可证　京西工商广字第 8179 号

中国经济出版社 **网址** http://epc.sinopec.com/epc/ **社址** 北京市东城区安定门外大街 58 号 **邮编** 100011
本版图书如存在印装质量问题，请与本社销售中心联系调换（联系电话：010-57512564）

前言

2007年以来，在保险业系统性风险监管实践中，存在着两个矛盾现象：其一为金融稳定委员会（FSB）和国际保险监督官协会（IAIS）对国内保险业系统重要性风险不甚重视，而次贷危机中美国政府不遗余力地救助美国保险集团（AIG）；其二为中国保险业规模较小或者说“分量不足”，但中国保险监督管理委员会（以下简称“中国保监会”或“保监会”）和中国银行保险监督管理委员会（以下简称“银保监会”或“中国银保监会”）不断推进国内系统重要性保险机构（D－SII）识别和监管进程。面对这样的两重矛盾，保险业系统性风险的重要性、国内保险机构的系统重要性程度问题成为研究焦点。从这两重矛盾中可以看到的一致点是，无论中美均对国内保险业的系统性风险甚为重视，尤其中国更是在积极推进国内系统重要性保险机构的监管工作。

2016年，中国保监会积极推进国内系统重要性保险机构监管制度建设，甚至已向特定保险企业收集数据进行D－SII识别和评定，却有始无终；2018年，中国银保监会再度推进银行业、保险业、证券业系统重要性机构监管工作。目前国内系统重要性保险机构评估和监管尚未具体推进，但是《系统重要性银行评估办法》（银发〔2020〕289号）（2020年12月）已然出台，所以《系统重要性保险机构评估办法》出台亦指日可待。虽然国内系统重要性保险机构监管工作推进过程有所停滞，但中国保监会和银保监会积极推进保险业系统性风险监管却是有目共睹的。

进行系统重要性保险机构识别和监管研究，不仅基于国际和国内监管层面的政策推进，更基于国内保险业发展的需求，基于系统重要性保险机构强烈的外部效应的需求，基于国内系统性金融风险防范的需求，基于社会主义经济建设高质量稳定发展的需求。当前我国从保险大国向保险强国迈进，保险业的集团化、综合化发展步伐加快，保险资金运用渠道拓宽，对外开放进程提速，引致保险业系统性风险传染渠道增加和强度增大，保险业系统重要性风险监管成为保险监管的重要领域。就国内系统重要性保险机构识别和监管加以研究，既可以完善国内系统重要性风险防范理论，为国际系统重要性保险机构监管向国内系统重要性保险机构监管演进提供理论经验；又有利于系统重要性保险风险防范工作的推进，有利于系统重要性保险机构的稳健持续经营，具有重要的理论意义和现实意义。

本书在我国保险业系统性风险形成和保险业系统性风险存在性研究的基础上推进保险业系统性风险监管研究，即进行中国系统重要性保险机构识别研究和系统重要性保险机构监管研究。本书的研究内容和结论如下：首先，基于风险管理理论分析保险业系统性风险传导机制，基于保险业中存在的金融脆弱性、信息不对称和外部性分析保险业系统性风险形成的深层次原因，就此论证保险业系统性风险形成机制；其次，进行保险业系统性风险存在性研究，从溢出效应角度进行定量分析，从潜在风险表现角度进行定性分析，从传导机制角度进行理论分析，判定我国保险业存在系统性风险；再次，进行我国系统重要性保险机构识别研究，通过指标法、熵权法和聚类分析法综合确定平安集团、国寿集团、太保集团和人保集团为我国四家系统重要性保险机构，并建立中国保险业尾部风险关联网络模型加以验证；最后，进行我国系统重要性保险机构监管研究，从监管主体、评估方法、监管目标、监管层次和监管政策方面设计与构建国内系统重要性保险机构监管机制，针对损失发生前的监管目标确定日常监管要求，针对损失发生后的监管目标确定危机监管措施。

本书通过实证与理论研究、定性与定量分析、市场法和指标法、比较分析与聚类分析等相结合展开研究，创新之处主要包括以下五个方面。

第一，本书基于风险管理方法分析保险业系统性风险，研究表明，保险业系统性风险是系统性风险因素、系统性风险事件及系统性风险损失的统一体。不同于以往仅基于 IAIS 评估方法而直接进行系统重要性保险机构识别研究，本书基于保险业经营和制度背景变化进行保险业系统性风险因素分析，剖析构建系统性风险传导机制，为系统重要性保险机构识别指标的选择和风险监管思路的形成奠定基础。

第二，本书基于外部性理论研究发现保险机构系统重要性源自其外部效应，降低保险业系统重要性程度应从增强正外部性和消除负外部性两方面着手。这一研究重视保险业基于"社会稳定器""经济助动器"等功能引致的系统重要性，突破了以往仅关注负外部性的研究，为保险业系统性风险监管提供了新思路。

第三，本书构建了中国系统重要性保险机构尾部风险关联网络模型。首先，本书基于分位数回归的CoVaR模型测定保险类机构对不同类型金融机构的尾部风险溢出效应及保险类机构内部不同保险公司间的尾部风险溢出效应，为系统性风险的存在性提供经验证据。其次，基于保险机构间的尾部风险关联度研究建立中国系统重要性保险机构复杂系统模型，通过对保险机构节点的出、入度边线数量及风险关联强度综合识别保险机构节点的系统重要性程度。此前国内复杂网络模型仅用于金融市场或银行体系风险研究，尚未具体用于保险领域风险研究，本书尝试构建保险业尾部风险关联网络模型以期填补这一空白。

第四，本书研究建立了中国系统重要性保险机构识别指标体系框架。这一评估方法选用包括公司治理指标在内的五大类指标，而且进行客观赋权，改变了以往局限于IAIS评估方法的指标选择和赋权模式，更适合我国系统重要性保险机构的识别，为系统重要性保险机构评估办法的制定提供参考模式。

第五，本书研究建立了中国系统重要性保险机构监管机制。监管机制从监管主体、评估方法、监管目标、监管层次和监管政策等方面设计，并提出提升服务实体经济能力这一日常监管策略以增强D－SIIs正外部性，遏制其负外部性。这一监管框架和监管措施的提出是本书不同于其他监管文献的独到之处。

综上，本书在对我国保险业系统性风险形成和存在性加以研究的基础上，聚焦国内系统重要性保险机构识别和监管的研究，构建了国内系统重要性保险机构识别和监管的理论框架，为国内系统重要性保险机构的识别和监管提供了理论基础，为我国保险业系统性风险监管提供了参考模式。

目录

图目录

第1章
绪 论

1.1 研究背景和研究意义

1.1.1 研究背景

基于当前国内外存在的两个悖论,本书就国内保险业系统重要性风险进行研究。

悖论一:国际金融监管当局对国内保险业系统重要性风险不甚重视与美国政府积极救助 AIG 的现实并存。

国际金融监管当局对国内保险业系统重要性风险监管的态度,一方面可以从国际保险业监管组织发布的报告中看出,另一方面可以从金融监管当局对系统重要性金融机构监管工作的推进程度看出。

国际保险监督官协会(International Association of Insurance Supervisors, IAIS)2010 年6 月发布 *Position Statement on Key Financial Stability Issues*(《关于金融稳定关键问题的立场报告》)①[1],其基本观点是大型保险机构引发保险业系统性风险的可能性增加,但当时保险业并不可能引发系统性风险。日内瓦协会(Geneva Association,GA)的系统性风险工作组(Systemic Risk Work-

① IAIS 对保险业系统性风险的看法:首先,保险业对其他金融行业引致的系统性风险敏感,但无证据表明保险业会引发或放大系统性风险;其次,保险公司或许会借由股市等途径放大风险,不过这种风险可控;再次,金融控股集团的某些保险活动若不加监管,可能会导致系统性风险产生或放大;最后,大型险企通过保险产品、市场及集团化多元化运作模式等途径引致系统性风险的可能性增加。

ing Group）也发布报告[2]，就保险业与金融系统稳定之间的关系加以研究，并指出保险业引发或放大系统性风险的可能性很小。

系统重要性金融机构（Systemically Important Financial Institutions，SIFIs）的识别与监管政策不断演进，其演进路径基本遵循从银行系渐进到非银行系金融机构、从国际延伸到国内。也就是国际系统重要性金融机构监管经历了从“全球系统重要性金融机构（G－SIFIs）监管→国内系统重要性金融机构（D－SIFIs）监管”的渐进演进过程，全球性系统重要性金融机构监管经历了从“银行→保险、证券等”监管的递进过程，而国内系统重要性金融机构监管主要针对国内系统重要性银行，国际层面的监管机构尚未就国内系统重要性保险机构监管工作加以推进。国内系统重要性银行监管工作推进基于两个文件，其一为金融稳定理事会报告[3]，即 *Extending the G－SIFI Framework to Domestic Systemically Important Banks*（《将 G－SIFI 监管框架延伸至国内系统重要性银行》)，2012 年 4 月发布；其二为巴塞尔委员会报告[4]，即 *Management Framework of Global Systemically Important Banks*（《国内系统重要性银行的管理框架》)，同年 10 月发布。前者就国内系统重要性银行（D－SIBs）监管思路和全球及国内监管框架协调问题加以规定，为 D－SIBs 监管提供原则性指导意见；后者则具体设定 D－SIBs 识别方法和特别监管要求（如更高的损失吸收能力)，为 D－SIBs 监管提供具体推进方法。在国内系统重要性银行监管紧锣密鼓推进的同时，国内系统重要性保险机构监管问题却未被提上国际金融监管当局议事日程。可见国际金融监管当局对国内系统重要性保险机构监管的重视程度远不及对国内系统重要性银行的监管。

然而，各国政府对国内保险业系统重要性风险的态度与国际金融监管当局的态度截然相反。2007 年美国次贷危机爆发以后，系统重要性金融风险凸显，“太大而不能倒（Too－Big－To－Fail，TBTF）”的负外部效应倒逼各国政府进行救助。美国政府在危机中对保险业提供的救助资金远远超过了银行业，仅 AIG（美国国际集团）一家保险机构就获得救助资金 1823 亿美元，超过全球银行业两笔最高的救助资金之和[5－7]。金融危机中全球保险业仅有三家保险机构破产倒闭，远低于银行业破产倒闭的数量，但在保险业未出现大规模破产倒闭的情况下，所耗救助资金却非银行业所能及。与此同时，美国政府任由雷曼兄弟和贝尔斯登等投行自行倒闭。次贷危机中AIG的导火索角色无法否认，任由AIG倒闭势必对美国金融系统产生冲击，造成严重影响，甚至可能会导致大范围金融和经济震荡[8]。事实上，政府部门对于保险业系统性风险是采取积极规避态度的。一直标榜自己为市场化典型的美国政府对私有化的AIG进行救助的原因何在？首先，AIG作为保险服务提供机构，美国公众多为其保单持有人，其破产将会导致美国家庭财富减少，保障缺失；其次，作为资金融通机构，AIG与美国国内金融、经济联系紧密，其破产将导致资本市场融资成本上升；最后，作为跨国集团，AIC破产将会严重影响全球金融市场稳定①。AIG的破产将不只是私有股权损失，其对于金融以及实体经济领域的重大负外部效应，迫使美国政府对其施以援手。

无独有偶，中国银行保险监督管理委员会及其前身中国保险监督管理委员会曾先后对永安保险（1997）、新华人寿（2007）、中华联合保险（2009）和安邦保险（2017）实行接管[9]。根据《中华人民共和国保险法》（以下简称《保险法》）规定，当保险机构偿付能力不足或保险机构违规经营，可能严重危及或已经严重危及保险公司的偿付能力时，可以由中国保险监督管理机构对这些问题机构实行接管②。不管是从中国银保监会的实际行为，还是从制度建设层面，都可以看出中国保险监管当局对保险业系统性风险的重视程度。

在国际金融监管当局对国内系统重要性保险机构监管未曾积极推进的情况下，各国政府却对可能产生系统重要性风险的保险公司积极实施救助和接管，引人深思：是否如国际金融监管当局所言，保险业引发或放大系统性风险的可能性很小？对国内系统重要性保险机构风险成因和防范的研究是否正当其时，监管工作推进是否必要？

悖论二：国内金融监管当局对保险业系统重要性风险监管工作的重视与中国保险业规模较小的现实并存。

---

① 据苏格兰皇家银行估计，AIG的破产可能导致处于全球其他地区的金融机构损失高达1800亿美元，并引起全球股市更大规模的暴跌。

② 《保险法》第一百四十四条："保险公司有下列情形之一的，国务院保险监督管理机构可以对其实行接管：（一）公司的偿付能力严重不足的；（二）违反本法规定，损害社会公共利益，可能严重危及或者已经严重危及公司的偿付能力的。被接管的保险公司的债权债务关系不因接管而变化。"

中国保险业规模较小是不争的现实。2018 年中国保险业总资产为 18.3 万亿元，2018 年年末金融业机构总资产为 294 万亿元，银行业境内总资产为 268.2 万亿元。与中国金融业总资产规模相比，与中国银行业总资产规模相比，中国保险业总资产微不足道，其对金融业的影响微乎其微。

与此同时，国内保险机构的系统重要性风险一直备受保险监管当局重视。在国际监管层面尚未推进国内系统重要性保险机构监管工作的情况下，中国保险监管机构先行先动，从制度建设方面和机构评定方面推进系统重要性保险机构监管工作。在制度建设方面，中国保监会两度就《国内系统重要性保险机构监管暂行办法（征求意见稿)》向学界和业界广泛征求意见，首次征求意见是在 2016 年 3 月，在此基础上 2016 年 8 月第二次征求意见；在制度建设的同时，中国保监会积极推进系统重要性保险机构评定工作，2016 年 5 月中国保监会开展评定数据收集工作，要求 16 家保险企业向其报送相关数据。不仅中国保监会积极推进系统重要性保险机构监管工作，中国银保监会成立后也着手进行系统性风险防范。2018 年 11 月下旬《关于完善系统重要性金融机构监管的指导意见》（银发〔2018〕301 号）发布，中国人民银行、中国银行保险监督管理委员会、中国证券监督管理委员会在推进国内系统重要性银行、证券机构监管工作的同时，再次提出要对系统重要性保险机构监管工作加以推进。

国内金融监管当局对保险业系统重要性风险监管工作的重视与中国保险业规模较小的现实并存，这使得反思推进国内保险业系统重要性风险监管工作的意义至关重要。

从这两个悖论可以看到国内系统重要性保险机构监管工作推进是比较积极主动的，这种积极主动性不仅源于国际和国内监管层面的政策推动，更是源于国内金融业、经济发展的实际需求。对中国国内系统重要性保险机构进行识别和监管研究，基于监管层面的政策推进，基于国内保险业发展的需求，基于国内系统性金融风险防范的需求，基于社会主义经济建设高质量稳定发展的需求。

进行国内系统重要性保险机构识别和监管研究基于监管层面的政策推进。在监管层面的推进方面，从国际角度来讲主要是 IAIS 积极推进全球系统重要性保险机构识别和监管工作，从国内层面而言主要是中国保监会和中国银保监会对国内系统重要性保险机构识别和监管工作的推进。2010年以来IAIS致力于保险业系统性风险防范，其设计推出全球系统重要性保险机构（Global Systemically Important Insurers，G－SII）评定标准，通过指标评估法与辅助评估法相结合进行系统重要性保险机构判定[10]，配合保险监管核心原则（Insurance Core Principles，ICP）、国际活跃保险集团监管共同框架（Council Financial Stability，CFS）和多边合作与信息交流谅解备忘录（Multilateral Memorandum of Understanding，MMoU），搭建保险领域国家合作协调监管框架。2012年，IAIS公布G－SII评定标准初稿，构建具体的指标体系（五大类指标，下设18项子指标），提出三步鉴定步骤和五项政策推荐[11]。其中，五大类指标为规模、全球活跃度、关联程度、非传统非保险业务活动和不可替代性，其中"关联程度"和"非传统非保险业务活动"为关键指标。2013年7月，IAIS颁布*Global Systemically Important Insurers*（*G－SIIs*）：*Initial Assessment Methodology*（《全球系统重要性保险机构：初步评估方法》），正式确定G－SII评定标准，且决定每三年就此标准进行一次修订，并基于此确定首批9家"全球系统重要性保险机构"[12]。G－SII评定标准堪称保险业界的巴塞尔协议。2016年4月，国际货币基金组织（International Monetary Fund，IMF）也呼吁各国加强全球保险行业风险监管。2016年6月，IAIS按照每三年修订一次G－SII评估方法的计划，如期发布了修订后的新标准，即*Global Systemically Important Insurers*（*G－SIIs*）：*Updated Assessment Methodology*（《全球系统重要性保险机构：更新评估方法》）[13]，同时发布*Systemic Risk of Insurance Product Characteristics*（《保险产品特征的系统性风险》）[14]。IAIS此次修订，重新设定了G－SIIs大类指标与子指标，同时就计算方法和评估判断等加以调整。国内监管早在2016年3月下旬开展，其时中国保监会就《国内系统重要性保险机构监管暂行办法（征求意见稿）》首次征求意见，8月再度征求意见，以便加强对国内系统重要性保险机构（D－SII）的监管；征求意见期间，中国保监会即于5月启动D－SII评定工作进行数据收集，国内16家保险企业入围备选，并被要求报送评定数据；2018年11月28日，《关于完善系统重要性金融机构监管的指导意见》发布，重启保险业系统重要性金融机构识别和监管工作。

进行国内系统重要性保险机构识别和监管研究基于国内保险业发展需求。国内保险业发展需求，主要是我国正在从保险大国向保险强国推进，在此进程中保险机构的保障功能、融资功能的发挥对于实体经济的贡献越来越大，正外部性越来越强，然而由于保险资金多元化配置投放领域拓宽，保险业集团化趋势加强、多元化混业经营力度加大、对外开放进程进一步加快，保险机构经营失败对保险业、银行业、证券业甚至实体经济都可能产生较强的负外部性，保险业系统重要性风险不断加大，系统重要性风险监管成为保险业监管的重要领域。中国保险业快速发展，2018 年全国原保险保费收入 3.8 万亿元，中国保险市场规模跃居全球第二，占比为 11.07%，仅次于美国。片面追求保费收入增长、过度注重增长速度的粗放式发展方式使中国保险业经营风险激增，系统性风险大量积聚。2009 年《保险法》修订、2012 年中国保监会连发 13 项投资新政、2014 年“新国十条”鼓励险资投资探索、2015 年险资救市政策等，一系列政策的出台极大地拓宽了保险资金可投资领域，激发了保险企业投资的热情和动力。2018 年保险资金债券投资占比为 34.36%，其他投资占比为 39.08%，企业债和另类投资等高收益资产占比达 73%。风险与收益成正比，高收益资产比例增大给保险企业带来收益的同时，保险资金运用风险大幅增加，系统性风险不断酝酿集聚，加强保险投资监管，合理引导保险资金投资方向刻不容缓。

与此同时，国内保险业集团化趋势加强，大型保险企业通过多元化经营、综合化发展，不断扩大公司规模，追求协同效应，以增加市场份额，提升竞争能力。2019 年年末我国保险集团共有 13 家，均积极拓展保险业务增加市场份额，同时不断尝试涉足其他金融领域或非金融领域。如中国人保集团和平安集团均已通过直接或间接方式拥有金融行业全牌照。保险机构直接或间接持有其他金融行业牌照，必然引致互联性和系统重要性程度增加。如平安集团从首次入选全球系统重要性保险机构后稳居全球九大“太大而不能倒”保险企业名单①，其系统重要性程度由此可见一斑。作为发展中国家及新兴保险

① 2013 年 7 月 19 日，金融稳定委员会（Financial Stability Board，FSB）公布首批 9 家 G－SIIs，平安集团入选。2013—2017 年 FSB 每年公布全球系统重要性保险机构名单，平安集团均榜上有名。2018 年至今，FSB 未进行全球系统重要性保险机构评估。

市场中唯一入选的保险机构，其系统重要性程度增加与其集团化经营模式不无关系。

保险业对外开放必然引致保险市场竞争日趋激烈，保险业经营风险增加，且风险经由国外市场向国内保险市场传导的途径被打通，国际风险传染强度增大，系统性风险由此积聚和增加。金融领域中保险业开放的时间最早，开放的程度最高，开放的步伐最快。从 20 世纪 80 年代许可外资保险企业在华设立代表处后，我国保险业对外开放跨越了四个阶段，历经准备期（1980—1992 年 8 月）、试点期（1992 年 9 月—2001 年 11 月）、过渡期（2001 年 12 月—2004 年 12 月）和全面开放期（2005 年至今），目前已成为国内开放程度最高的金融领域。保险业在开放进程中有两次提速，一是“入世”后的过渡期较快推进对外开放；二是 2018 年以来保险业开放进程加快，此次提速就人身保险企业的外资持股比例、保险市场准入和具体业务领域等方面尚存的限制加以放开。配合此次保险业加速对外开放，中国银保监会进行了配套制度建设，分别于 2019 年 10 月修改《中华人民共和国外资保险公司管理条例》，12 月发布《中华人民共和国外资保险公司管理条例实施细则》，其中配套细则进行相应修改后，促进了相关实施规定的落地，保险业对外开放拥有法律依据。从拓宽业务范围到提供投资渠道，再到放开市场准入条件，中国保险市场对境外投资者的开放力度越来越大。

当前我国成为保险大国，随着保险资金多元化配置投放领域拓宽，保险业集团化发展、综合化成为大势所趋，对外开放提速引致风险国际传染强度增加，保险业系统重要性风险监管成为保险业监管的重要内容。防范保险业负外部性，研究保险业系统重要性风险并进行国内系统重要性保险机构识别和监管，增强保险业正外部效应的发挥，提升保险服务实体经济能力，是国内保险业发展引致风险集聚的必然要求。

进行国内系统重要性保险机构识别和监管研究基于系统性风险防范需求。经济发展过程中我国对区域性行业性金融风险的重视和防范由来已久，不仅从政策制度和理论层面不断强化风险防范理念，而且推进监管机构建设和改革不断加强系统性风险监管。早在 1997 年东南亚金融危机爆发时，国务院就开始具体部署防范金融风险；2013 年，党的十八届三中全会明确提出防范区域性系统性风险，要求把防止发生系统性区域性金融风险作为底线；2015 年 10 月，习近平总书记在党的十八届五中全会上指出要“建立现代金融监管框架”“坚守不发生系统性风险的底线”；2017 年 10 月，十九大报告中强调“健全金融监管体系，守住不发生系统性金融风险的底线”；2017 年 12 月，中央经济工作会议确定，“要重点抓好决胜全面建成小康社会的防范化解重大风险、精准扶贫、污染防治三大攻坚战。打好防范化解重大风险攻坚战，重点是防控金融风险”；2019 年 2 月，习近平总书记在中共中央政治局第十三次集体学习时再次指出，“金融稳，经济稳”。在政策和理论层面强调的同时，监管机构建设和改革不断推进，如 2017 年 11 月，金融稳定发展委员会成立；2018 年，中国银保监会成立，金融监管“一行三会”格局改革调整为“一行两会”。金融监管机构的建设和改革，有助于加强金融监管协调，能够更好地满足金融业混业经营的实际需要，适应金融集团化发展趋势，维护和保障金融业稳定发展。“守住不发生系统性金融风险的底线”是我国金融业发展和风险防范的基本要求。而从党的十一届三中全会到现在保险业发展的 40 多年间，潜在系统性风险时有表现，亟须加强系统性风险防范研究，加强系统重要性保险机构监管研究。20 世纪 80 年代，保险企业无序投资助长通货膨胀和经济泡沫的同时，自身也在经济宏观调控过程中受到重挫；90 年代，保险产品设计对利率变动未加考虑，导致利率下调后利差损风险危及保险企业生存；21 世纪，投资新政和保险资金救市政策驱动下的“保险股市举牌”激起资本市场万层浪；纵贯 40 多年间的保险业声誉问题和 4 起保险公司接管事件……保险业潜在系统性风险迭出令其自身遭受重挫，同时国内金融、经济均被累及，系统性风险防范需求增加。进行保险业系统性风险防范，其一在于强化监管，找准监管方向，加大监管力度；其二在于提升保险服务实体经济力度。前者说明了对系统重要性保险机构进行识别和监管研究的重要意义；后者则说明了系统重要性保险机构日常监管的重要手段和途径，保险服务实体经济能力提升意味着保险资金体外循环、助长经济泡沫的风险得以控制，系统重要性保险机构的系统重要性程度可望降低，系统性风险可望减少。

进行国内系统重要性保险机构识别和监管研究基于经济高质量发展的需求。当前我国进入社会主义经济建设新时代，经济高质量稳定发展要求保险业稳定发展，在社会生活和经济增长过程中充分发挥“社会稳定器”“经济助动器”或“经济减震器”功能。而大型保险机构尤其国内系统重要性保险机构可以通过其承保业务为经济稳定增长保驾护航，通过其投资业务为资本市场提供长期稳定的资金来源，其正外部性对经济的辐射功能、对GDP增长的贡献是社会主义经济建设新时代所迫切需要的，因此应识别和监管系统重要性保险机构，促进其正外部性的极大发挥。同时“金融活，经济活；金融稳，经济稳”，经济稳定高质量发展建立在金融体系稳健经营的基础上，建立在保险市场稳健发展的基础上。进行系统重要性保险机构识别和监管研究，遏制其负外部效应，阻断系统性风险爆发的传导机制，可以更好地保证保险业稳定运营，从而促进经济稳定、高质量发展。此外，加强系统重要性保险机构服务实体经济的能力，既可以发挥正外部性，又可以遏制负外部性，促进社会主义新时代经济稳定高质量增长。因此，进行国内系统重要性保险机构识别和监管研究是经济高质量发展的需求。

1.1.2　研究意义

1. 理论意义

虽然国际系统重要性保险机构的识别和研究早在2012年就开始了，但保险业系统重要性风险防范却迟迟未曾由国际向国内演进。与此同时，银行业系统性风险防范由国际向国内演进的时间间隔仅为一年，保险业国内系统性风险防范和监管理论的发展明显滞后。就国内系统重要性保险机构识别和监管加以研究，既可以发展和丰富我国国内系统重要性保险机构风险防范理论，又可以为推动国际系统重要性保险机构监管向国内系统重要性保险机构监管演进提供理论支持，完善国内系统重要性风险防范理论。

从全球角度而言，国际金融监管当局仅就全球系统重要性保险机构认定和评估制定技术规则，保险业系统重要性风险形成、防范和监管的理论尚未构建，国内保险业系统重要性风险评估的技术规则尚未形成，更遑论理论构建；在国际金融监管层面尚未开展对国内保险业系统重要性风险监管工作加以推进的情况下，就国内保险业系统重要性风险的存在性、成因及防范进行研究，可以完善国内保险业系统重要性风险监管理论，为推动国际系统重要性保险机构监管向国内系统重要性保险机构监管演进提供理论支持。

就国内而言，目前国内保险业系统重要性风险是否存在，保险业是否能引发或放大系统性风险尚无定论；若国内保险业系统重要性风险存在，其系统重要性的源泉是什么尚待探讨；若保险业系统性风险存在，则国内系统重要性保险机构识别和监管尚待研究。结合我国保险业发展来看，我国由保险业一度停滞到目前发展成为保险大国并向保险强国迈进，保险密度、保险深度都不断加大；保险业对外开放程度在金融业中处于领跑地位，保险领域国际化程度远高于银行领域；此外，保险行业的风险管理功能为居民提供了安全保障，保险资产的储蓄功能使其成为资产配置的重要方式；保险行业服务实体经济的程度加深，范围也在不断扩大，保险集团化运营使混业经营的交叉风险传递和风险集聚。由于保险行业规模的扩大、保障作用的加强、对外关联性强化、集团化运营等，保险行业的系统重要性风险已经不容忽视，因此，对国内系统重要性保险机构识别和监管的研究，是基于准确感知和精准分析系统重要性保险机构风险进行的。

结合中国保险业发展状况开展国内系统重要性保险机构识别和监管研究，可以从理论上论证国内保险业系统重要性的形成源泉，明确国内保险业系统性风险的防范路径，从而形成国际金融监管理论中关于国内保险业系统性风险监管的理论，形成中国系统重要性保险机构监管理论，为国内系统重要性保险机构识别和监管工作的深入开展提供理论支撑。

2. 现实意义

早在2016年3月，中国保监会就开始推进国内系统重要性保险机构监管工作，但时至今日，该项工作尚未完全落实，国内系统重要性保险机构尚未明确。态度上重视，战略上重视，顶层设计高屋建瓴，但是具体落地工作未能如期推进，战术上的重视、技术层面的落实尚未开展。归根结底，是因为国内保险业系统重要性尚未被真正认识和重视，唯有从理论上论证国内保险业系统重要性风险的存在及其严重性，才能引起社会各界对国内保险业系统重要性风险的重视，才能推进国内系统重要性保险机构的评估工作；唯有从理论上论证国内保险业系统重要性风险的防范途径，才能推进国内系统重要性保险机构的监管工作，才能推进国内系统重要性保险机构的风险防范工作。就国内系统重要性保险机构进行识别和监管加以研究，既有利于保险业系统性风险防范和监管的推进，也有利于国内系统重要性保险机构的稳健持续经营。

就国内系统重要性保险机构识别加以研究，可以为国内系统重要性保险机构评估确定方法，为我国系统重要性保险机构企业识别提供方法；就中国系统重要性保险机构监管加以研究，可以为我国国内系统重要性保险机构监管提供方法，指导国内系统重要性保险机构的监管工作，指导国内系统重要性保险机构进行风险管理；就国内系统重要性保险机构识别和监管加以研究，可以为国际金融监管部门和其他发展中国家系统重要性保险机构识别和监管提供实践经验。

在保险业对外开放加速、集团化程度加强、金融业混业经营的背景下，进行国内系统重要性保险机构识别和监管研究，可以使保险业系统重要性风险溢出得到及时有效的监管和控制，可以使系统重要性保险机构获得充足的资本金和准备金，保证偿付能力，保证承保业务中的风险和投资业务中的风险得到有效分散，防止集团化运营中的交叉风险传递和风险集聚引致保险业系统性风险，防止保险业系统性风险的扩散，保证保险业能够持续发展，为人民和社会提供安全保障，保证金融业的稳定和国家经济、社会的安定。

1.2 国内外文献综述

1.2.1 关于保险业系统重要性风险存在性的研究

关于保险业系统重要性风险是否存在，主要从再保险市场和直接保险市场两方面分析。

次贷危机之前关于保险业系统性风险的研究很少，且主要聚焦再保险市场引致系统性风险的可能性。基于再保险市场进行系统重要性风险研究的国内外研究成果的结论惊人的一致：再保险业不会引致系统性风险。瑞士再保险公司[15]从理论上推断，不论是再保险保障不足或缺乏，还是再保险人违约，都会严重影响原保险人的偿付能力，因此再保险业务和再保险市场具有引致保险业系统性风险的可能。而现实与理论完全不同，瑞士再保险公司其后的调查结果表明，由于保险公司分出业务的多向性极大地分散了风险，保险业系统性风险引致的基础即上述两种情况并不会发生，因此再保险并不会促成和引发保险业系统性风险。再保险市场实践不支持理论推断的情况在三十国委员会的研究中重现。三十国委员会[16]认为再保险市场会影响原保险、银行和资本市场从而引致系统性风险，由于全球尚无再保险人倒闭，无据可考，只能通过压力测试考察，结果表明即便占据世界再保险市场份额达20%的再保险人同时发生经营困难，原保险人的偿付能力也不会因此受到影响，更遑论实体经济遭受冲击。王丽珍[17]运用矩阵法对国内再保险市场进行考察，发现通过再保险业务渠道传染风险并引发保险业系统性风险的可能性很小。

次贷危机之后保险业系统性风险研究受到重视，研究重点转向直接保险市场引致系统性风险。国内外基于直接保险市场进行系统重要性风险研究的结论大相径庭，学者们就保险业系统性风险是否存在各执一词，甚至在认可保险业系统性风险存在的阵营里，对于系统性风险的严重程度也难以达成共识。

Harrington[18]和 Brewer 等[19]认为保险业与系统性风险无关。作为国际保险业智库的日内瓦协会也通过系列研究否认保险业系统性风险的存在。日内瓦协会[20]就次贷危机中 AIG 的作用进行分析，认为由于保险业负债期限比之银行更长，现金流也与银行不同，在次贷危机中仅非传统保险业务和金融保证保险业务对系统性风险具有推动作用。从整体来看，保险业系统较为稳定，并不会引致危机，保险业不会成为系统性风险的源头，导致金融和经济体系的崩溃。日内瓦协会基于此进一步研究[21]认为保险业发生并放大系统性风险的可能性很小。Chen 等[22]运用格兰杰因果检验等发现银行业会引发保险业系统性风险，但保险业不会引发银行业系统性风险。

Bell 和 Keller[23]认为传统保险业务不具有系统性风险，保险业务与银行业务的差异使保险业并不像银行业一样，保险业的规模较小，关联程度较低，导致其系统重要性程度大大降低；非传统业务（如衍生品交易）虽然可能引致系统性风险，但却可以通过严格的以风险为基础的资本监管要求进行控制。

Cummins 和 Weiss[24]、Berdin 和 Sottocornola[25]认为保险业务性质不同，对系统性风险的贡献亦不同，其核心业务对系统性风险的形成全无影响和贡献，但是非核心业务（金融保证、衍生品等）却可能引致系统性风险；且 Cummins 和 Weiss 认为再保险会影响保险业经营稳定，尤其是寿险业更易受到影响从而发生系统性危机。Harrington[26]认为由于杠杆率较高，寿险业系统性风险高于非寿险业。赵桂芹和吴洪[27]认为中国保险业不太可能引致系统性风险，但是基于审慎考虑，应当对保险业务中日益增多的短期融资业务和表外衍生品交易业务进行宏观审慎监管，以防患于未然。完颜瑞云和锁凌燕[28]认为中国保险公司规模较小、业务结构传统且与其他金融行业间的交叉关联有限，保险业并非系统性风险的制造者，但是保险市场在金融深化发展过程中的脆弱性可能导致系统性风险积聚。方蕾和粟芳[29]认为中国保险业是非稳定系统，系统性风险处在集聚过程中，且有恶化趋势。

上述文献更多地基于理论模型或实证数据分析佐证保险业系统性风险的存在性判定，并未结合具体国度的保险市场表现分析保险业稳定性，以致对保险业系统性风险存在性的判定可能出现偏差。

1.2.2　关于保险业系统性风险影响因素的研究

保险业系统性风险影响因素包括内部风险因素和外部风险因素，其中内部因素主要有非核心业务、资产流动性、规模、杠杆率和保险公司之间的互联性等[30]，外部因素主要有经济环境、政策环境、巨灾风险、监管环境和金融泡沫及危机等。

在内部影响因素方面，不仅 IAIS 等认为非传统非保险业务是保险公司系统重要性的影响因素，诸多学者也认为 NITI 是保险业系统性风险的重要影响因素，如 Bell 和 Keller、Cummins 和 Weiss 均认为金融保证、衍生品等可能引致系统性风险；Baluch 等[31]认为由于保险企业非传统非保险业务增加，导致保险业存在系统性风险。Billio 等[32]认为保险公司的非流动资产可能在金融危机时期产生系统性风险；Weiß 和 Mühlnickel[33]、Bansal[34]发现规模是保险公司风险敞口的主要影响因素；Bierth 等[35]、Chang 等[36]发现杠杆率和非核心业务是保险公司系统重要性的主要影响因素；Harrington（2009）认为杠杆率存在差异导致寿险业和非寿险业系统性风险程度不同，寿险业杠杆率高，且存在资产贬值风险和退保风险，系统性风险程度高；非寿险业杠杆率较低，系统性风险相应降低；Schwarcz 等[37]认为保险公司之间的关联会增强保险业系统性风险；Weiß 等[38]认为保险公司合并会增加保险公司的系统性风险。Baranoff[39]认为 AIG 陷入困境的内部因素包括 AIG 流动性危机的不透明性、集团内部业务管理不足、证券借贷和对 MBS 的投资过度等。林鸿灿等[40]研究认为公司经营业务范围、投资组合差异、股权控制及关联交易等影响系统性风险大小；完颜瑞云和锁凌燕（2018）认为杠杆率过高也会影响保险公司财务稳定，引致系统性风险；而且保险公司的创新型产品供给增长、创新业务线发展等负债端行为、“长钱短用”资产负债匹配程度较差等资产端行为、利润跨行业转移和关联交易等公司治理行为导致保险业系统性风险积聚。刘璐和王超[41]则认为保险公司的承保业务、投资业务和风险转移业务均可能存在系统相关性，引致系统性风险。

在外部影响因素方面，谢远涛等[42]认为政策环境、巨灾风险、市场恐慌和挤兑效应等多种外部因素均对中国保险业系统性风险形成产生影响；Jobst[43]则从保险公司与宏观金融联系的渠道出发研究保险业与银行、企业、家庭、资本市场以及风险转移第三方的关联所形成的对系统性风险的影响；Baranoff（2012）认为 AIG 陷入困境的外部因素包括市场对评级机构的过度依赖、房地产市场泡沫、衍生品业务监管宽松和金融市场危机等；陈华和李斌[44]认为利率变动、汇率变动、通货膨胀等市场风险、监管风险和自然灾害风险会引致保险行业风险；邹奕格和粟芳[45]认为特殊事件如保险监管政策变动、长春长生疫苗事件等会对保险行业产生系统性冲击。

上述文献更多地从内部或外部因素某个方面来分析其对保险业系统性风险的影响，未能将内部因素和外部因素有机结合进行保险业系统性风险影响分析，不利于对保险业系统性风险形成的判定。

1.2.3 关于系统重要性保险机构评估的研究

系统重要性保险机构的评估分析主要采用指标法和市场法。监管层和学术界对这两种方法均有不同程度的研究和运用。

指标法是根据保险业系统性风险特征，按照相关评价原则选择相关指标并进行赋权，根据加权所得分数进行识别的方法。在监管层方面，日内瓦协会（2011）设置规模、相关性、可替代性和时效性因素等定量指标，流动性风险管理框架、综合监督及信息披露有效性、保险业务流动性等定性指标。IAIS 在 2013 年设置规模、金融体系内关联、可替代性、非传统非保险活动和全球活动五个指标，并赋予不同权重；2016 年基于对风险溢出及流动性风险、宏观经济风险传染效应的关注，IAIS 大规模调整评估指标及权重，将风险关联度指标细分为交易对手风险暴露和宏观经济风险暴露两大类，且指标权重增加，以资产变现指标取代非传统非保险业务指标，且指标权重下降。在学术界方面，Thomson（2009）[46] 较早提出从规模、传染性、集中度、相互关联度和金融机构所处环境等方面进行系统重要性评估；其后的研究则更多采用 2013 年 IAIS 提出的五项核心指标进行系统重要性保险机构评估[47]。在基于指标法进行中国系统重要性保险机构识别研究方面，国内学者或者尝试在 IAIS 评估方法的基础上构建新的指标体系，或者探索运用客观赋值法对 IAIS 评估指标进行客观赋权。如高姗和赵国新[48] 提出从经营角度构建包括战略风险、内控风险、承保业务风险、负债风险、盈利风险和声誉风险等八个大类指标的全面风险度量框架，但他们并未进行具体的模型验证和分析；朱南军等[49] 基于 IAIS 评估方法（2013 年）中的指标和权重进行国内系统重要性保险机构识别研究；张琳和何玉婷[50]、刘乐平[51]、朱南军等及王超和黄英君[52] 则采用客观赋权方法识别系统重要性保险机构。其中，张琳和何玉婷及朱南军等沿用 IAIS 评估指标（2013 年）通过主成分分析法赋权；刘乐平设置规模、关联性、活跃度、NITI 活动、可替代性和公司治理指标，采用熵值法赋权；王超和黄英君则设置规模、关联性、替代性、复杂性和市场信心指标，采用层次分析法赋权。

市场法通过建立风险管理模型就保险机构对系统性风险的影响程度进行测度。在监管层方面，主要从关联程度和极端市场角度进行分析和测度，如 IMF 等[53] 基于网络分析（Network Analysis）、违约强度分析（Default Intensity Analysis）和危机依存度矩阵分析（Distress Dependence Matric Analysis）等就金融机构的关联性加以研究；同时，压力测试（Stress Testing）和情景分析

（Scenario Analysis）也普遍用于分析各种极端市场冲击情况下金融机构的风险状况。学术界也从不同角度采用不同方法进行分析，如通过 MES（Marginal Expected Shortfall，边际期望损失）模型、SES（Single Exponential Smoothing，一次指数平滑法）模型分析保险机构遭受损失时的系统性风险敞口[54-56]；通过 SRISK（Systematic Rick，系统性风险）模型估计保险机构遭受系统性危机时的资本短缺状况[55]；通过 ΔCoVaR 模型估计保险机构在遭受最大可能损失条件下的风险溢出效应等[57]，通过 Shapley 法（Shapley Value）估计危机发生时系统性风险在各个保险机构之间的分配情况[58]等。目前测量保险业系统性风险多用 MES、SRISK 指数和 ΔCoVaR 模型来识别保险公司的系统重要性[35,38,59-63]。国内学者往往借鉴上述模型进行保险公司系统重要性的识别研究，如刘璐和王春慧[64]运用 GARCH 模型，张琳等[65]运用 SRISK 模型，欧阳资生和李钊[66]、郑梦灵和王丽珍[67]运用 CoVaR 方法，朱衡和卓志[68]运用 MES、SRISK 和 ΔCoVaR 模型进行中国保险业系统性风险评价和系统重要性保险机构识别研究。

基于指标法进行的研究，主要是沿袭 IAIS 确定的核心指标构建指标体系，而且大部分指标仍然采用 IAIS 所赋权重，对国内系统重要性保险机构的研究并未根据中国保险市场发展情况确定差异性指标，并未进行客观赋权；采用客观赋权的研究，却往往局限于 IAIS 所制定的核心指标，对国内保险市场实践反映不足。使用市场法进行评估虽然技术含量较高，在反映金融机构风险变化方面具有及时性、动态性和前瞻性，但是这一方法在很大程度上基于上市公司股价数据进行研究，国内目前仅 5 家上市保险企业，且中国人保上市时间较短（2018 年 11 月上市），数据较为欠缺，以致难以对保险机构展开全面研究，可信度不足。

1.2.4 关于系统重要性保险机构监管的研究

系统重要性风险通过空间维度的传染和时间维度的积累形成[69]，会对金融体系和实体经济造成无法预估的破坏性影响，因此需要在微观审慎监管的基础上加强宏观审慎监管，即从宏观视角出发考察金融体系的整体安全性[70]，通过测度金融系统脆弱性[71]和金融体系内部关联度，采用定性和定量相结合的方法评估和确定金融体系不稳定因素，并基于此进行系统性风险预警[72]，以便及时防范和化解系统性风险，保障金融体系稳定运行[53,73-74]。宏观审慎监管加大对系统重要性金融机构（G-SIFIs）的监管力度，势必提出更高的损失吸收能力等日常特别监管要求，将增加G-SIFIs经营成本，导致其经营积极性受挫[75]，但基于金融系统安全考虑，制定宏观审慎监管框架，实施宏观审慎监管，强化系统重要性风险监管是非常必要的[76]。

次贷危机后，2009年G20推动成立FSB，旨在加强系统性风险监管，防止"大而不能倒（Too-Big-to-Fail）"的系统重要性金融机构监管缺失引致金融风险[26,77]。FSB在联合巴塞尔银行监管委员会（Basel Committeeon Banking Superrision，BCBS）实施系统重要性银行宏观审慎监管的基础上，敦促IAIS强化系统重要性保险宏观审慎监管[78]。2013年，IAIS提出要从强化系统重要性保险机构监管、增加附加资本要求、有效恢复与处置等方面加强系统重要性保险机构宏观审慎监管[79]。

国内监管机构主要从制度建设层面提出系统重要性保险机构监管要求，但尚未付诸实践。如中国保监会在2016年就D-SIIs监管办法征求意见时提出了监管要求，主要包括建立覆盖系统重要性保险机构整体的公司治理架构；进行并表风险管理，建立全面风险管理体系；制定系统性风险管理计划，加强系统性风险管理；制订流动性风险管理计划，加强流动性风险管理；制订恢复计划和处置计划，避免系统性风险[80-81]。中国银保监会则在2018年的监管指导意见中指出监管方向为设置特别监管要求、加强审慎监管和设定特别处置机制等，这些监管方向主要是针对系统重要性金融机构整体提出的，并未就系统重要性保险机构单独做出监管规划[82]。

在监管层积极推进监管制度建设并通过征求意见探讨监管办法的同时，国内学者倾向于运用各种理论模型进行系统重要性保险机构的判定，对于系统重要性保险机构的监管举措则少有涉及，仅有的研究也局限于对监管当局的监管措施介绍、解读或直接援引和套用。虽有个别学者提出方向性建议，但总体上我国系统重要性保险机构监管研究略显匮乏，现有文献并未能结合我国保险业系统性风险现状深入研究并提出针对性的监管要求和建议。国内学者积极进行监管措施介绍和解读，如刘兴亚等[83]就全球系统重要性保险机构监管政策措施进行介绍和解读，并将监管政策措施归纳为强化 G－SIIs 监管（包括集团监管、流动性风险管理、系统性风险管理和 NITI 业务监管）、建立有效处置机制（包括恢复和处置计划制订、NITI 业务分离和转移、自然终止安排和保险消费者保护等）和提高损失吸收能力（针对 NITI 业务设置额外资本要求）等；林斌[84]详尽解读了 2015 年就 G－SIIs 提出的 HLA（Higher Loss Absorbency，更高损失吸收能力）要求，对 HLA 要求的基本原则和资本要求加以阐释。极少数学者就监管政策方面提出一些方向性建议，如郝演苏[85]提出应从资本增加、信息披露、提升恢复与处置能力和防止风险交叉传递等方面加强监管；郭金龙和赵强[86]提出应从"偿二代"建设推进、保险资金运用政策改革和保险保障基金制度完善等方面加强监管；林斌（2016）[84]则从 HLA 要求的影响角度提出加强偿付能力监管的两个方向，即实施分层次偿付能力监管和加强资产负债匹配监管；朱南军和高子涵[87]认为一方面应分阶段稳步推进 D－SIIs 监管，另一方面应提升集团的内部风险管理能力，赛铮[88]则提出应通过金融机构协调合作与宏观审慎监管法治化、监管手段和模式科技化进行监管创新，降低系统性风险。

综上所述，2007 年次贷危机以来，关于系统性金融机构及其监管的研究很多，但主要聚焦于银行业系统性风险和 D－SIBs 识别及监管方面，对保险业系统性风险和 D－SIIs 识别及监管的研究较为缺乏。在为数不多的保险业系统性风险研究和 D－SIIs 识别及监管研究文献中，往往避重就轻，研究更多地局限于运用某种模型进行溢出效应识别，或是直接套用 IAIS 的指标法对保险机构加以识别，很少有文献结合中国保险业发展现状，分析保险机构的市场行为，进行系统重要性保险机构识别和监管研究。因此，本书拟在国内外学者研究的基础上，深入分析中国保险业的系统性风险，通过确定保险业对金融子行业及金融业风险溢出效应大小，就我国保险业系统性风险的存在性进行判定；进而结合保险业潜在系统性风险的市场表现具体分析我国保险业系统性风险影响因素，结合保险业经营行为和制度背景变化具体分析我国保险业系统性风险传导机制；基于此建立指标体系，通过指标法识别我国系统重要性保险机构，并结合市场法进行系统重要性验证，最后针对性地构建我国系统重要性保险机构监管机制。

1.3 研究内容与方法

1.3.1 研究内容

本书拟基于保险业系统重要性风险监管理论和国际、国内系统重要性保险机构监管实践，定量研究中国保险业系统重要性风险的存在性判定及中国保险业系统性风险溢出效应，定性分析中国保险业潜在系统性风险市场表现、风险因素及传导机制，并在此基础上探索识别系统重要性保险机构的方法，通过建立适用性较强的指标体系进行 D－SIIs 识别，并构建中国保险业尾部风险关联网络模型就识别结果加以验证，进而针对性地设计系统重要性保险机构监管机制。

（1）保险业系统性风险形成理论研究。本书首先基于风险管理理论分析保险系统性风险的构成要素及形成机制，在此基础上开展风险因素、风险事件和风险损失内在联系分析，明确保险业系统风险因素和风险形成机制；进而结合保险业中存在的金融脆弱性、信息不对称和外部性进行理论分析，进一步明晰保险业系统性风险形成的原因。

（2）保险业系统性风险存在性研究。保险业系统性风险存在与否的判定，对于系统重要性保险机构的研究具有重要意义。若保险业系统性风险不存在，系统重要性保险机构识别和监管就无从谈起。本书将从三个方面判定保险业系统性风险的存在性：①基于 GARCH 模型进行分位数回归分析；②基于潜在系统性风险市场表现进行定性分析；③基于保险业经营和制度背景变化引致的系统性风险影响因素进行传导机制的理论论证。

（3）系统重要性保险机构识别研究。在保险业系统性风险存在的前提下，本书采用指标法进行国内系统重要性保险机构识别，并基于尾部风险关联网络模型进行保险机构系统重要性程度验证。一方面，基于国内外系统重要性保险机构指标法识别理论的比较评析进行国内系统重要性保险机构的识别研究。系统重要性保险机构指标法识别研究需要确定参评机构范围、指标选择和权重赋值，通过系统重要性得分计算和排名确定保险机构系统重要性程度。另一方面，基于分位数回归的 CoVaR 模型测定保险公司尾部风险效应，建立尾部风险关联网络，对保险机构节点的出、入度边线数量及风险关联强度综合识别判定保险机构节点的系统重要性程度，就指标法识别的保险机构的系统重要性程度加以验证。

（4）系统重要性保险机构监管研究。本书将在借鉴国内外系统重要性保险机构监管理论和实践政策的基础上，结合国内保险业潜在系统性风险表现和经济发展要求，从监管主体、评估方法、监管层次、监管目标和监管政策等方面设计国内系统重要性保险机构监管机制。

1.3.2 研究方法

本书在研究中运用多重研究方法，实现理论论证和实证分析相补充、定量分析与定性分析相佐证、市场法分析与指标法分析相验证、比较分析和聚类分析相结合。

保险业系统性风险存在性的判定过程中，将分位数回归法与 CoVaR 模型相结合进行保险机构系统性风险存在性判定，同时对保险市场潜在系统性风险表现进行定性分析，基于此分析保险业系统性风险因素并进行系统性风险传导机制的理论推导和论证。这一研究过程中结合运用定量分析和定性分析、实证分析和理论论证方法，有力地证明了保险业系统性风险的存在性。

系统重要性保险机构的识别建立在保险业存在系统性风险的基础上，本书运用基于分位数回归的 CoVaR 模型判定保险公司存在系统性风险，并基于此构建尾部风险关联网络，通过对保险机构节点的出、入度边线数量及风险关联强度综合识别保险机构节点的系统重要性程度，对综合运用指标法和熵权法、聚类分析法识别得出的系统重要性保险机构的重要性程度进行验证，将市场法分析和指标法分析相互结合，并互为佐证。

系统重要性保险机构指标法识别研究中，首先，分别基于 G－SIIs（2013 年和 2016 年）评估方法和基于 D－SIBs（2019 年）评估方法进行系统重要性程度确定，并将系统重要性得分和排名结果加以比较，在此基础上结合保险业发展状况分析确定评估指标和赋权方法；其次，将主观赋权方法和客观赋权方法形成的系统重要性保险机构重要程度进行比较，并进行聚类分析确定系统重要性保险机构。这一研究过程综合运用了比较分析法和聚类分析法，有利于准确地进行指标选择、权重设置和判定系统重要性保险机构。

1.4　主要工作和创新

本书基于“保险业系统性风险形成研究→保险业系统性风险存在性研究→保险业系统性风险监管（国内系统重要性保险机构识别＋国内系统重要性保险机构监管）”的逻辑开展我国系统重要性保险机构研究工作。本书首先进行保险业系统性风险形成和管理研究，从风险管理的角度出发分析保险业系统性风险因素（结合保险经营和背景制度变化）引致风险事故进而导致损失，形成相应的系统性风险传导机制；基于金融脆弱性、信息不对称和外部性理论研究发现，负债经营、顺周期性、集团化和混业经营等引致并加剧了金融脆弱性，金融脆弱性积聚到一定程度就可能质变为保险业系统性风险或危机，信息不对称引致的道德风险和逆向选择使保险业系统性风险增加，而保险机构的正外部性和负外部性是保险机构系统重要性之来源，基于此，保险业系统性风险形成；为了规避和减少保险业系统性风险引致损失，国际和国内监管层推进系统重要性保险机构识别和监管，本书就全球和国内系统重要性保险机构识别和监管理论及实践进行了梳理。其次，本书对我国保险业系统性风险存在性进行研究，从溢出效应的角度进行定量分析，发现我国保险机构对银行类和证券类等其他金融机构存在风险溢出，从保险业市场风险事件表现进行定性分析，证实我国保险业存在潜在系统性风险，并具体剖析我国潜在系统性风险因素和传导机理。再次，开展国内系统重要性保险机构识别研究，一方面，通过设置规模、关联度、复杂性、可替代性和公司治理五个指标，对其进行客观赋权并计算得出系统重要性得分，基于此进行聚类分析以确定我国系统重要性保险机构；另一方面，通过构建中国保险业尾部风险关联网络模型，基于保险机构节点的出、入度边线数量及风险关联强度综合识别保险机构节点的系统重要性程度，对指标法识别的系统重要性保险机构的系统重要性程度加以验证。最后，从监管目标、评估方法、监管层次、监管目标和监管政策方面构建国内系统重要性保险机构监管机制，针对损失发生前的监管目标确定日常监管要求，针对损失发生后的监管目标确定危机监管措施。

本书的创新之处主要包括以下方面。

（1）本书基于风险管理方法分析保险业系统性风险，将保险业系统性风险视作系统性风险因素、系统性风险事件及系统性风险损失的统一体，通过保险业系统性风险因素剖析构建系统性风险传导机制。不同于以往研究仅基于 IAIS 评估方法而直接进行系统重要性保险机构识别研究，本书通过保险业系统性风险内涵分析，将为系统重要性保险机构识别指标的选择和风险监管思路的形成奠定基础。

（2）本书研究发现保险机构系统重要性源自其外部效应，降低保险业系统重要性程度应从增强正外部性和消除负外部性两方面着手。基于外部性理论研究确证系统重要性保险机构具有强大的正外部效应和负外部效应；基于保险业"社会稳定器""经济助动器""经济减震器"等实际功能的存在和国内外监管部门救助问题保险机构的事实，论证保险业系统重要性不仅源自负外部性，同样也源自正外部性。这一研究重视保险业保险保障功能和风险管理功能、融通资金功能、服务社会治理功能引致的系统重要性，突破以往仅关注负外部性的研究，为保险业系统性风险监管提供新思路。

（3）本书通过构建中国保险业尾部风险关联网络模型识别系统重要性保险机构。本书基于分位数回归的 CoVaR 模型测定保险类机构与银行类、证券类等其他金融机构之间的尾部风险关联度以及保险类机构内部不同保险公司间的尾部风险关联度，以此来衡量保险类机构对不同类型金融机构的尾部风险溢出效应及保险类机构内部不同保险公司间的尾部风险溢出效应，从而为保险业系统性风险存在性提供经验证据；基于保险类机构和银行类、证券类机构间的尾部风险关联度进一步研究建立中国系统重要性保险机构复杂系统模型，通过对保险机构节点的出、入度边线数量及风险关联强度综合识别保险机构节点的系统重要性程度。此前国内复杂网络模型仅用于金融市场或银行体系风险研究，尚未具体用于保险领域风险研究，本书尝试构建保险业尾部风险关联网络模型以期填补这一空白。

（4）本书研究建立了中国系统重要性保险机构识别指标体系框架。在指标选择方面，结合国内保险业系统性风险状况确立规模、关联度、复杂性、可替代性和公司治理五大类指标（下设13个二级指标）；在权重设置方面选用熵权法进行客观赋值，以精准确定指标的系统性风险贡献度；确定系统重要性得分后通过聚类分析判定系统重要性保险机构。这一评估方法基于指标法、熵权法和聚类分析方法的有机结合，根据保险业系统性风险状况进行指标设定、权重设置和系统重要性程度判定，改变了以往局限于IAIS评估方法的指标选择和主观赋权模式，更适合我国系统重要性保险机构的识别，为国内系统重要性保险机构评估办法制定提供参考模式。

（5）本书研究建立了中国系统重要性保险机构监管框架。根据我国保险业系统性风险表现和形成机制，结合风险管理理论具体设定国内系统重要性保险机构监管主体、评估方法、监管目标、监管层次，确定具体的监管政策。监管政策中提出提升服务实体经济、完善公司治理等日常监管策略和恢复及处置等危机管理策略，其中提升服务实体经济能力，既可以促进经济稳定增长，增加社会福利，又可以防止保险资金体外循环引发系统性风险，使保险公司正外部效应得以强化的同时负外部性得到抑制，这一监管措施的提出是本书不同于其他监管类研究文献的独到之处。

1.5　基本结构与技术路线

本书的基本结构包括：第1章基于“两个悖论”提出研究问题，即系统重要性保险机构识别和监管研究；第2章至第5章着手解决问题，即就系统重要性保险机构识别和监管进行具体剖析和论证；第6章形成研究结论并提出展望。具体结构如下。

第1章是绪论部分，结合当前保险监管领域存在的两个悖论，具体阐释系统重要性保险机构识别和监管研究的背景和意义，并基于保险业系统重要性风险存在性、保险业系统性风险影响因素、系统重要性保险机构识别和监管四个方面的国内外研究文献综述，提出本书的基本研究思路和主要内容。

第2章对系统重要性保险机构监管理论及实践进行研究。本章基于传统风险观和风险管理理论分析保险业系统性风险形成阶段及构成要素，基于金融脆弱性理论、信息不对称理论和外部效应理论论证系统重要性保险机构监管必要性，并在此基础上介绍和分析全球和国内系统重要性保险机构识别和监管理论及实践。

第3章对保险业系统性风险存在性进行研究。本章将分位数回归法和CoVaR模型相结合判定国内保险市场是否存在系统性风险，具体测定保险机构对银行类、证券类等金融机构的尾部风险溢出效应、不同保险机构之间的尾部风险溢出效应；在实证分析确定保险业系统性风险存在的基础上，结合国内保险市场和保险机构实际发展状况就保险业潜在系统性风险进行剖析，确证保险业系统性风险存在；在规范分析和定量分析基础上进一步论证保险业系统性风险来源和传导机制，从理论角度阐明保险业系统性风险存在及形成机理。

第4章对国内系统重要性保险机构识别加以研究。本章选用指标法进行国内系统重要性保险机构识别，并运用中国保险业尾部风险关联网络进行验证。一方面，选用指标法对国内系统重要性保险机构进行识别研究，通过对两种主观赋权法进行评估比较，决定选用熵权法进行客观赋权，评估指标则选用规模、关联度、复杂性、可替代性四个正指标和公司治理一个逆指标。通过聚类分析，明确平安集团、国寿集团、太保集团和人保集团为国内系统重要性保险机构，其他保险集团和保险公司为非系统重要性保险机构。另一方面，在第3章确定保险业存在系统性风险的基础上，基于其中各个保险机构间的尾部风险关联度，构建中国保险业尾部风险关联网络，通过对保险机构节点的出、入度边线数量及风险关联强度综合识别保险机构节点的系统重要性程度，对指标法确定的系统重要性保险机构及其重要性程度加以验证。

第5章对国内系统重要性保险机构监管机制设计加以研究。本章从国内系统重要性保险机构监管的监管主体、评估方法、监管目标、监管层次和监管政策等方面加以探讨。其中，监管政策包括基于系统重要性保险机构外部效应的存在，提出加强服务实体经济能力以增加社会福利；基于公司治理的风险传导机制，提出完善其公司治理、阻断公司治理风险传导渠道的策略；基于流动性不足、偿付能力不足的风险传导机制，提出加强流动性管理、偿付能力管理和更高资本要求；基于负外部性存在，提出恢复处置计划等。

第6章为本书的研究结论与展望部分。本章对前述各章的研究结论加以总结，并指出未来的研究方向，即结合中国保险业发展状况和国际监管最新动向进行研究。

本书的技术路线图如图1.1所示。

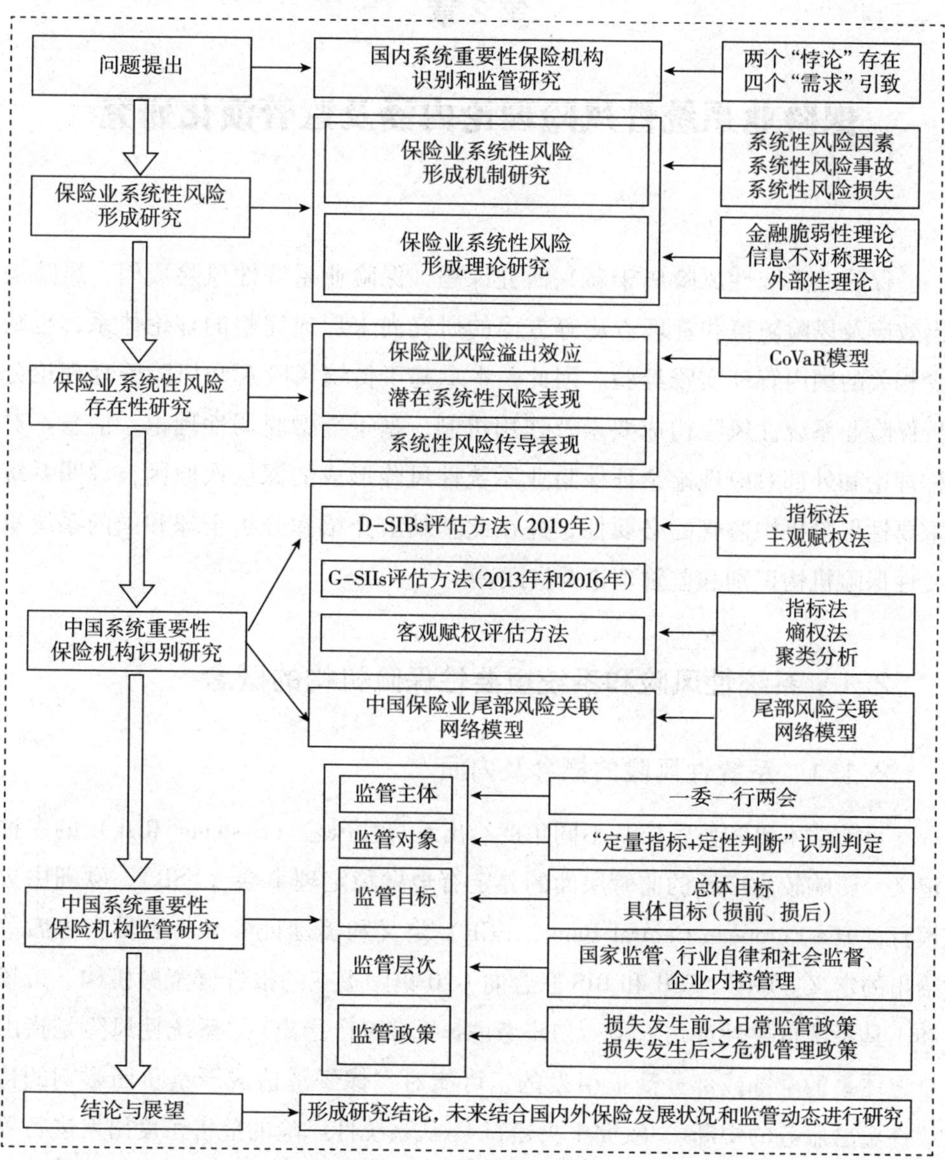

图1.1　本书的技术路线图

第2章

保险业系统性风险理论内涵及监管演化研究

保险业系统性风险属于新兴研究课题，保险业系统性风险成因、风险溢出效应及风险防范和管理方法等方面的研究尚未形成完整的理论体系，也缺少相关的国内管理实践经验。因此，本章基于传统风险观和风险管理理论分析保险业系统性风险构成要素及作用机制，基于金融脆弱性理论、信息不对称理论和外部效应理论论证保险业系统性风险形成的深层次原因，说明系统重要性保险机构监管的必要性，并在此基础上介绍和分析全球和国内系统重要性保险机构识别和监管理论及实践。

2.1 系统性风险和系统重要性保险机构的概念

2.1.1 系统性风险的概念及内涵

目前学术界和监管层从不同角度给出系统性风险（Systemic Risk）的多种定义。影响较为广泛的监管层面的界定有金融稳定理事会（FSB）、欧洲中央银行（The European Central Bank，ECB）定义和美国证券交易委员会主席等给出的定义。IMF、FSB 和 BIS 联合向 G20 集团提交的报告《金融机构、市场和工具系统重要性评估指南：初步考虑》（2009）指出："系统性风险是指由金融体系的全部或部分受损引发的、可能对实体经济造成严重负面影响的持续性金融服务的中断。"欧洲中央银行[89]从系统性风险的危害角度出发进行界定，认为系统性风险导致金融系统稳定受到影响，经济增长和社会福利也将遭受损失。美国证券交易委员会主席 Schapiro[90]认为系统性风险是具有很强的连接和影响效应的、系统重要性大型金融机构与其他金融机构陷入经营困境或面临破产清算、对金融体系与实体经济所产生的难以估量的风险。

传统风险观认为风险是损失的结果或者不确定性，由风险因素、风险事件和风险损失三个方面构成。上述定义基本上都基于传统风险观和风险管理理论的观点，将系统性风险视为损失性风险[91]，且关注的重点在于金融体系直接损失所引致的间接损失（即实体经济所遭受的损失），或者说更注重的是金融体系正外部性的丧失和负外部性的产生。如 IMF、FSB 和 BIS 所定义的系统性风险概念，认为系统性风险实质是一种金融服务中断，其可能对实体经济产生负外部效应，造成严重负面影响。这种金融服务中断可能是风险事件，也可能是集风险因素与风险事件于一体，其所致风险损失则是实体经济损失，或者说负外部性所致影响。

学术界也从不同角度对系统性风险给出定义，其中影响比较广泛的定义是从外部性角度出发进行界定。如 Dow[92]指出系统性风险的核心是传染效应，也就是各种形式的外部性，狭义上其仅指金融机构破产或金融市场失灵引致其他金融机构或市场的崩溃；广义上其包括广泛的系统性冲击及其对大量金融机构或市场的影响。国内学者也从外部性角度界定狭义和广义的系统性风险[93]，广义的系统性风险是指金融体系丧失基本功能的不确定性，其中应当包含金融机构正外部效应丧失；狭义的系统性风险是指金融体系内的个体遭受冲击时对其他个体产生负外部性，当负外部性累积到一定程度就会对整个金融体系的基本功能产生影响，并危及没有业务往来的第三方。

本书结合监管层和学术界的观点，将系统性风险定义为金融体系内个体或者部分遭受不利冲击产生金融服务中断，在其自身受损的同时由于正外部性丧失和负外部性产生，对金融体系内的其他个体或组织甚至整个金融系统产生不利影响，并最终出现使实体经济受损的可能性。

2.1.2 保险业系统性风险的概念及内涵

虽然 2016 年中国保监会推进国内系统重要性保险机构监管未有结果，但在制度建设方面奠定了一定的基础，如中国保监会就监管办法征求意见时明确界定保险业系统性风险，认为保险业系统性风险是由于单个或多个保险机构的内部因素、保险市场和保险业外部的不确定性因素，保险机构发生重大风险事件并难以维持经营，进而引发保险系统发生剧烈波动或危机，甚至将其负面效应传染至金融体系和实体经济，最终造成重大不利影响。结合国内保险监管层面的界定和前述系统性风险的概念，本书认为保险业系统性风险是指由于某个突发事件导致保险服务中断，进而使得保险业风险保障功能、风险管理功能和融通资金、服务社会治理功能丧失，同时负外部性产生，实体经济受到严重影响乃至巨大损失。

保险业系统性风险的作用机制包括三个阶段：首先，某个风险因素导致单个保险机构或者部分保险机构陷入经营困境，产生保险业系统性风险。系统性风险因素包括内部风险因素和外部风险因素，内部风险因素是保险机构内部公司治理机制出现问题或失效；外部风险因素是外部环境（政策环境或经营环境等）发生改变。其次，由于保险机构的关联程度和传染机制的存在，单个或部分保险机构的经营困境蔓延至整个保险体系[94]，以致保险业声誉受到影响，保险业风险保障功能和融通资金功能受到影响，保险业的正外部效应丧失。最后，保险业负外部效应产生，保险业系统性风险引发金融市场混乱，并反映到实体经济层面。保险业正外部效应的丧失和负外部效应的产生，往往是各国经济甚至全球经济不能承受之重，监管当局通常会采取积极措施加以干预。

保险业系统性风险包括风险因素、风险事件以及损害影响三个构成要素。

保险业系统性风险因素可能是外部环境改变或内部治理问题。外部环境改变，既有宏观经济政策变化引致风险，也有经营环境发生变化引致风险。宏观经济政策变化引致风险，如1995年前在投资监管真空状态下，保险企业对资金运用不加限制，保险资金大量涉足房地产、有价证券、信托和各类实体投资项目，20世纪90年代中期国家宏观经济政策调控引致保险企业投资亏损严重，产生潜在系统性风险；20世纪90年代末，央行基准利率八次下调以致寿险业出现巨额利差损失，产生潜在系统性风险；在2013年投资新政放宽投资渠道和投资比例的情况下，2015年保险资金救市政策推出引致保险企业疯狂举牌股市。经营环境发生变化引致风险，如保险集团化趋势加强导致保险业规模增大，“大而不能倒”的道德风险产生引致系统性风险；保险业混业经营力度加大导致保险业务与其他金融业务的互联性增强，保险机构与其他金融机构双向风险外溢增大，系统性风险产生的可能性增加；保险业对外开放进程加快，本土保险机构遭遇挑战和竞争的同时，外资保险机构的风险溢出增加，系统性风险增大；费率市场化推进，保险业竞争加剧可能导致保险机构破产倒闭，引发系统性风险。内部治理问题主要是保险公司治理机制不健全或是不能有效发挥作用，以致保险公司违规违法经营，导致偿付能力不足，陷入经营困境，保险业系统性风险产生，保险监管机构不得不出面救助，如 1997 年接管永安保险、2007 年接管新华人寿、2011 年接管中华联合、2018 年接管安邦保险等[9]。

保险业系统性风险事件是指保险机构破产或倒闭，保险保障功能和风险管理功能、融通资金功能、服务社会治理功能丧失。保险业风险因素演化为风险事件，保险业往往要经受各类冲击和传染机制。冲击主要包括两类：其一是单一且有限的特定冲击；其二是普遍且严重的系统冲击。一般而言，特定冲击初始只影响某一保险机构或某一保险市场、保险业务，如 20 世纪 90 年代末央行下调基准利率仅对寿险业产生影响，对财险业影响很小；又如车险费率市场化的推进仅对财险业的车险业务产生影响。系统冲击则可能同时影响整个保险体系进而影响实体经济。如 1995 年在监管真空状态下，保险企业大量涉足房地产、有价证券、信托和各类实体投资项目，以致保险资金涌入房地产市场、股票市场，20 世纪 90 年代中期宏观经济政策调控导致国内保险企业投资业务亏损严重。各类冲击的传染机制由于初始风险因素不同，实际的风险关联渠道或是信息传导渠道也就形态各异，但其本质都是保险市场体系由非均衡状态向新的均衡状态动态调整并趋于稳定的必要环节。

保险业系统性风险损失是指保险业服务中断后引致的损失，包括直接损失和间接损失。直接损失即保险业本身的损失，间接损失是保险业风险管理和风险保障功能、融通资金功能、服务社会治理功能丧失引致的实体经济损失，其实质是保险业正外部效应丧失和负外部效应产生导致的损失。由于前述各类冲击及其随后的传染机制均存在不确定性，保险业系统性风险损失的衡量要通过系统性事件发生的概率及损害后果的严重程度的联合概率分布加以表征。根据是否全面衡量系统性风险事件的直接损失和间接损失，是否综合考虑其对经济产出、民生安全和社会福利造成的损害影响，可区别系统性风险概念在不同维度上考察的侧重点：水平维度方面系统性风险损失主要关注保险业发生系统性事件的可能性及其系统内部影响；垂直维度方面则综合考虑保险业发生的系统性事件与实体经济波动之间的关联，不仅关注保险业系统性事件对保险业的冲击后果，还关注系统性事件对总体经济产出的影响，并将其作为评估保险业系统性事件发生强度的尺度。

保险业系统性风险是保险业系统性事件（如保险机构偿付能力出现问题或破产、倒闭）、保险业系统性风险因素（如内部公司治理因素和外部政策、经营环境改变等）及保险业系统性风险损失的统一体。首先，保险业系统性事件与保险业系统性损失之间具有因果联系：保险业系统性事件需要以导致保险业系统性损失为果；保险业系统性事件发生的强度与保险业风险损失之间存在正相关性。其次，保险业系统性风险因素与保险业系统性事件具有关联性，且可以相互转化。保险业系统性风险因素是促进保险业系统性事件发生的原因或条件，是造成保险业系统性风险损失的间接原因和内在原因。保险业系统性事件是造成保险业系统性风险损失的直接原因和外在原因。当某些保险业系统性风险因素是造成保险业系统性风险损失的直接原因时，这一保险业系统性风险因素也是保险业系统性风险事件，保险业系统性风险因素和风险事件合为一体。最后，保险业系统性风险包括系统性风险因素、系统性风险事件以及系统性风险损失三个方面，保险业系统性风险因素引致风险事件发生如保险机构破产倒闭，单个保险机构的损失扩散蔓延进而导致保险业遭受系统性风险损失。

2.1.3 系统重要性保险机构的概念

保险业系统性风险是某个保险机构的服务中断或其潜在失灵受损扩散到其他保险机构或金融机构，导致经济受损或公众对保险体系丧失信心，进而对金融系统、实体经济产生不利影响，在保险业正外部性丧失的同时产生明显的负外部性。保险业负外部性的具体表现就是其产生风险外溢效应，由于市场失灵保险企业并不需要由于风险外溢承担相应成本，以致风险的传染性产生并不断增大，如保险企业偿付能力不足导致破产或倒闭，会通过风险外溢导致与其存在业务往来和经济联系的其他企业破产并进一步扩散。类似于多米诺骨牌效应，保险机构与其他金融机构之间的相互关联性，使得保险体系和金融体系内众多机构同时面临风险[94]。这些可能引发系统性风险的保险机构即为系统重要性保险机构。系统重要性保险机构根据其影响区域不同，分为全球系统重要性保险机构（G－SIIs）和国内系统重要性保险机构（D－SIIs）。

G－SIIs 是 IAIS 从 2013 年起，基于规模、国际活跃度、可替代性、非传统非保险业务和关联性等指标，2013—2017 年每年通过评估认定 9 家保险机构，这些保险机构是全球保险业的“稳定器”，在国内外金融市场中承担着关键功能，具有全球性特征，但其一旦发生重大风险事件或者经营失败，就会引发系统性风险，对世界金融体系和全球实体经济产生不利影响。

我国保险监管机构对国内系统重要性保险机构（D－SII）进行了界定。中国保监会在 2016 年直接给出了具体的国内系统重要性保险机构的定义，中国银保监会在 2018 年则给出了系统重要性金融机构的定义，由此可以定义系统重要性保险机构。

首次征求意见稿中给出的定义为“D－SII 是对金融保险体系存在重要影响、内部经营活动可能导致系统性风险的保险机构[80]”。这一定义较为粗糙和模糊，并未明确阐明和界定国内系统重要性保险机构。但是征求意见稿中指出 D－SII 监管要素包括公司治理、外部关联程度、可替代性和非传统非保险业务（NITI）等，系统性风险则是保险机构“发生重大风险事件无法持续经营对保险金融体系和实体经济产生重大不利影响”，由此我们可以推断出系统性风险是由公司治理、外部关联性、非传统非保险业务活动、可替代性等因素引致，而这些因素是国内系统重要性保险机构所具有的特征或者说风险因素，基于这些特征或者说风险因素的存在，国内系统重要性保险机构产生系统性风险。首次征求意见稿在很大程度上借鉴或参考了 2013 年 IAIS 制定的全球系统重要性保险机构评估指标，在国际监管层面已经摒弃“非传统非保险业务活动”指标的情况下，仍然将其列出，显然具有一定的滞后性。

中国保监会就 D－SIIs 监管办法再次征求意见时直接界定，认为国内系统重要性保险机构是指由于规模（Size）、公司治理（Corporation Governance）、外部关联性（External Relation）、资产变现（Liquidation）和可替代性（Substitutability）等因素，一旦发生重大风险事件（如政策改变、经营环境变化等）导致难以持续经营或中断保险服务，可能引发系统性风险的保险机构，包括保险集团（控股）公司、保险公司和再保险公司。这一定义明确说明国内系统重要性保险机构引发系统性风险的风险因素、风险事件及风险损失，其中风险因素是“保险企业规模、公司治理机制、外部关联程度、可替代性和资产流动性”等，在风险因素的作用下保险机构无法持续运营，风险事件发生，并进而导致风险损失即“引发系统性风险”。而且从这一概念中可以看到其既参考借鉴了2016年IAIS刚刚制定出台的指标评估法中的大类指标设置方[13]，基于此提出“规模、外部关联性、资产变现和可替代性”等因素，尤其是“资产变现”因素；同时也考虑了我国保险市场尚未达到成熟发达状态和我国保险公司治理机制尚不健全完善的实际情况，基于此提出了“公司治理”因素。

2018年中国人民银行、中国银保监会、中国证监会三部门联合发布的《关于完善系统重要性金融机构监管的指导意见》（银发〔2018〕301号）中并未直接界定系统重要性保险机构，仅对系统重要性金融机构的定义加以统一界定。国内系统重要性金融机构（D-SIFI）由于其规模（Size）较为庞大、结构和业务的复杂程度（Complexity）较高、与其他金融机构的关联程度（Interconnectedness）较高，在金融体系中作为主力提供难以替代的关键性金融服务，如果其因发生重大风险事件导致金融服务中断或无法持续经营，将可能引发系统性风险，对整个金融体系和全国实体经济产生重大不利影响。这一定义将银行、保险和证券机构均包含其中，但是我们仍然可以由这个总括性定义中看到，系统重要性保险机构引发系统性风险的过程中，风险因素主要有规模、结构和业务复杂度、关联性和替代性等，风险事件和风险损失与中国保监会2016年定义中的风险事件和风险损失基本无差别。但是风险因素与前述保监会定义有显著差异，尤其是其局限于国际监管层面给出的定义框架，未能结合国内保险市场和保险机构发展现状进行界定，不再关注“公司治理”因素。

由于我国保险市场具有潜在的系统性风险，其在很大程度上是由保险机构公司治理机制不完善或失效引致，如多家保险公司接管事件中存在董事长挪用资金的情形，显然说明公司治理机制未能发挥有效作用或者说形同虚设。因此，本书倾向于采用 2016 年中国保监会第二轮征求意见稿中给出的 D – SII 定义中的风险因素“公司治理”，并在进行国内系统重要性保险机构识别和评估时也引入“公司治理”指标。而 2018 年 D – SIFI 定义中强调金融机构作为主力提供难以替代的关键性金融服务，与我国保险市场中大型保险公司在金融经济发展中的功能和作用吻合。

基于上述两个定义关注的风险因素略有不同，且各自强调的侧重点也有所差异（前者注重保险机构公司治理，后者强调保险机构功能及作用），本书根据国内保险市场和保险机构发展现状，将二者有机糅合进行国内系统重要性保险机构的界定。国内系统重要性保险机构是保险业内的系统重要性金融机构，这些保险机构由于其规模、关联程度、复杂程度和公司治理等因素，以及提供难以替代的风险管理和保障、资金融通等关键服务，一旦发生重大的风险事件，将导致保险服务中断或无法持续经营，可能引发系统性风险，导致保险体系、金融体系和实体经济遭受重大损失。

2.2 保险业系统性风险形成的理论研究

2.2.1 金融脆弱性理论

金融脆弱性理论有狭义与广义之分，狭义的金融脆弱性是指金融业高负债经营导致其容易经营失败；广义的金融脆弱性泛指基于实体经济和金融机构、金融市场之间关联程度的金融领域风险集聚状态[95]，是金融风险产生和集聚由量变向质变演进、金融系统由稳定和均衡状态向不稳定和非均衡状态发展演化的状态。

保险企业高负债经营，容易导致其经营失败。保险企业通过保险产品销售收取保费并基于此建立保险基金进行保险资金投资和运营。与普通商品销售行为不同，保险公司的保险产品销售是非即时结清交易。保险公司与投保人签订保险合同后收取保费却并未进行商品和服务的即时转移，而是承诺在保险期限内若发生保险事故给予被保险人或受益人远高于其所收取保费的保险金额。因此，保险公司所收取的保费只有在保险合同有效期限结束保险责任终止后才形成保险公司的收入，在保险合同终止之前保险公司都对该保险消费者存在或有负债。有的保险合同有效期限长达几十年，保险公司高负债经营的特点，要求其未来在被保险人或受益人索赔之时具有理赔和偿付能力[96]。偿付能力的保证是保险资金运营收益能够抵补保险理赔资金，保险资金运营收益率高低不仅取决于保险公司投资管理能力高低，而且受到经济周期、经济发展水平、金融市场收益率等多重因素的影响。若经济萧条，金融市场低迷，保险公司资金运用收益减少，将可能导致偿付能力不足，陷入经营失败困境。因此，保险公司高负债经营极其容易导致经营失败，产生系统性风险，亟须加强保险系统性风险监管。

金融脆弱性与宏观经济周期密切相关[97]。经济繁荣时期，国民收入增加，保险需求增加，推动保险公司在增加产品供给、扩大业务规模的同时增加保险投资。展业过程中，保险公司急于扩大业务规模，可能在核保时对投保人和被保险人的风险状况未进行严格调查和审核，导致实际承保风险高于市场平均风险水平，高风险业务积聚，未来理赔支出增加；准备金计提过程中，仍按市场平均风险水平对应的预定比例计算提取准备金，必然导致未来的损失赔付准备不足，保险公司风险暴露增大；保险资金运用过程中，资本市场的繁荣刺激保险公司激进投资，证券投资比例加大，资产负债期限错配，资产组合投资风险加大；风险管理过程中，宏观经济形势向好，导致风险度量模型及风险评估机制的风险因子降低，保险公司风险低估。经济繁荣引致保险公司展业、准备金计提、保险资金运用和风险管理各个环节不断积聚风险。而经济繁荣的泡沫一旦幻灭，经济步入低谷，保险需求减少，引致保险供给减少，承保周期进入紧缩阶段，保险公司偿付能力下降甚至严重不足，保险业系统性风险由此产生。与此同时，监管的顺周期性存在使系统性风险增加。2016 年，“偿二代”正式实施，这一以风险为导向的保险业偿付能力监管制度，不可避免地在经济繁荣时期会降低资本要求，助长保险机构激进扩张，在经济萧条时期提高资本要求，遏制保险机构颓势反转。保险监管的“锦上添花”和“雪上加霜”促使保险业系统性风险不断积聚，仅依赖“偿二代”难以防范和化解系统性风险，保险行业系统性风险亟须加强监管。

金融脆弱性随着混业经营趋势增强而增加。集团化经营框架下保险混业经营趋势加强，系统重要性保险机构由于其多元化的综合金融业务的开展，与诸多保险机构、非保险金融机构甚至实体经济部门建立了密切的业务联系，这在分散个体异质性风险的同时，增加了保险业系统性风险的传染概率。这些“太大而不能倒（Too - Big - to - Fail）”“太过关联而不能倒（Too - Interconnected - to - Fail）”“过于相似而不能倒（Too - Similar - to - Fail）”“太重要而不能倒（Too - Important - to - Fail）”的系统重要性保险机构的存在，构成金融脆弱性的主要来源。

保险业系统性风险和金融危机爆发是金融脆弱性从量变向质变的跨越和转换。负债经营、顺周期性、集团化和混业经营等引致并加剧了金融脆弱性[98]，金融脆弱性积聚到一定程度，若不能得到有效管控和处置，就会质变为保险业系统性风险或危机[99]，阻碍经济发展。金融脆弱性并非必然会质变为系统性风险或危机，但系统性风险或危机必然来源于金融脆弱性不断积聚的量变过程。对保险业系统性风险加以监管，削弱金融脆弱性积聚量变态势，是切断和隔绝金融脆弱性量变积累演化为质变的必然要求[100]。

2.2.2 信息不对称理论

信息不对称是指交易双方信息掌握程度不尽相同，交易一方获取充分信息的同时另一方信息贫乏[95]。斯蒂格利茨将这一理论应用到保险市场，认为交易之前双方信息不对称会导致逆向选择，事后信息不对称将导致道德风险[101]。逆向选择和道德风险的存在使得保险市场成为一个高风险积聚的交易场所[102]，促使保险业系统性风险产生。

逆向选择源于交易双方事先信息不对称[103]，导致保险市场集聚高风险业务。保险消费者对于保险标的的风险状况要比保险公司更为了解，保险标的风险程度较高的保险消费者对于保险产品的需求更为强烈，更愿意通过购买保险产品转嫁风险，以致保险公司基于历史经验数据和通常的平均风险水平所厘定的费率收取的保费不足以抵补保险赔付支出，故而提高保费。保险公司保费提高，使得保险标的风险较小的消费者获取保险产品的成本增加，即保险转移和管理风险的成本提高，导致减少保险产品需求，低风险保险标的逐步退出保险市场，保险市场上只剩下高风险保险标的和高风险消费者。如此一来便形成恶性循环，在确定的保费费率水平下，高风险消费者更倾向于购买保险产品，而低风险消费者减少保险产品需求，保险公司不得不提高保费费率，低风险消费者不断退出保险市场，保险市场集聚高风险保险标的和业务，对保险公司偿付能力产生压力，促使保险业系统性风险产生。

道德风险源于交易双方事后信息不对称，导致保险标的风险程度增加，甚至引发保险欺诈。投保人购买保险产品，将风险损失转嫁给保险公司，此时被保险人就会怠于管理保险标的的风险，风险防范意识减弱，导致损失概率增大。极端情况下，信息不对称还可能引致保险欺诈，由于保险金额远高于保费支出，保险高额赔偿或给付的存在，形成对被保险人进行保险欺诈的诱惑和刺激。道德风险的产生使得保险公司赔付支出增加，偿付能力受到影响，系统性风险由此增大。

信息不对称引致的道德风险和逆向选择在保险市场中尤为严重[104]。由于逆向选择的存在，保险市场集聚了高风险保险标的；由于道德风险的诱发，保险标的风险程度增加，保险标的损失频率和损失程度增加，保险企业偿付能力可能受到严重影响，系统性风险增加，因此保险业系统性风险监管亟须加强。

2.2.3 外部效应理论

外部性理论亦称外部经济理论，在19世纪20年代由马歇尔和庇古创立，主要研究经济外部性对社会经济福利的影响和外部性影响的限制途径及利用方法。外部性是指某一经济主体（自然人或法人）的经营活动对其他经济主体或社会福利产生影响，却未获得补偿或未支付成本。外部性亦称溢出效应，若经济主体的行为和决策产生有利影响，使得其他经济主体或社会无须支付成本即可获益，则产生正外部性（Positive Externality）或正外部效应；反之，若经济主体的行为和决策使其他经济主体或社会受损，则产生负外部性（Negative Externality）或负外部效应。Buchanan 和 Stubblebine[105]用效用函数表示外部性，由于外部性存在时经济主体的效用在受到自身变量影响的同时，还受到其他经济主体变量的影响，因此效用函数的影响因子包括经济主体自身变量及其他经济主体变量，公式为：

$$U^{A} = U^{A}(X_1^{A},\cdots,X_n^{A},X_n^{B},X_n^{C},\cdots) \tag{2.1}$$

式中，U^{A} 是经济主体 A 的效用，X_n^{A} 是经济主体 A 的第 n 种变量，其活动在经济主体 A 的控制范围内，X_n^{B} ，X_n^{C}，… 表示经济主体 B,C，…活动的变量，是其他经济主体 B,C,…所控制的行为。效用函数（2.1）表明经济主体 A 的效用不仅由自身行为决定，而且受到其他经济主体 B,C,…的影响，也就是其他经济主体 B,C，…的活动会对经济主体 A 的效用产生外部性，这种外部性可能是正外部效应，也可能是负外部效应，会导致经济主体 A 的效用增加或减少，但经济主体 B,C,…并未因其外部行为获得报酬或承担成本。当外部性实施者 B，C，…的行为增加经济主体 A 的效用，即 $\frac{\mathrm{d}\,U^{A}}{\mathrm{d}\,X^{B}} > 0$ ，$\frac{\mathrm{d}\,U^{A}}{\mathrm{d}\,X^{C}} > 0\cdots$ 时，外部性实施者 B,C，…对经济主体 A 具有正外部效应；当外部性实施者 B,C，…的行为减少了经济主体 A 的效用，即 $\frac{\mathrm{d}\,U^{A}}{\mathrm{d}\,X^{B}} < 0$ ，$\frac{\mathrm{d}\,U^{A}}{\mathrm{d}\,X^{C}} < 0\cdots$ 时，外部性实施者 B,C，…对经济主体 A 具有负外部效应。正外部性和负外部性都是低效率的，资源存在无效配置的问题。外部不经济在经济自由放任条件下普遍存在，需要通过政府干预或产权界定加以消除。

保险业发展尤其是系统重要性保险机构运营对实体经济产生了巨大的外部性。保险机构的外部性也可以用成本收益函数表示[106]：

$$R^{A} = R(Y_1^{A},Y_2^{A},\cdots,Y_n^{A},Y_n^{B},Y_n^{C},\cdots) \tag{2.2}$$

式中，R^{A} 表示经济主体 A 的成本收益函数，Y_n^{A} 为经济主体 A 所从事的 n 种经济活动变量；Y_n^{B}，Y_n^{C}，… 表示其他经济主体 B,C，…的活动变量。经济主体 A 的成本收益函数（2.2）表明经济主体 A 的收益或成本并不完全由其自身经济活动决定，其他经济主体 B,C，…的活动会对其产生外部性影响，引致其成本或收益增加（或减少）。系统重要性保险机构具有正外部效应和负外部效应，其之所以具有系统重要性，在危机发生时各国积极进行救助，不仅是因为其具有负外部性，在危害发生时会给金融体系和社会经济带来严重危害，更是因为其具有正外部性，没有一个国家能够忽视其充当社会“稳定器”和经济“助推器”对金融和经济的正向作用，没有一个国家能够承受其在风险补偿、资金融通、社会管理和价值创造方面发挥重大作用的丧失。

1. 系统重要性保险机构的正外部效应

由于具有庞大的资产、负债规模，在市场中具有垄断地位或占有较大的市场份额和不可替代的业务产品和交易系统，与其他社会经济主体具有密切的经济联系，系统重要性保险机构的经济行为会产生巨大的外部性，引致宏观经济效应和社会效应。系统重要性保险企业的外部性源自其业务、规模、复杂性、对外开放程度，更源自其职责和功能。系统重要性保险机构的正外部效应来自两个方面，一方面是其经营行为的示范效应，另一方面是保险基本功能的实现。

系统重要性保险企业在持续经营的状态下，其经营行为对其他企业会产生正外部效应，如由于其产品开发过程中，产品条款的设计及费率的厘定对其他中小型保险企业形成示范作用，其他中小型保险企业由于自身开发创新能力和技术条件所限经常推出同质化产品，从条款到费率基本相同，可见市场费率的形成中系统重要性保险机构起着决定性作用。而市场费率高低直接影响着保险供需和交易双方，影响着其他保险企业的保险产品的供给、消费者的产品需求和投保行为，影响着保险产品的定价，影响着企业风险管理手段和企业资源的配置，影响着社会的安定和社会资源的效用。依据市场费率作出决策的其他保险主体并未向系统重要性保险机构支付任何费用，系统重要性保险机构产生正外部性。同时，系统重要性保险机构在业务范围和业务数量方面具有绝对优势，其进行保险产品设计开发和保险产品创新的资源和条件得天独厚，保险产品创新为系统重要性保险机构带来可观的收益形成丰厚利润的同时，增加了保险市场上的产品供给，为保险消费者进行风险管理和资产投资提供更多的选择空间，使保险市场效率得到提升。其他中小型保险企业无须支付设计费用进行产品研发，就可以效仿推出同类型产品，同样它们也不需要向系统重要性保险机构就研发创新成本提供任何补偿。可见系统重要性保险机构的产品设计和开发、费率厘定等经营行为都会通过对中小型保险企业的示范效应途径产生正外部性。

保险业正常运转对实体经济产生系统性影响，主要源于其在经济中的特殊地位和特殊职能。保险业为居民、企业和政府部门提供风险管理和资金融通服务，开发保险产品和业务，能够影响各个经济主体的经济活动。2006 年中国保监会指出保险业具有经济补偿、资金融通和社会管理功能。2014 年“国十条”颁布后[107]，2015 年中国保监会印发《保险业功能服务指标体系》[108]，进一步明确指出保险业具有经济补偿、资金融通、社会管理和价值创造功能。其中，经济补偿功能是保险业的基本功能，资金融通、社会管理和价值创造功能是保险业的派生功能，保险功能通过保险公司提供一般风险保障、服务防灾减灾、服务农业保障、完善现代金融、完善社会保障、参与社会管理、创造经济价值和社会价值等形式得以实现。保险公司由于承保业务，具有风险管理、社会管理和价值创造功能，从而对社会安定和民生和谐具有较强的外部性；保险公司基于其投资业务，具有资金融通功能，对货币市场和资本市场的稳定具有较强的外部性。

承保业务是保险公司的两大主营业务之一。保险消费者则通过保费的支出和保险产品的购买，将可保风险向保险公司转嫁，将来在约定保险事故发生时可以获得保险公司的赔偿或给付。保险公司通过保险产品的销售，承保各类财产风险、人身风险、责任风险和信用风险。其运用大数法则厘定保险费率，并据此收取保费，在未来预定的保险事故发生时向被保险人提供一定保险金额的赔偿或给付，从而实现在所有被保险人之间分摊被保险人所遭受的经济损失，将风险在时间和空间上加以分散。通过风险汇聚、分散和转移，保险公司建立保险基金作为损失补偿的资金来源，为被保险人提供风险保障；同时，在灾害事故发生时保险公司积极履行承诺，对保险期限内合同约定的保险事故承担赔偿和给付保险金的责任，积极服务防灾减灾；保险公司通过农业保险产品的设计和开发，分散农业自然风险和经济风险等，积极提供农业保障服务。风险保障的提供，使得被保险人的损失预期有效降低，为应对风险损失的流动资金相应减少，投资规模增大。防灾减灾服务的提供使得企业在遭受灾害损失之后能够尽快恢复生产运营，不致生产中断或破产倒闭，维护社会经济的正常运转。服务农业保障使得农业风险得以规避，农业生产得以保障，农民收入得以稳定，农村经济得以发展。保险经济补偿功能有效促进了经济稳定、社会安定和民生和谐，具有极强的正外部性。

资金融通是指保险机构积极运营通过收取保费建立保险基金，进行金融资产投资和实体经济投资，向企业和社会提供资金支持和融通。保险公司可以减少经济主体的预防性储蓄需求，促进经济主体积累和激活储蓄，提高储蓄向投资的转化效率和水平，扩大投资规模；保险公司可以集中社会闲置资金，为金融市场提供长期稳定资金，可以有效抑制金融市场的剧烈动荡；保险公司推出的理财类产品丰富了金融市场上的金融资产，为投资者进行资产配置和风险分散提供了更多的选择，有助于金融市场的完善；保险公司持有大量的企业股票和其他权益资产，基于此可以督促企业完善公司治理机制，稳健发展；保险公司作为重要的机构投资者，凭借其资产管理经验和投资理财知识，可以优化配置投资资金，提高投资效率。

社会管理是指保险公司通过完善社会保障和参与社会管理发挥社会管理功能。一方面，保险公司积极发展健康保险、养老保险和年金保险，从保障险种增加、保障水平提高和承保范围扩大等多个方面推动社会保障体系的建设和完善；另一方面，保险公司不断提升养老社区投资规模和服务力度以完善社会保障体系，基于此，保险公司对民生安全和社会稳定发挥重要作用。保险公司交强险、责任保险和科技保险等险种的开展，能够稳定经济秩序和管理社会关系，提高社会整体安全水平，具有较强的社会福利效应。

此外，价值创造是指保险业经营过程中创造经济价值和社会价值的功能。保险公司通过开展承保业务和投资业务，增加利润和资产，创造经济价值，与此同时，形成对保险营销人员的大量需求，促进了社会就业，创造了社会价值。保险业价值创造功能的发挥，使得社会投资积累规模、消费规模和投资规模都得以增大，社会就业和稳定得到保障，具有较强的外部性。

保险业经济补偿、融通资金、社会管理和价值创造功能既可以降低经济系统的波动程度，促进投资增进消费；又可以优化资金配置和提高投资效率，促进金融市场稳定；还可以保障民生安全和社会稳定，促进社会就业。因此，保险业具有较强的正外部性，尤其是系统重要性保险金融机构由于其规模较大，正外部效应管理更为明显。

系统重要性保险机构在持续经营状态下产生正外部效应，主要表现为其充当了“社会稳定器”和“经济助推器”，给其他金融机构和实体经济带来有利影响。如图 2.1 所示，当系统重要性保险机构从事承保业务和投资业务等经营活动时，私人边际收益（PMR）等于私人边际成本（PMC），即其向市场提供产量 Q_1 时实现利润最大化，此时均衡点为 c 。由于系统重要性保险机构从事的日常经营活动都具有正外部性，必然产生外部行为边际收益（EMR），推高社会边际收益（社会边际收益为私人边际收益和外部边际收益之和），社会边际收益（SMR）与私人边际成本（PMC）相等时达到新的均衡，均衡点为 d ，此时社会利润最大化，但此时市场需求的产量为 Q_0 ，系统重要性保险机构的供给 Q_1 并不能满足社会均衡时形成的产量需求，需要其他保险机构提供相应的产品和服务来补充。可见，系统重要性保险机构的正外部性活动引致市场对其他保险机构的产品需求，导致其他保险机构的产品销售增加，导致社会边际收益增加。

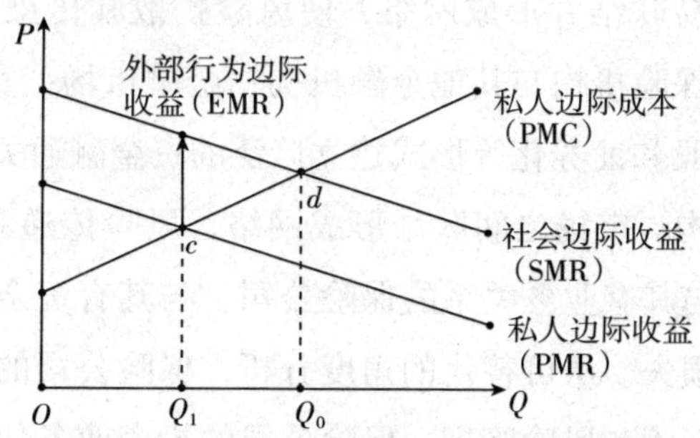

图 2.1　保险机构正外部性成本收益分析图

2. 系统重要性保险机构的负外部效应

负外部性是系统重要性保险机构的本质特征，表现为其违规经营行为可能导致金融体系乃至实体经济遭受不利影响，其破产倒闭可能引发金融体系和经济体系的系统性风险，而遭受损失的其他保险机构、非保险金融机构和实体经济部门并不能够通过市场机制向系统重要性保险机构要求损失补偿[109]。

系统重要性保险机构通过收取保费进行负债经营，其破产倒闭对其他金融机构的影响及其社会效应远大于其自身的损失。由于系统重要性保险机构的正外部性和风险传染性的存在，其倒闭对金融经济具有重大影响，监管部门通常不会坐视不理，以致“太大而不能倒闭”“太复杂而不能倒闭”“太重要而不能倒闭”“太关联而不能倒闭”的问题迭出。从规模的角度分析，保险机构规模越大，其承保业务在保险市场中所占份额越多，其他保险机构取而代之提供相应保险保障的难度越大，保险消费者对保险市场整体稳定性的质疑就越多，市场信心也越难以维持，恐慌心理将使得退保风波扩散蔓延以致形成保险系统性风险，即保险机构破产倒闭将通过增加市场承受压力和摧毁市场信心作用于其他保险机构，如果这种负外部性不加以遏制，必将引致系统性风险爆发。从复杂性的角度分析，保险机构的再保险交易规模越大、信用保证保险业务越多、资金融通功能越强、实体经济渗透力越高、社会治理和管理参与度越高、经营区域越广泛，其破产倒闭处置的时间、成本和难度增加的同时，其他保险机构、金融机构、企业和社会遭受的损失也将越大。从关联程度的角度分析，在承保业务关联性方面，保险机构与其他保险机构之间的业务分出与分入越多，保险同业往来越频繁，保险体系内的交易越多，保险公司之间越容易联结并形成网络，使风险扩散和传染能力增强；在投资业务关联性方面，保险机构与其他金融机构、金融市场、实体经济部门之间，通过投资、交叉持股和证券化等形式建立广泛的资金融通关系，保险公司与非保险金融和经济机构、市场之间联结形成网络，风险传递和蔓延效应将产生；若保险公司倒闭，与其有业务关系的保险公司、与其有资金融通关系的金融和经济部门必然遭受损失。从可替代的角度分析，保险公司的承保业务使其在社会范围内提供风险保障和风险管理，保险公司的投资业务使其成为金融市场上重要的机构投资者，大型保险机构的“社会稳定器”和“经济助推器”的作用非同小可，其他保险机构或金融机构很难取而代之提供相应服务，发挥同样功能和作用，以致当这些保险机构偿付能力不足、濒于破产倒闭时，政府往往会不遗余力地施以援手进行救助。政府的救助使得保险机构能够继续运营，正外部性得以继续发挥作用，负外部性也没有带来损失。似乎是通过政府干预弥补了市场失灵，外部性问题得到完美解决，然而并非如此简单。一方面，政府干预需要资金投入，这一成本的增加实质上使得社会福利和经济效益受损；另一方面，政府干预行为将使风险在保险体系内积聚，基于政府干预兜底的预期，保险机构有恃无恐，道德风险由此产生，其在日常经营活动中更倾向于从事高风险业务，保险消费者预期保险机构不会倒闭，在保险产品选择时更注重产品价格和条款，毫不顾及保险机构的安全性，保险机构的市场约束力被削弱，保险机构的道德风险由此进一步加剧。保险体系内风险集聚，不仅危及一国金融经济安全，而且对国际金融经济安全产生影响，以致全球范围内协调监管都显得必要和紧迫起来。

由于系统重要性保险机构的正外部性和风险传染性的存在，监管部门在其发生危机时进行注资解救，导致社会成本包括其引致损失和救助资金，社会边际成本超过系统重要性保险机构承担的私人边际成本，社会成本增加，市场无效率。系统重要性保险机构违约后，其支付的风险溢价并未纳入私人成本，其造成的损失往往由社会承担。在图2.2中，保险机构从事承保业务与投资业务等经营活动时，私人边际成本（PMC）与私人边际收益（PMR）相等，此时私人边际收益（PMR）与社会边际收益（SMR）相等，因而当PMC = SMR时利润最大化，此时均衡点为a，保险机构提供的均衡产量为Q_1。由于保险机构活动具有外部性，产生外部行为边际成本（EMC），此时私人边际成本（PMC）小于社会边际成本（SMC），社会边际成本（SMC）包含私人边际成本（PMC）和外部行为边际成本（EMC），在保险机构提供的产量为Q_1时社会边际成本（SMC）大于社会边际收益（SMR），由于SMC > SMR均衡状态被打破，新的均衡在保险机构提供的产量和服务下降至Q_0时形成，此时SMC = SMR，均衡点为b。可见保险机构倾向于提供更多的负外部性保险产品和服务，如竞争中降低保险费率争夺市场份额、发行中短期高现价返还产品等。

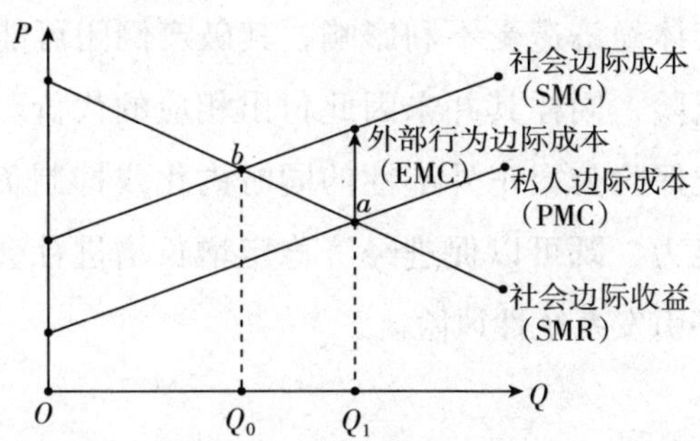

图2.2 保险机构负外部性成本收益分析图

系统重要性保险机构的外部效应的存在，使危机发生时政府部门不仅要面对正外部效应的丧失，还要承担负外部性损失。双重损失的叠加使得国际监管当局在世界范围内推进全球系统重要性保险机构的识别和监管。中国保监会和银保监会注重国内系统重要性保险机构识别和监管，也是基于其重要性和危害性，重要性体现为我国保险业通过40多年发展已成为“社会稳定器”和“经济助推器”，具有强烈的正外部性，危害性体现为系统重要性保险机构的破产倒闭不仅损伤自身，还会累及社会稳定和经济发展，具有强烈的负外部性。

经济学界提出的外部效应的解决途径是外部性内化。正外部效应带来社会福利增加是各国监管当局所乐见的，负外部效应带来社会边际成本上升才是各国政府所忌惮的。因此，负外部效应内化成为经济学界和监管当局重点关注的问题。系统重要性保险机构负外部效应内化有两大途径：一是庇古所主张的政府措施，通过征税、补贴和管制，使私人成本和社会成本相同；二是科斯所主张的市场方式，通过产权界定和产权交易，使私人成本和社会成本一致。通过市场解决负外部性难度较大，当前针对系统重要性保险机构的负外部性，主要采用加强监管的方法实现成本内化。

总体而言，系统重要性保险机构之所以具有系统重要性，是因为其具有强烈的外部性。首先，具有正外部性，系统重要性保险机构的经济补偿、融通资金、社会管理和价值创造功能既可以降低经济系统的波动程度，促进投资增进消费；又可以优化资金配置和提高投资效率，促进金融市场稳定；还可以保障民生安全和社会稳定，促进社会就业，与此同时其并未因此获得相应的回馈。其次，具有负外部性，系统重要性保险机构的违规经营行为可能导致金融体系乃至实体经济遭受不利影响，其破产倒闭可能引发金融体系和经济体系的系统性风险，同样其并未因此付出相应的代价。系统重要性保险机构监管主要是强化保险公司正外部性的同时内化或抑制负外部性，如提升保险服务实体经济能力，既可以促进经济稳定增长增进社会福利，又可以防止保险资金体外循环引发系统性风险。

2.3 全球系统重要性保险机构监管理论及实践

2007年次贷危机爆发，系统性风险扩散传播致使金融体系遭受严重打击，显然之前各国所仰赖的微观审慎监管政策不足以应对传染能力和致损能力强大的系统性风险。尽管宏观审慎监管可能削弱了某些系统重要性金融机构经营的积极性，但有效利用微观审慎监管政策的同时加强宏观审慎监管才可能维护金融体系的稳定，强化宏观审慎监管以降低和防范系统性风险已成为监管层和学界的共识。

2.3.1 金融系统性风险监管理论及实践

1. 金融系统性风险监管理论

宏观审慎监管基于宏观视角防范金融体系的系统性风险，通过一系列审慎工具的运用对系统性风险因素进行识别和控制，以抑制系统性风险因素引发系统性风险事件，从而防范和减少系统性风险损失。其中，保险业系统性风险因素的识别和评价，是保险业系统性风险管理的前提和基础，即对保险业系统性风险实施宏观审慎监管的前提和基础；系统性风险效应溢出程度衡量是保险业系统性风险管理的依据，即实施宏观审慎监管政策的具体决策依据。

系统性风险因素主要包括相互关联性因素和顺周期性因素，系统重要性风险的形成主要源于空间维度和时间维度。

空间维度也称为横截面维度，关注的重点是金融机构之间的相互关联性。由于众多金融机构往往面向相同的投资者，且互相之间存在密切的业务关系，具有共同的风险敞口，所以当其中一个金融机构陷入经营困境时，风险溢出效应就会波及与其具有相关交易和相同风险敞口的其他金融机构，酿成系统性风险。空间维度从特定时点金融机构之间的联系角度研究系统性风险的形成，由于不同金融机构之间的业务往来等错综复杂的关系，风险通过这些联系从单个金融机构横向扩散至整个金融体系，系统性风险由此产生。全球金融一体化加强所引致的金融市场同质化加剧了风险的累积和扩散，系统性风险严重程度和影响区域增大。

时间维度也称为金融体系的顺周期性，其关注的重点是时间推移引致系统性风险的累积。随时间推移经济环境不断变化，在经济上行期间系统性风险积累，在经济萧条期间，之前繁荣期间过度金融创新和信用膨胀等引致金融机构受损甚至破产倒闭。监管政策的顺周期性促进系统性风险的蕴积，经济繁荣时期的宽松政策诱使金融机构作出各种偏好风险的经营决策以获取较高收益，经济萧条时期的严厉监管政策迫使金融机构故步自封收缩业务导致收益进一步减少。

基于时间维度、空间维度的系统性风险因素的识别和衡量，国际监管机构发布 *Macroprudential Instruments and Frameworks*（《宏观审慎分析工具和框架》）[110]、*An Assessment of the Long Term Economic Impact of the New Regulatory Framework*（《新监管框架即实施更高资本和流动性要求的长期宏观经济效应评估》）[111]和 *Global Systemically Important Banks：Assessment Methodology and the Additional Loss Absorbency Requirement*（《全球系统重要性银行评估方法和附加损失吸收能力充足性要求》）[112]等宏观审慎监管文件，从逆周期监管和系统重要性金融机构监管等方面构建宏观审慎监管框架（表2.1），加强宏观审慎监管。

表2.1　系统性风险因素及宏观审慎监管措施

系统性风险因素	监管措施	
时间维度风险	逆周期监管	逆周期资本缓冲
		杠杆率/杠杆限制［银行一级资本/（表内资产＋表外风险敞口＋衍生品总风险暴露）］
		动态及前瞻性拨备机制，采用预期损失型拨备制度（如前瞻性资产损失准备金、前瞻性公允价值计量、前瞻性贷款损失拨备等）
空间维度风险	系统重要性金融机构监管	附加资本要求
		应急资本机制（应急资本、自救债券）
		较高的资本缓冲器（更高的损失吸收能力、总损失吸收能力）
		恢复与处置方案和计划（即生前遗嘱）

资料来源：根据 Basel Ⅲ 相关文件整理。

2. 金融系统性风险监管实践

宏观审慎监管是基于保障金融系统的稳定，自上而下就金融领域的系统性风险进行监管。监管内容主要包括三个方面：一是识别系统性风险；二是损失发生前尽可能降低系统性风险发生的可能性；三是损失发生后通过各种监管政策求取损失最小化，即在系统风险爆发后，尽可能削弱系统性风险的溢出效应，限制系统性风险的破坏程度和范围，最小化金融和经济损失。监管的金融领域包括银行业、保险业和证券业等；地域范围从全球监管向国内监管推进。

金融系统性风险的主要监管机构是 FSB。2009 年在二十国集团（G20）的推动下，FSB 成立，其成员涵盖全部 G20 成员，其重点任务是从全球金融稳定的角度制定和实施金融监管政策，缓减金融脆弱性问题。作为协调各国金融监管、制定和执行全球金融监管标准的国际金融监管组织，FSB 率先联合 BCBS 推进系统重要性银行机构监管，其后则推进系统重要性保险机构监管和非银行非保险系统重要性金融机构监管（图 2. 3）。

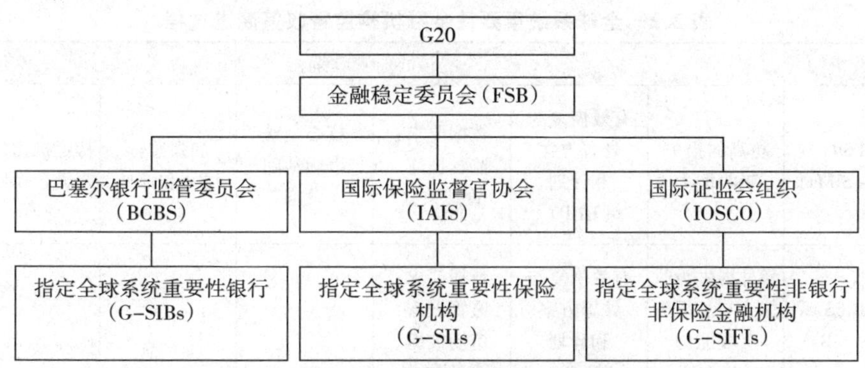

图 2. 3　国际系统重要性金融机构监管架构

资料来源：根据国际系统重要性金融机构监管状况整理。

对系统重要性金融机构的监管是不断演进的过程（表 2. 2）。这种推进既包括辖区范围的不断递进，也包括行业领域的不断扩展。国际金融监管机构就系统重要性金融机构（SIFIs）进行监管，经历了从“全球性系统重要性金融机构监管→国内系统重要性金融机构监管”的演进，全球性系统重要性金融机构监管经历了从“银行监管→保险、证券等监管”的演进，而国内系统重要性金融机构的监管主要就国内系统重要性银行进行监管，国际层面的监管机构尚未就国内系统重要性保险机构监管工作加以推进。具体到我国，系统重要性金融机构监管从银行业、保险业和证券业机构三个层面开展和推进，采用国务院金融稳定发展委员会（简称“国务院金融委”）统领，央行确定宏观审慎监管规则，银保监会具体负责银行、保险业系统重要性金融机构监管，证监会具体负责证券业系统重要性金融机构监管的架构。D－SIFIs 由国务院金融委在央行和银保监会、证监会具体监管工作的基础上进行确定。国务院金融委成员单位互相之间在系统重要性金融机构领域实行信息共享，达成监管合作。

FSB 等[113]针对金融体系系统性风险的核心监管政策，主要包括以下方面：要求系统重要性金融机构增加资本以具有更高的损失吸收能力、建立有效的恢复与处置方案和计划（RRP）、要求进行监管数据披露和收集管理、要求进行核心金融市场基础设施建设、进行监管的协调和评估、加强特定机构危机跨境合作等（表 2.2）。

表 2.2　全球系统重要性金融机构监管政策演进过程

监管机构	核心监管政策					
FSB（G – SIFIs）	更高的损失吸收能力	有效恢复与处置方案和计划（RRP）	数据要求：监管披露、管理数据	核心金融市场基础设施	加强监管协调和评估	特定机构危机跨境合作协议
BCBS（G – SIBs）	额外损失吸收能力与总损失吸收能力（TLAC）	有效恢复与处置方案和计划（RRP）	数据要求：监管披露、市场披露、管理数据			
IAIS（G – SIIs）	资本要求：具备更高的损失吸收能力（HLA）	有效恢复与处置方案和计划（RRP）	数据要求不具体			

资料来源：根据各监管机构核心监管政策整理。

2.3.2　全球系统重要性保险机构识别

次贷危机以后，国际监管层主要采取指标法评估系统重要性金融机构[114]、系统重要性银行和系统重要性保险机构（表 2.3）。IAIS 根据保险行业经营特点设定指标，并计划每三年对评估方法进行一次优化调整，在指标选取和权重设置等方面不断加以调整和改进，以便更为准确地判定保险机构的系统重要性，精准识别系统重要性保险机构。2009 年 IAIS 确定规模、相关性、可替代性和时效性为系统重要性保险机构评定指标，但在之后的实际操作中并未将其纳入评估指标。2013 年 IAIS 发布 *Global Systemically Important Insurers（G – SIIs）：Initial Assessment Methodology*（《全球系统重要性保险机构评估方法》）和 *Global Systemically Impertant Insurers*：*Policy Measures*（《全球系统重要性保险机构政策措施》）两份报告，其中提出了系统重要性保险机构的识别方法即指标评估法。该方法在参考 BCBS 判定全球系统重要性银行机构(G－SIB)的评估方法的基础上设定指标。基于传统保险业务并不会引致系统性风险认知，IAIS 将保险机构经营业务细分为三类，即传统、半传统和非传统非保险，其中 NITI（即非传统非保险）业务规模是识别系统重要性保险机构的重点依据。基此选取规模、全球活跃性、关联性、非传统非保险（NINT）业务、不可替代性五个大类指标和相应的二级指标，并赋予适当权重，从而计算得出被考察保险机构的系统重要性得分以判定其系统重要性。2016 年 IAIS 对 2013 年评估方法进行修订，对 2013 年设定的指标及权重进行优化调整，重新确定规模、金融体系内关联、可替代性、资产变现和全球活动为系统重要性保险机构评估指标并赋权。按照原定计划 IAIS 应于 2018 年拟定评估方法修订征求意见稿并确定 2019 年系统重要性保险机构评估方法，但 2018 年 IAIS 既未进行当年系统重要性保险机构评定，也未公布征求意见稿。因此，本书仅就 2013 年和 2016 年评估方法加以介绍和分析。

表 2.3　系统重要性保险机构 SIIs 评估指标

监管机构	具体评估指标				
FSB（2009）	规模	相关性	可替代性	—	—
BCBS（2011）	规模	相关性	可替代性	复杂度	国际活跃度
IAIS（2009）	规模	相关性	可替代性	时效性	—
IAIS（2013）	规模	金融体系内关联	可替代性	非传统非保险业务	全球活动
IAIS（2016）	规模	金融体系内关联	可替代性	资产变现	全球活动

资料来源：根据各监管机构评估指标整理。

1. 2013 年系统重要性保险机构指标评估法

2012 年 IAIS 公布 G－SII 评定方法初稿，确定系统重要性保险机构评估采用指标法，设置五个大类指标并将其细分为 18 个子指标。2013 年 7 月，IAIS 颁布《全球系统重要性保险公司：初步评估方法》，确定五大类指标细分 20 个子指标，五大类指标为规模、全球活跃性、关联性、非传统非保险（NITI）业务和可替代性指标，分别赋予 5%、5%、40%、45% 和 5% 的权重（表 2.4）。

表 2.4 全球系统重要性保险机构指标评估法指标及权重变化情况

<table>
<tr><th rowspan="2">指标名称</th><th colspan="2">2013 年指标评估法</th><th colspan="3">2016 年指标评估法</th></tr>
<tr><th>分类</th><th>权重</th><th colspan="2">分类</th><th>权重</th></tr>
<tr><td>总资产</td><td rowspan="2">规模（5%）</td><td>2.5%</td><td colspan="2" rowspan="2">规模（5%）</td><td>2.5%</td></tr>
<tr><td>总收入</td><td>2.5%</td><td>2.5%</td></tr>
<tr><td>母国之外的保费收入</td><td rowspan="2">全球活跃性（5%）</td><td>2.5%</td><td colspan="2" rowspan="2">全球活跃性（5%）</td><td>2.5%</td></tr>
<tr><td>母国之外分支机构数量</td><td>2.5%</td><td>2.5%</td></tr>
<tr><td>金融体系内资产</td><td rowspan="7">关联性（40%）</td><td>5.7%</td><td rowspan="4">关联性</td><td rowspan="4">交易对手风险敞口</td><td>6.7%</td></tr>
<tr><td>金融体系内负债</td><td>5.7%</td><td>6.7%</td></tr>
<tr><td>再保险</td><td>5.7%</td><td>6.7%</td></tr>
<tr><td>衍生品</td><td>5.7%</td><td>6.7%</td></tr>
<tr><td>大额风险暴露</td><td>5.7%</td><td colspan="3">删除，转至综合分析中考虑</td></tr>
<tr><td>流转率</td><td>5.7%</td><td colspan="2" rowspan="2">资产变现</td><td>6.7%</td></tr>
<tr><td>三级资产</td><td>5.7%</td><td>6.7%</td></tr>
<tr><td>金融担保</td><td rowspan="7">非传统非保险业务（45%）</td><td>6.4%</td><td rowspan="3">关联性</td><td rowspan="3">宏观经济风险敞口</td><td>7.5%</td></tr>
<tr><td>变额保险产品的最低保证</td><td>6.4%</td><td>7.5%</td></tr>
<tr><td>衍生品交易</td><td>6.4%</td><td>7.5%</td></tr>
<tr><td>非保单持有人责任和非保险收益</td><td>6.4%</td><td colspan="2" rowspan="3">资产变现</td><td>7.5%</td></tr>
<tr><td>短期融资</td><td>6.4%</td><td>7.5%</td></tr>
<tr><td>保险负债流动性</td><td>6.4%</td><td>7.5%</td></tr>
<tr><td>集团内担保/承诺</td><td>6.4%</td><td colspan="3">删除，转至综合分析中考虑</td></tr>
<tr><td>特定业务保费收入</td><td>可替代性（5%）</td><td>5%</td><td colspan="2">可替代性（5%）</td><td>5%</td></tr>
</table>

资料来源：根据 IAIS 指标评估法（2013 年和 2016 年）整理。

规模指标（5%）：保险公司的规模越大，其提供的保险产品和服务越多，系统重要性程度就越高。系统重要性保险机构规模要素可以从总资产和总收入两个方面分析。总资产直接采用保险公司的资产负债表上的总资产规模确定，总收入则包括保险公司的承保业务产生的保费收入、投资业务形成的投资收益和其他收益等。总资产和总收入两个子指标分别被赋予 2.5% 的权重。两个子指标相结合，既从资产角度考察了保险公司的规模，又从盈利角度考察了保险公司的表外资产规模，保险公司基于规模的系统重要性程度得到全面考察和反映。

全球活跃性指标（5%）：保险公司在世界保险市场越活跃，其破产倒闭的负外部性影响越大，系统重要性程度就越高。保险机构全球活跃性可以从国外保费收入和国外分支机构数量两个方面分析。国外保费收入越多，其国际市场保险份额越大，其破产倒闭对全球保险市场影响就越大；国外分支机构就越多，其破产倒闭波及的国家和地区就越多。国外保费收入和国外分支机构数量这两个子指标分别被赋予 2.5% 的权重。

关联性指标（40%）：保险公司与其他保险或非保险金融机构之间的关联程度越高，其破产倒闭或陷入经营困境越可能影响有关联关系的机构，系统重要性程度就越高。关联程度可以从七个方面进行分析：①金融体系内资产。保险公司对其他金融机构借出的资金越多，或持有的其他金融机构的有价证券（如存款、债券、商业票据和股票）越多，保险公司遭遇危机时紧急处置资产对关联机构的影响越大，系统重要性程度就越高。②金融体系内负债。保险公司向金融机构借入资金越多，或面向金融机构发行的有价证券越多，其遭遇危机时违约（无法清偿债务）对关联机构的影响越大，系统重要性程度就越高。③再保险。保险公司分入业务越多，其遭遇危机时，由于对具有分保关系的其他保险企业不具有偿付能力，这些关联保险企业受到的影响越大，保险公司系统重要性程度就越高。④衍生品。保险机构的衍生品规模越大，其破产倒闭对其他金融机构的影响越大，系统重要性程度就越高。⑤大额风险暴露。保险公司向前十位交易对手的资产风险暴露总额及风险暴露总额占总资产比例越高，或国内主权风险暴露占市场规模比率越大，风险敞口的集中度越高，系统重要性程度就越高。⑥流转率。保险公司资产、负债流转率越高，即（投资性资产总购买额 + 投资性资产总出售额）/总资产额和（融资负债总销售额 + 融资负债总清偿额）/总负债额越高，其与金融市场关联程度越强，系统重要性程度就越高。⑦三级资产。保险公司三级资产总量越大，或三级资产总额占一、二、三级资产总额比率越高，其与金融市场关联程度越高，系统重要性程度就越高。上述 7 个子指标分别被赋予 5.7% 的权重。

非传统非保险业务指标（45%）：IAIS 认为传统保险业务不会引致系统性风险，但是非传统非保险业务是系统性风险的主要因素，保险公司开展的非传统非保险业务活动越多，其系统重要性程度就越高。非传统非保险业务指标可以从以下七个方面进行度量和分析：①非保单持有人责任和非保险收益。保险公司非保单持有人责任越大，非保险收益越多，其破产倒闭或陷入经营困境，对金融市场造成的损失程度就越严重，保险公司系统重要性程度也越高。其中，前者可以用负债总额与保单持有人负债的差额及其占负债总额比例进行衡量，后者可以用非保险业务收入及其占总收入比值进行衡量。②衍生品交易。保险公司衍生品交易规模越大，引致风险的风险源越多，保险公司系统重要性程度就越高。衍生品交易主要用 CDS 业务总量和以投机为目的的衍生品交易进行衡量。③短期融资。保险公司短期融资规模越大，债务到期压力越大，其经营困境对金融机构影响就越大，系统重要性程度也越高。短期融资规模主要用保险公司的短期融资总量及其占总资产的比例进行衡量，其中短期融资包括保险公司短期借款、发行的商业票据、发行的存款凭证、收到的来自回购债券协议的抵押品总值和收到的借出证券的抵押品等。④金融担保。保险公司所提供的金融担保越多，对担保抵押业务的相关市场及机构的影响就越大，保险公司的系统重要性程度也越高。金融担保主要用债券名义总额（包括结构型金融保险和金融担保）和基于抵押贷款保证保险产生的违约金总额来衡量。⑤变额保险产品的最低保证。保险公司推出的有担保或最低保证的保险产品越多，越容易引致流动性风险，保险公司的系统重要性程度越高。变额保险产品的最低保证可以用可变年金或或有年金及其他有担保的保险产品需要提取的准备金金额来衡量。⑥集团内担保/承诺。保险公司向集团内非保险实体提供的内部担保越多，越容易引致系统性风险，保险公司的系统重要性程度就越高。集团内担保或承诺主要用保险公司对集团内非保险实体提供的集团担保和非保险实体对其他实体提供的集团内担保总额及其占总资产比率来衡量。⑦保险负债流动性。保险公司的负债流动性越强，短期内保险合同退保数量越多，越容易引致流动性风险，保险公司的系统重要性程度也就越高。保险负债流动性用三个月内可以解除的无经济罚金的负债和处以 20% 以内经济罚金的可解除的负债额 ×50% 来衡量。上述 7 个指标均赋予 6.4% 的权重。

可替代性指标：保险公司提供的特别的保险产品和服务越多，其被其他保险机构取而代之的难度就越大，可替代性就越低，保险公司的系统重要性程度也越高。可替代性主要以保险公司特定业务保费收入来衡量，主要包括巨灾保险保费收入、信用保险（抵押贷款保证保险、金融担保和出口信用保险等）保费收入、航空保险保费收入及海上保险保费收入等。该指标赋予5%的权重。

进行系统重要性保险机构评估时，首先要确定参评保险机构每项指标得分，再将其与对应指标权重相乘并求出总和，即为该保险机构 G－SIIs 分值。其中，参评保险机构的每项指标得分为该保险机构此项指标对应值与全部样本保险公司该指标数值之和的比值。

2. 2016 年系统重要性保险机构指标评估法

2016 年6 月 IAIS 发布 *G－SIIs*：*Updated Assessment Methodology*，对 2013 年评估方法进行优化调整。由于 2013 年评估方法中重点突出的非传统非保险业务（NITI）在实践中的界定比较模糊，且其和关联程度两个评估指标间存在项目内容交叉的情况，因此 2016 年评估方法对此加以改进，见表 2.4，删除“非传统非保险业务”指标，增设“资产变现”大类指标，细分“关联性”大类指标为“宏观经济风险敞口”和“交易对手风险敞口”两类，原来“非传统非保险业务”指标项下的项目重新归类调整，其中金融担保、变额保险产品的最低保证和衍生品交易调整至“宏观经济风险敞口”指标项下，归属于“关联性”指标，非保单持有人责任和非保险收益、短期融资和保险负债流动性调整至“资产变现”指标项下。其中，“资产变现”指标赋权 36%，“关联性”指标赋权 49. 3%。

2016 年 G－SIIs 指标评估放弃了原来的否定性术语指标，从宏观经济风险暴露、交易对手风险暴露和流动性等角度正面分析了保险产品引致系统性风险的严重程度[115]。

IAIS（2016）认为，保险机构基于投资业务和部分承保业务（保险产品提供收益保证）对宏观经济因素一般存在风险暴露，由于风险关联程度较高，分散可能性较小，宏观经济风险敞口可能引致系统性风险，与此同时由于存在交易对手风险敞口，可能通过交易对手将冲击扩散蔓延引致或扩大系统性风险。如保险机构若经营固定收益产品、变额年金产品、分红理财型保险产品和信用保证保险产品，由于此类产品向被保险人提供收益保证，若保险机构在保险资金运用收益率较低无法产生所需现金流满足收益保证时，则面临实质性经济风险。当保险机构实质性经济风险积累过多，宏观经济敞口增大，其偿付能力不足或经营出现问题就会对交易对手造成冲击，风险将经由交易对手不断扩散和蔓延，引发系统性风险。因此，可以通过评估保险机构的金融担保、变额年金产品的最低担保及衍生品交易确定宏观经济风险敞口，评估金融体系内资产及负债、再保险和衍生品交易规模确认交易对手风险敞口。

保险机构在偿付能力不足时大规模抛售资产，虽然可能会缓解流动性问题，但也会形成对金融市场的冲击，产生系统性风险。由于保险业承保业务遵循大数法则，基此厘定保费费率并建立保险基金，风险能够得到有效分散，损失能够得到合理分摊，一般不存在流动性问题。但是保险机构也可能面临类似银行挤兑导致的流动性问题，如投保人退保或是其他形式的资金提取[115]。由于市场出现高收益投资项目，或是投保人财务状况紧张或流动性趋紧，或是投保人对保险机构及其产品失去信心，都可能引致保单持有人“挤兑”，致使保险机构流动性出现问题。因此，可以通过评估保险机构对退保行为的处罚程度确定流动性风险。

3. 历年评定的全球系统重要性保险机构

FSB 和 IAIS 基于指标评估法，结合 IFS 辅助评估方法与附加监管判断和验证，进行系统重要性保险机构认定。其中，IFS 是一种定量评估方法，其基于保险业务稳定性将保险业务细分为传统保险业务、半传统保险业务、非传统保险业务、非保险金融业务、非保险非金融业务，并分别赋予不同的风险权重。IFS 评估方法确定得分的计算步骤与指标评估法相同，其被视为指标评估法的辅助评估方法。如果指标评估法所得结论与 IFS 评估方法一致，则系统重要性保险机构就此可以认定；反之，若两者存在较大差异时，就需要进行附加监管判断和验证。附加监管判断和验证主要是定性分析方法，IAIS 根据从公共渠道或监管者处获取参评保险机构的更多信息，进一步分析难以量化的隐形环境因素、关联性的性质及程度、表外风险等确定保险机构的系统重要性程度。

IAIS 于 2013 年首次确定首批全球系统重要性保险机构，之后 2013—2017 年每年都进行全球系统重要性保险机构认定。其中，2013—2015 年基于 2013 年评估法进行认定，2016—2017 年基于 2016 年指标评估法进行认定。2018 年 IAIS 着手修订评估方法，未进行系统重要性保险机构认定工作，目前为止，IAIS 尚未重新进行 G－SIIs 的评估。

在历年全球系统重要性保险机构识别和认定过程中，FSB 和 IAIS 均确定并公布 9 家全球系统重要性保险机构（表 2.5），这些大型保险集团被称为"大而不能倒（Too－Big－To－Fail）"的保险机构，均经营业绩良好，业务复杂且范围广泛，不仅从事保险业务，而且涉足投资、银行等非传统非保险业务，提供多元化金融服务。它们在全球金融参与度不断提高的同时，已成为全球金融经济的"稳定器"和社会发展的"助推器"。

表 2.5　2013—2017 年全球系统重要性保险机构

系统重要性保险机构	2013 年	2014 年	2015 年	2016 年	2017 年
Aegon N. V. 荷兰全球人寿保险集团	×	×	√	√	√
Assicurazioni Generali S. p. A. 意大利忠利保险有限公司	√	√	×	×	×
Allianz SE 德国安联集团	√	√	√	√	√
American International Group, Inc. 美国国际保险集团	√	√	√	√	√
Aviva PLC 英国英杰华保险集团	√	√	√	√	√
Axa S. A. 法国安盛集团	√	√	√	√	√
MetLife, Inc. 美国大都会人寿保险公司	√	√	√	√	√
Ping An Insurance Group 中国平安保险集团	√	√	√	√	√
Prudential Financial, Inc. 美国保德信金融集团	√	√	√	√	√
Prudential PLC 英国保诚集团	√	√	√	√	√

资料来源：根据历年 G－SIIs 名单整理。

入选全球系统重要性保险机构的国外保险集团，均来自发达保险国家和成熟保险市场。这些 G－SIIs 与我国保险业存在各种合作关系，且在我国设立分支机构，这既是这些保险集团国际活跃程度的见证，也说明我国保险业交易对手风险敞口增加，关联性增强，保险业潜在系统性风险发生的可能性增加。作为新兴保险市场的唯一入选者，中国平安保险集团从 2013 年首次入选之后年年榜上有名，这既是我国保险业发展的见证，也说明我国保险业系统性风险增加。因此，加强保险业系统性风险防范、识别国内系统重要性保险机构是非常必要和重要的。

2.3.3 全球系统重要性保险机构监管

全球系统重要性金融机构由于“大而不能倒”，不仅存在倒逼政府监管部门的道德风险，而且其外部性损失可能引致系统性风险。若待危机爆发，政府监管部门再行干预，不仅需要大量的成本，而且干预结果未必理想。因此FSB 提出应加强 G－SIFIs 监管，减少其破产的可能性和影响[114]。监管中应通过运用审慎和融合的监管方式，规范监管部门和监管对象行为，确保在金融稳定的前提下使纳税人损失最小化[116]。基于此，FSB 提出全球系统重要性金融机构（G－SIFIs）监管建议：其一为监管机构相互协作全面监管 SIFIs；其二为监管部门提升监管能力，在金融稳定和税赋不增的前提下有序解决 SIFIs 问题；其三为 SIFIs 应满足更高资本要求增加损失吸收能力（HLA），内化其对全球金融系统产生的额外风险；其四为各国监管机构要提高宏观审慎监管能力（FSB,2016）[117]。

IAIS 遵从 FSB 关于 G－SIFIs 的监管建议，结合全球系统重要性保险机构 G－SIIs 特征，构建了全球系统重要性保险机构 G－SIIs 监管框架。其监管思路为：首先，降低全球系统重要性保险机构的系统重要性程度，主要通过加强非传统非保险业务（NITI）监管和关联程度较高的业务监管实现；其次，降低全球系统重要性保险机构的风险程度，主要包括降低其违约风险、减少其监管套利行为等。通过这两个方面的监管，试图减少全球系统重要性保险机构的道德风险，削弱其负外部性，减少其破产倒闭的可能性及影响，降低系统重要性程度[94]。全球系统重要性保险机构监管措施主要包括以下内容。

1. 强化监管

基于 *Insurance Core Principles, Standards, Guidance and Assessment Methodology*（《保险核心原则、标准、指引和评估方法》）[118]，*Common Framework for the Supervision of IAIGs*（《国际活跃保险集团监管共同框架》）[119] 和 *Increasing the Intensity and Effectiveness of SIFI Supervision*（《加强 SIFI 监管强度与效率》）[120]

三个原则，IAIS 提出 G－SIIs 强化监管措施：进行系统重要性保险机构监管要以所有保险企业均适用的保险监管核心原则为基础，同时针对 IAIGs（国际活跃保险集团）建立 Comframe 监管框架，针对非传统非保险业务设立独立监管小组加大监管力度。具体监管内容如下：

第一，建立集团监管框架（Group－wide Supervisor），进行全集团并表监管。监管部门应与其他相关监管部门加强合作，建立跨行业、跨区域监管联盟，对系统重要性保险机构进行全集团并表监管，制定和完善严格的监管标准、监管方法和评估制度，对于主要的风险业务领域、内部控制评估和风险管理评估等重点关注，以减少其经营不善对实体经济产生的负面影响。

第二，督促 G－SIIs 制订和执行系统性风险管理计划（SRRP），并进行监测。监管部门应督促系统重要性保险机构根据产生系统性风险的业务领域针对性制订系统性风险管理计划，并监测其执行和实施情况，以有效管理和减少系统性风险。管理措施主要包括有效隔离传统保险业务和非传统非保险业务、对特定业务加以禁制和设置特殊的资本要求内化系统性风险等。

第三，要求 G－SIIs 评估其流动性风险，增强流动性风险管理。监管部门应要求系统重要性保险机构制订流动性风险评估和管理方案，重点关注非传统非保险业务以及与金融市场关联性方面在正常经济环境和压力情境下的流动性水平，并基于历史数据分析和未来市场参加者行为变化的预期，提出流动性风险管理措施和策略，具体包括保险机构流动性风险管理基础、保险企业流动性风险集聚程度、保险企业流动性风险的负债方管理措施、保险企业外汇流动性风险管理、保险企业市场准入管理、保险企业信用评级的降级影响、保险企业衍生品交易管理及与 NTNI 相关的流动性管理等。

第四，有效分离非传统非保险业务。保险企业非传统非保险产品风险性和复杂程度较高，其业务经营过程中经常会运用杠杆、信用担保和期限变换等金融工具，导致系统重要性风险加大，同时保险企业非传统非保险业务风险可能传递到传统保险产品和业务，影响保险企业系统重要性程度。因此，设定传统保险业务和非传统非保险业务的明确标准，从企业组织和管理层面和监督体系层面制定有效分离和区别管理的方法，降低保险企业业务内部关联程度，可以增强企业预防风险和解决危机的能力，降低保险企业系统性风险影响程度，同时有效分离将会直接影响风险处置方案的制订和 HLA 计算的准确程度。

第五，使用限制和禁止条款。监管部门可以通过直接禁止、事前审查、限制业务范围、提供反向激励和提高系统重要性业务成本等措施，限制和禁止保险企业从事系统重要性业务。这一措施简单直接，但与 HLA 资本要求和分离计划相比，其作用较为有限。

2. 有效恢复和处置计划

FSB 颁布 *Key Attributes of Effective Resolution Regimes for Financial Institutions*（《系统重要性金融机构有效处置机制的关键要素》）[121]，指出系统性风险爆发后全球系统重要性金融机构的有效风险处置方案，主要思路为对内制订恢复计划（Recovery Plan），建立专门的风险管理小组并对处置计划进行评估；对外则签署跨境和跨机构的合作协议、与其他机构及国家建立合作关系。通过有效风险解决和处置，减少系统性风险的不利影响，为消费者提供保护、对股东和债权人利益给予最大化保护，推动经营失败的系统重要性保险机构有序退出市场。

在 FSB 风险处置计划的指引下，IAIS 基于保险业经营的特殊性，制订全球系统重要性保险机构有效恢复和处置计划（Recovery and Resolution Plan，RRP）。其规定对系统重要性保险机构进行处置时应积极保护保单持有人利益，按照破产清偿的索赔顺序由股东和无担保债权人吸收损失，确保经营失败的保险机构有序退出市场，尽可能保证金融体系不遭受严重破坏、纳税人不承担过度损失，系统性风险影响最小化。有效恢复和处置计划除包括 FSB 风险处置计划中的建立风险管理小组、细化恢复和处置计划、可处置性评估、跨境合作协议等，还包括将非传统非保险业务从保险公司中分离的安排、业务转移、自然终止安排、保单持有人保护和保障制度建设等。具体可分为恢复计划（Recovery Plan）和处置计划（Resolution Plan）。其中，恢复计划主要是通过一系列计划和措施的设计来引导陷入经营困境中的保险机构恢复正常运营状态；处置计划主要是在恢复计划未果的情况下为系统重要性保险机构提供有序退出市场的方式。

3. 资本要求

由于系统重要性保险机构具有系统性风险，因此应具备更为雄厚的自有资本以强化其抗御风险和吸收损失的能力。2013 年，IAIS 成立专门的 HLADG（Higher Loss Absorbency Drafting Group）工作小组，对全球系统重要性保险机构的资本要求及监管模型开展研究，意欲提高 G－SIIs 资本要求尤其是开展非传统非保险业务所需的附加资本要求，以便在 G－SIIs 偿付能力出现问题时通过附加资本进行缓冲，通过 G－SIIs 损失吸收能力的提高来减少其破产的可能性并降低其系统性风险。2015 年 10 月，FSB 批准并发布 IAIS 负责制定的更高损失吸收能力要求（HLA）。HLA 是针对全球系统重要性保险机构的附加资本要求[122]，其计算基础为 2014 年 IAIS 发布的基础资本要求（Basic Capital Requirement,BCR）。全球系统重要性保险机构（G－SIIs）资本从 2019 年起不得低于基础资本要求（BCR）和更高损失吸收能力（HLA）中所规定的资本要求之和，即 2019 年起全球系统重要性保险机构总资本应不少于 BCR 和 HLA 二者之和，BCR 和 HLA 二者均包括保险业务要求和非保险业务要求两部分[122]。

由于 IAIS 计划制定以风险导向为基础的国际保险资金本标准（Insurance Capital Standard,ICS），故 BCR 将被 ICS 取代，ICS 将成为法定资本要求（Prescribed Capital Requirement,PCR），成为 HLA 的计算基础。由于国际活跃保险机构（International Active Insurance Group,IAIG）BCR 平均资本要求仅相当于法定资本要求（PCR）的 75%（2014 年国际保险监督官协会评估数据），因此要求增加 33% 的 BCR 升级资本要求。故 ICS 成为法定资本要求时，全球系统重要性保险机构的总资本应包括 BCR、升级 BCR 和 HLA 三者所形成的资本要求之和，且三者各自由保险业务和非保险业务所产生的资本需求之和构成（图 2.4）。

IAIS 针对全球系统重要性保险机构（G－SIIs）的三项监管措施，在具体的运用中存在一定问题。首先，强化监管方面存在一定问题。IAIS 强化监管的思路是采用国际联合监管框架，这种框架若实际真正运作起来，可能存在诸多问题，如监管盲区的产生、多头监管的出现、数据滞后且多变导致基于

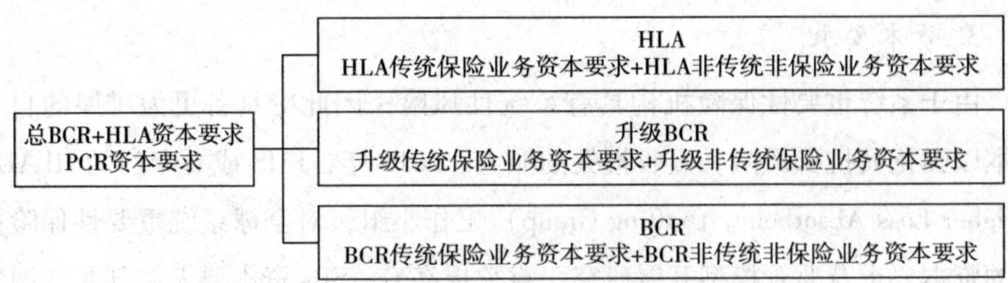

图 2.4　全球系统重要性保险机构的总资本要求

资料来源：根据 IAIS：Higher Loss Absorbency Requirement for G－SIIs 整理。

滞后数据确定的监管指标导致监管失误的可能、规避监管产生的保险产品和业务创新问题等。联合监管框架是一种理想化的监管模式，实际操作中的种种问题不一而足，且不易解决，不同群体的利益的兼顾、不同地区的监管政策目标的不一致性的协调，都是难以达成的。其次，有效风险处置计划方面存在问题。有效风险处置前提是要进行传统保险业务和非传统非保险业务的精准分离，事实上非传统非保险业务在实务中很难确定并进行有效隔离，以致 2016 年 IAIS 在指标评估法中放弃非传统非保险业务活动指标。最后，资本要求方面存在问题。增加系统重要性保险机构总资本要求，尤其是附加资本要求，以提高其损失吸收能力，将系统重要性保险机构的系统重要性风险成本内化，在一定程度上会打击系统重要性保险机构经营积极性。日内瓦协会认为保险机构计提的法定准备金和自留的坏账准备已然足够应付压力情境下的需求，并不需要建立吸收损失的准备金计提机制。

2.4　国内系统重要性保险机构监管理论及实践

国内系统重要性保险机构监管工作先有中国保监会在 2016 年积极推进，后有 2018 年中国人民银行、银保监会和证监会三部委联合提出指导意见，但是时至 2020 年国内系统重要性保险机构监管工作不仅尚未落到实处，甚至于都未能像出台《系统重要性银行评估办法（征求意见稿）》[123]一样，推出类似的系统重要性保险机构评估办法。因此，本书更多地从理论层面就中国保监会 2016 年的监管制度建设和 2018 年三部委监管指导意见加以探讨和分析。

2.4.1 国内系统重要性保险机构识别

2016 年，中国保监会两轮征求意见稿中并未明确规定国内系统重要性保险机构识别和评估方法，但是 2016 年 5 月中国保监会直接发文开展国内系统重要性保险机构评定数据收集工作，要求 16 家保险企业[①]提供财务报表数据、偿付能力报告数据、集团并表数据、子公司数据和监管评价等，并填报《D – SII 监管数据报表》。中国保监会将 16 家保险企业作为国内系统重要性保险机构的候选者或者说参评机构，意欲从中选出国内系统重要性保险机构，但是当时并未明确参评指标、规则和入选者数量。这种确定国内系统重要性保险机构的做法简单快捷，但是透明度、公允性和准确性都不具备，当时没有公布入选名单不了了之，其实即便当时评选并公布国内系统重要性保险机构名单，在参评范围、规则和评估指标不明确的情况下，这一结果也不会具有说服力。

2018 年三部委颁布的《关于完善系统重要性金融机构监管的指导意见》中明确规定了 D – SIFIs 评估与识别方法，确定D – SIIs的评定应从评定主体、参评保险企业范围、评估指标、系统重要性得分计算、监管判断及名单确定和披露等方面开展。第一，国内系统重要性保险机构的评定主体是国务院金融委和中国银保监会。第二，通过规模指标或数量指标确定参评机构范围，规模指标即全部产品保险机构表内外资产总额不得低于上年年末该行业总资产的 75%；数量指标即保险业参评机构数量不少于 10 家。第三，评估指标主要包括规模、业务和结构复杂性、关联度、可替代性和资产变现等一级指标，下设二级指标及相应权重由央行会同中国银保监会根据保险行业经营特点和发展状况加以设置。第四，参评保险企业系统重要性得分计算，据此初步确定 D – SIIs 初始名单。中国银保监会收集数据后计算参评保险企业每一指标值占全部参评保险企业该指标总和的比重，将其与该指标相应权重相乘，得出所有指标得分后加总即为系统重要性得分。第五，对初始名单进行调整，并做出监管判断。央行和中国银保监会根据系统重要性得分情况，结合其他定量或定性辅助信息，确定 D – SIIs 名单并提出监管建议，或进行 D – SIIs 分

① 16 家保险企业为：中国人保、国寿集团、太平保险、中再保险、中国平安、太平洋保险、中华联合、阳光保险、泰康人寿、新华人寿、华泰保险、安邦保险、富德保险、合众人寿、中邮人寿、华夏人寿。

组，实施差异化监管。

国内系统重要性保险机构每年都将进行评定，评定的最终名单在国务院金融委确定后由央行和中国银保监会联合发布。D－SIIs 评估流程和方法由国务院金融委每三年进行一次审议，以进行必要的评估流程和方法的调整和优化。

2.4.2 国内系统重要性保险机构监管

2016 年中国保监会在征求意见稿中曾就国内系统重要性保险机构监管作出直接规划，2018 年中国银保监会则在指导意见中就国内系统重要性金融机构监管加以设计。前者的监管设计仅指向保险业系统性风险和系统重要性保险机构，后者则涵盖银行业、证券业和保险业系统性风险和系统重要性金融机构。虽然两者的涵盖领域有差异，但是在具体的监管内容方面基本都借鉴和参考了 FSB 的监管原则和监管政策措施，加以设计和制定，因此表述虽有所差异但实质监管内容却基本相同。

（1）特别监管要求。国内系统重要性保险机构监管，由于其系统性风险存在可能引致实体经济损失，针对其负外部性的存在，进行风险成本内化、设置特别监管要求以加强风险监管已是共识。特别监管要求主要包括附加资本要求、公司治理完善、风险管理安排和信息系统健全等方面。

附加资本要求使得 D－SIIs 在满足最低资本要求、储备资本和逆周期资本要求之外增加更多的资本准备，以增强损失吸收能力。附加资本的计算采用连续法，即首先确定系统重要性得分最高的保险机构的附加资本要求，再以其为基准，计算其他保险机构得分与基准保险企业得分的比值并乘以基准保险企业的附加资本，得出其他 D－SIIs 的附加资本要求。若是分组监管，同样在组内采用连续法确定附加资本要求。

公司治理方面要求系统重要性保险机构在目前治理监管要求的基础上建立更为有效的治理架构，做到风险覆盖全面和管理透明有效。在董事会下设置风险管理委员会进行保险机构系统性风险管理。

风险管理方面要求系统重要性保险机构进行并表风险管理，建立保险机构全面风险管理架构，根据保险机构的系统性风险状况制订风险管理计划并进行报送和实施。

信息系统方面则从数据收集、信息系统构建方面提出要求，旨在强化信息披露。

（2）审慎监管要求。中国银保监会对系统重要性保险机构实施日常监管，央行会同中国银保监会定期进行 D – SIIs 风险评估监测和压力测试，央行基于对系统重要性保险机构的风险判断可以向中国银保监会提出监管建议，若系统重要性保险机构违规违法经营，央行可以直接对该保险机构进行风险提示，或要求该保险机构调整业务结构、经营策略和组织架构等。

（3）特别处置机制。央行会同中国银保监会建立危机管理小组，建立系统重要性保险机构特别处置机制，推动 D – SIIs 预先制订恢复和处置计划，并开展问题 D – SIIs 可处置性评估。若 D – SIIs 发生重大风险，央行会同中国银保监会成立系统性风险处置小组，推动系统重要性保险机构执行处置计划。处置过程中，问题保险机构首先运用自有资产或筹集市场资金进行自救，若无法化解风险则由保险保障基金提供流动性支持或直接介入救助，若仍未奏效且可能引发系统性风险时，则由央行给予应急性流动性支持或救助。

（4）国际协调与合作。加强与金融稳定理事会、国际保险监督官协会等国际组织的交流合作，结合保险业实际发展状况稳妥推进国内系统重要性保险机构监管框架与国际监管准则接轨。当国内系统重要性保险机构同时也被认定为全球系统重要性保险机构时，则适用两者中较高的特别监管要求。加强与境外监管部门的合作，签订跨境合作协议，强化系统重要性保险机构境外分支机构监管。

2.5 小结

首先，本章对系统性风险和系统重要性保险机构的概念加以界定，并基于传统风险观和风险管理理论分析保险业系统性风险的形成阶段及构成要素，指出保险业系统性风险包括风险因素、风险事件以及风险损失三个构成要素，其中风险因素引致风险事件，并导致风险损失，即外部环境改变或内部治理问题引致保险机构破产倒闭，造成保险业正外部效应丧失和负外部性损失产生。

其次，本章基于金融脆弱性、信息不对称和外部效应理论探索保险业系统性风险形成的深层次原因，指出负债经营、顺周期性、集团化和混业经营等引致并加剧了金融脆弱性，金融脆弱性积聚到一定程度，若不能有效管控和处置，就可能质变为保险业系统性风险或危机；信息不对称引致的道德风险和逆向选择使得保险公司积聚高风险业务，偿付能力受到严重影响，系统性风险增加；系统重要性保险机构具有强烈的正外部性和严重的负外部性，其破产倒闭时各国可能面临双重损失的叠加，即正外部效应丧失和负外部损失产生，系统性风险产生。

最后，本章梳理并分析了全球和国内系统重要性保险机构识别和监管理论及实践，明确了系统重要性保险机构的指标选取范围和监管政策选择路径。

第3章

保险业系统性风险存在性及形成机理研究

对于保险业系统性风险存在性研究是进行系统性风险监管、开展国内系统重要性保险机构评估和认定的前提，若不进行保险业系统性风险存在性判定，进行国内系统重要性保险机构评估就是要对可能不存在的系统性风险加以识别和监管研究，这就类同于无源之水、无本之木，甚不足取。本章将构建系统性风险溢出效应的分位数回归模型，就保险机构对银行类、证券类金融机构的尾部风险溢出效应进行计量，以进行国内保险市场系统性风险存在性判定；在实证分析确定保险业系统性风险存在的基础上，结合国内保险市场和保险机构实际发展状况就保险业潜在系统性风险进行剖析，确证保险业系统性风险存在；在规范分析和定量分析基础上进一步论证保险业系统性风险来源和传导机制，从理论角度阐明保险业系统性风险存在性及形成机理。

3.1 保险业系统性风险存在性实证分析

当金融机构之间关联性增强时，某一金融机构出现问题极可能引致系统不稳定性在金融体系内蔓延，造成严重危害[124]。风险溢出和传染是系统性风险引致系统性损失的基本途径[125]，通过风险溢出效应测度，一方面可以确定系统性风险是否存在；另一方面可以衡量系统性风险严重程度，为系统性风险监管提供依据。本节将分位数回归法与 CoVaR 模型相结合，进行保险机构对银行类、证券类等其他金融机构的尾部风险溢出效应测定，以及保险类机构内部不同保险公司间的尾部风险溢出效应测定，基于此衡量保险类机构对不同类型金融机构的尾部风险溢出效应及保险类机构内部不同保险公司间的尾部风险溢出效应，从而为系统性风险存在性提供经验证据。

3.1.1 保险公司系统性风险存在性判定模型

测度风险存在及其溢出效应大小的方法主要有两种：结构化方法和简约化法。其中，结构化方法是根据资产负债表等渠道具体研究金融机构的风险影响程度、损失以及风险传染和溢出的路径等，如网络分析法；简约化法则是基于金融市场数据研究推断金融机构间的相关性，如 CoVaR 方法、动态相关性等。结构化方法利用报表数据，存在时滞时间长、时效性和数据准确真实性较差的问题，而简约化法依据金融市场数据，其数据时效性、真实性有所保证，因此本节选取简约化法中的 CoVaR 模型测度保险业系统性风险溢出效应。

CoVaR 模型测度主要使用的方法有分位数回归、GARCH 模型以及 Copulas 函数等，本书采用较为成熟的基于分位数回归的 CoVaR 方法，对保险公司系统性风险溢出效应进行准确测度，以进行保险业系统性风险存在性判定。

1. 分位数回归方法

1978 年，Koenker 和 Bassett 对中位数回归加以推广，提出分位数回归方法[126]。分位数回归方法对随机扰动项并未规定严格的假设条件，因此对于尖峰厚尾、非正态分布的金融时间序列分析而言，分位数回归系数估计量更加稳健。

回归分析的基本思路是使样本值与拟合值之间的距离最短，样本均值回归是使误差平方和最小，样本中位数回归是使误差绝对值之和最小，样本分位数回归是使加权误差绝对值之和最小。分位数回归利用因变量的条件分位数来建模，通过最小化加权的残差绝对值之和来估计回归参数。

假设随机变量的分布函数为：

$$F(y) = \mathrm{Prob}(Y \leqslant y) \tag{3.1}$$

Y 的 τ 分位数的定义为：

$$Q(\tau) = \inf\{y: F(y) \geqslant \tau\}, 0 < \tau < 1 \quad (3.2)$$

样本分位数回归就是使加权误差绝对值之和最小，即：

$$\min_{\xi \subset R}\left\{ \sum_{i:Y_i \geqslant \xi} \tau | Y_i - \xi | + \sum_{i:Y_i < \xi} (1 - \tau) | Y_i - \xi | \right\} \quad (3.3)$$

式（3.3）等价于式（3.4）：

$$\min_{\xi \subset R} \sum_{i=1}^{n} \rho_\tau (Y_i - \xi) \quad (3.4)$$

一般的 τ 分位数回归的损失函数为：

$$\rho_\tau(u) = u(\tau - I(u < 0)) \quad (3.5)$$

式中，$I(Z)$ 为指示性函数，Z 为指示关系式。

假设因变量 Y 由 K 个自变量组成的矩阵 X 线性表示，则：

对于条件均值函数：

$$E(Y|X = x) = x_i' \beta \quad (3.6)$$

求解式（3.7）即可得参数估计值：

$$\hat{\beta} = \arg\min_{\beta \subset R^K}\left\{ \sum_{i=1}^{n} (Y_i - x_i'\beta)^2 \right\} \quad (3.7)$$

分位数回归是对如上简单形式的扩展：

$$\hat{\beta}_\tau = \arg\min_{\beta \subset R^K}\left\{ \sum_{i=1}^{n} \rho_\tau (Y_i - x_i' \beta_\tau) \right\} \quad (3.8)$$

通过对式（3.8）求解得到其参数估计值。

1999年Taylor将这一方法用以度量金融机构风险，构建VaR分位数回归模型。其后，Chen（2002）[127]、Engle和Manganelli[128]对此加以改进。为了衡量金融机构间风险溢出效应，Brunnermeier、Dong和Palia[129]及Bjarnadottir[130]基于分位数回归测度金融机构尾部风险溢出效应。

2. CoVaR模型

CoVaR模型建立在传统风险管理方法VaR模型的基础上，用以测度金融机构系统性风险外溢效应。CoVaR模型的构建基于VaR模型，但其关注重点却非个体风险状况，而是重在考察金融机构之间的风险联动状况。

风险价值（Value at Risk, VaR）自Morgan在20世纪90年代提出后成为风险管理的主流方法，VaR模型重点测度金融机构个体自身的风险。

VaR 也称在险价值，是保险机构在特定期间、特定置信度下可能遭受的最大损失。对于金融机构 i ，风险价值VaR_q^i表示保险机构 i 在特定时期遭受损失VaR_q^i的概率为 q 。保险机构 i 的在险价值可以用公式表示为：

$$Prob(R^i \leqslant VaR_q^i) = q \tag{3.9}$$

式中，$Prob$ 表示概率；R^i 为保险机构 i 的收益率；q 为置信水平。VaR_q^i为保险机构 i 资产收益率的 q 分位数，一般为负数。式（3.9）表示保险机构 i 在特定期间在 q 的置信水平下损失最大不超过 VaR_q^i 。

VaR 仅表示正常市场情况下保险机构或资产组合所面临的个体独立风险，仅考虑保险机构或系统自身的风险，不能度量极端市场条件下（金融危机期间）保险机构面临的风险，更不能用于测度保险与其他金融机构之间风险联动程度。这就导致其无法用于测度系统性风险。因为系统性风险的基本特征即为风险溢出和传染，系统性风险测度更注重保险机构或系统对其他金融机构（系统）的风险溢出效应，VaR 仅考虑保险机构 i 自身的风险，不能满足系统性风险测度需求。

Adian 和 Brunnermeier（2011）基于 VaR 提出 CoVaR 方法，用于测度金融机构之间的风险联动关系。风险溢出效应的测度以条件风险价值 CoVaR 模型为基础，通过计算增量 CoVaR 和相对增量 CoVaR 来确定风险外溢效应。

条件风险价值$CoVaR_q^{j|i}$表示在保险机构 i 发生系统性风险的条件下，保险机构 j 在 q 的置信水平下的 VaR 值，即当保险机构 i 的损失为 VaR 时，可能引致其他金融机构 j 遭受的最大损失。其用公式表示为：

$$Prob(R^i \leqslant CoVaR_q^{j|i} \mid R^i = VaR_q^i) = q \tag{3.10}$$

条件风险价值$CoVaR_q^{j|i}$本质上是VaR^j，其中包括金融机构 j 在保险机构 i 遭受最大可能损失条件下的溢出风险和金融机构 j 的自身风险，由此可以得出金融机构 i 对金融机构 j 的溢出风险 $\Delta\ CoVaR_q^{j|i}$：

$$\Delta\ CoVaR_q^{j|i} = CoVaR_q^{j|X^i = VaR_q^i} - CoVaR_q^{j|X^i = Median^i} \tag{3.11}$$

式中，$\Delta\ CoVaR_q^{j|i}$ 表示保险机构 i 的风险溢出水平，是风险溢出的绝对值。

实证研究时，加入宏观状态变量 M 以拟合各机构的在险价值 VaR 水平，

保险机构 i 自身的收益率回归方程与保险机构 i 对保险机构 j 的收益率回归方程可由式（3.12）与式（3.13）表示：

$$R_t^i = \alpha^i + \theta^i M_{t-1} + \varepsilon_t^i \tag{3.12}$$

$$R_t^j = \alpha^{j|i} + \beta^{j|i} R_t^i + \theta^{j|i} M_{t-1} + \varepsilon_t^{j|i} \tag{3.13}$$

通过对以上两方程进行 q 分位数水平下的分位数回归，可以得到下列两式：

$$VaR_{q,t}^i = \hat{\alpha}_q^i + \tilde{\theta}_q^i M_{t-1} \tag{3.14}$$

$$CoVaR_{q,t}^{j|X^i=VaR_q^i} = \hat{\alpha}_q^{j|i} + \hat{\beta}_q^{j|i} VaR_{q,t}^i + \hat{\theta}_q^{j|i} M_{t-1} \tag{3.15}$$

由于保险机构的 CoVaR 测量是基于单个保险机构风险状况改变的动态过程，结合式（3.14）和式（3.15）将式（3.11）进行转化可得：

$$\Delta CoVaR_{q,t}^{j|i} = CoVaR_{q,t}^{j|X^i=VaR_q^i} - CoVaR_{q50\%,t}^{j|X^i=Median^i} = \hat{\beta}_q^{j|i}(VaR_{q,t}^i - R_{50\%,t}^i) \tag{3.16}$$

式中，回归系数 $\hat{\beta}_q^{j|i}$ 称作 q 分位水平下保险机构 i 对保险机构 j 的溢出系数，表示不考虑保险机构 i 保险自身风险变化时，保险机构 i 对保险机构 j 的风险溢出强度；$\Delta CoVaR_{q,t}^{j|i}$ 则表示 q 分位数水平下保险机构 i 对保险机构 j 考虑了自身风险动态变化的条件在险价值，任意两家存在关联的保险机构间都应存在双向的 $\hat{\beta}$ 与 $\Delta CoVaR_t$ 。

3.1.2 保险公司系统性风险溢出效应判定

1. 变量选取及程序设计思路

在我国已上市的 5 家保险公司中，由于中国人保上市时间为 2018 年 11 月 16 日，数据量无法满足研究需要，其余 4 家保险公司中上市最晚的新华保险上市日期是 2011 年 12 月 6 日，因此本节选取中国平安、新华保险、中国太保、中国人寿 4 家上市保险公司作为保险行业金融机构样本，选择 2012 年 1 月 1 日—2019 年 12 月 31 日的日度股票收盘价数据进行研究；同时，选取同时期内数据完整的 23 家上市证券公司、16 家上市银行的日度股票收盘价数据，计算日度收益率指标，结合宏观状态变量，共同构建系统性风险溢出效应的分位数回归模型，并在分位数估计的基础上，运用 VaR、CoVaR 技术对 43 家金融机构的系统性风险溢出进行计量。具体样本机构及其编号见表 3.1，保险类机构4家，编号为0~3；银行类机构16家，编号为4~19；证券类机构23家，编号为20~42。

表3.1　保险类、银行类和证券类机构样本及编号

编号	公司名称	编号	公司名称	编号	公司名称
0	中国平安	15	工商银行	30	国金证券
1	新华保险	16	光大银行	31	华创阳安
2	中国太保	17	建设银行	32	西南证券
3	中国人寿	18	中国银行	33	华鑫股份
4	平安银行	19	中信银行	34	海通证券
5	宁波银行	20	东北证券	35	哈投股份
6	浦发银行	21	锦龙股份	36	招商证券
7	华夏银行	22	国元证券	37	太平洋
8	民生银行	23	国海证券	38	兴业证券
9	招商银行	24	广发证券	39	东吴证券
10	南京银行	25	长江证券	40	华泰证券
11	兴业银行	26	越秀金控	41	光大证券
12	北京银行	27	山西证券	42	方正证券
13	农业银行	28	中信证券		
14	交通银行	29	国投资本		

基于前述关于CoVaR模型的思想，本节在各上市金融机构收益率的基础上，考察保险业金融机构系统性风险波动对其他金融机构的风险溢出效应。根据Brunnermeier、Dong和Palia[129]的分析，在对VaR进行分位数回归时，取0.05分位数进行回归，即考察置信度为95%时保险业金融机构的系统性风险溢出效应。计算CoVaR时，状态变量选取及指标说明见表3.2。

表3.2　状态变量及指标说明

状态变量	指标说明
股票市场收益率	上证A股指数对数日收益率
股票市场波动率	上证A股指数日度收益率标准差
短期流动性风险	Shibor－t期三个月国债到期收益率
短期国债利差	三个月国债到期收益率当期与前一期差值

2. 实证研究分析

首先，将金融机构日度收盘价数据换算成收益率形式，公式为：

$$X_t = P_t / P_{t-1} \tag{3.17}$$

式中，X_t 为金融机构的股票收益率；P_t 和 P_{t-1} 为各金融机构在 t 和 $t-1$ 日的收盘价格。

对金融机构的收益率数据进行分析，表 3.3 为数据的描述性统计，经过收益率以及波动率处理，时间序列样本长度为1943。

图 3.1 为43 家金融机构日度股票收益率的分位数—分位数图，其中的散点表示实际数据的分位数位置，直线代表正态分布的理论分位数位置。从图中可以发现，样本分位数与实际分位数并不在一条直线上，在两侧分别有许多值远低于或高于直线，且中间的数据密度极高，均不服从正态分布，整体呈现显著的“尖峰厚尾”特征，适合使用分位数回归的 CoVaR 方法对其进行拟合。

表 3.3 保险类、银行类和证券类机构收益率数据描述性统计

编号	公司名称	数量	均值	标准差	最小值	25%分位点	75%分位点	最大值
0	中国平安	1943	1.001 11	0.020 00	0.899 97	0.991 11	1.010 06	1.100 15
1	新华保险	1943	1.000 67	0.026 28	0.899 92	0.986 88	1.011 64	1.100 16
2	中国太保	1943	1.000 69	0.021 88	0.899 93	0.989 27	1.011 19	1.100 15
3	中国人寿	1943	1.000 66	0.022 26	0.899 93	0.989 22	1.010 40	1.100 36
4	平安银行	1943	1.000 85	0.021 42	0.899 80	0.990 33	1.008 93	1.100 26
5	宁波银行	1943	1.001 15	0.021 43	0.899 93	0.989 80	1.011 04	1.100 36
6	浦发银行	1943	1.000 68	0.017 61	0.899 82	0.992 91	1.007 02	1.100 43
7	华夏银行	1943	1.000 42	0.017 72	0.899 70	0.992 14	1.007 40	1.100 54
8	民生银行	1943	1.000 52	0.017 56	0.900 10	0.993 42	1.006 40	1.100 51
9	招商银行	1943	1.000 94	0.018 18	0.900 86	0.991 64	1.008 86	1.100 26
10	南京银行	1943	1.000 80	0.019 52	0.899 86	0.991 74	1.008 62	1.100 24
11	兴业银行	1943	1.000 77	0.018 52	0.899 80	0.992 26	1.007 75	1.100 53
12	北京银行	1943	1.000 50	0.017 17	0.900 26	0.993 21	1.006 70	1.100 54
13	农业银行	1943	1.000 50	0.014 10	0.901 01	0.994 47	1.005 48	1.101 22
14	交通银行	1943	1.000 46	0.016 66	0.899 43	0.993 66	1.005 93	1.101 04

续表

编号	公司名称	数量	均值	标准差	最小值	25%分位点	75%分位点	最大值
15	工商银行	1943	1.000 48	0.013 87	0.900 96	0.994 58	1.005 72	1.099 99
16	光大银行	1943	1.000 54	0.017 72	0.900 82	0.992 78	1.006 96	1.101 46
17	建设银行	1943	1.000 59	0.016 14	0.899 64	0.993 48	1.006 65	1.100 38
18	中国银行	1943	1.000 45	0.014 68	0.899 60	0.994 57	1.005 48	1.101 40
19	中信银行	1943	1.000 58	0.020 47	0.899 75	0.991 45	1.008 01	1.100 90
20	东北证券	1943	1.000 67	0.027 94	0.899 75	0.987 71	1.012 13	1.100 54
21	锦龙股份	1943	1.001 01	0.029 26	0.899 85	0.987 69	1.013 25	1.100 38
22	国元证券	1943	1.000 72	0.028 17	0.899 87	0.987 23	1.012 06	1.100 53
23	国海证券	1943	1.000 87	0.030 38	0.899 76	0.987 76	1.011 57	1.101 12
24	广发证券	1943	1.000 62	0.025 51	0.899 71	0.988 94	1.010 84	1.100 40
25	长江证券	1943	1.000 80	0.026 63	0.899 19	0.988 56	1.011 67	1.100 81
26	越秀金控	1943	1.000 47	0.028 75	0.899 80	0.987 27	1.011 30	1.100 57
27	山西证券	1943	1.000 58	0.028 01	0.899 68	0.988 20	1.011 96	1.100 55
28	中信证券	1943	1.000 91	0.025 00	0.899 85	0.989 73	1.010 62	1.100 43
29	国投资本	1943	1.000 95	0.030 91	0.899 85	0.988 61	1.011 71	1.101 15
30	国金证券	1943	1.000 79	0.029 08	0.899 68	0.987 57	1.012 65	1.100 52
31	华创阳安	1943	1.001 10	0.029 62	0.899 80	0.987 34	1.011 83	1.100 90
32	西南证券	1943	1.000 50	0.026 35	0.899 51	0.989 29	1.010 32	1.101 09
33	华鑫股份	1943	1.001 23	0.031 92	0.899 65	0.986 05	1.015 65	1.101 15
34	海通证券	1943	1.000 79	0.025 04	0.899 84	0.988 96	1.009 81	1.100 39
35	哈投股份	1943	1.000 69	0.030 00	0.899 68	0.988 32	1.011 72	1.101 41
36	招商证券	1943	1.000 73	0.025 66	0.899 87	0.987 93	1.010 38	1.100 39
37	太平洋证券	1943	1.000 61	0.026 77	0.899 70	0.988 32	1.011 41	1.101 31
38	兴业证券	1943	1.000 67	0.026 57	0.899 51	0.988 47	1.010 89	1.100 41
39	东吴证券	1943	1.000 70	0.028 89	0.899 61	0.987 40	1.012 66	1.100 58
40	华泰证券	1943	1.000 96	0.027 23	0.899 79	0.987 42	1.011 65	1.100 38
41	光大证券	1943	1.000 57	0.027 15	0.899 95	0.989 02	1.010 85	1.100 60
42	方正证券	1943	1.000 77	0.027 06	0.899 50	0.989 21	1.010 25	1.100 81

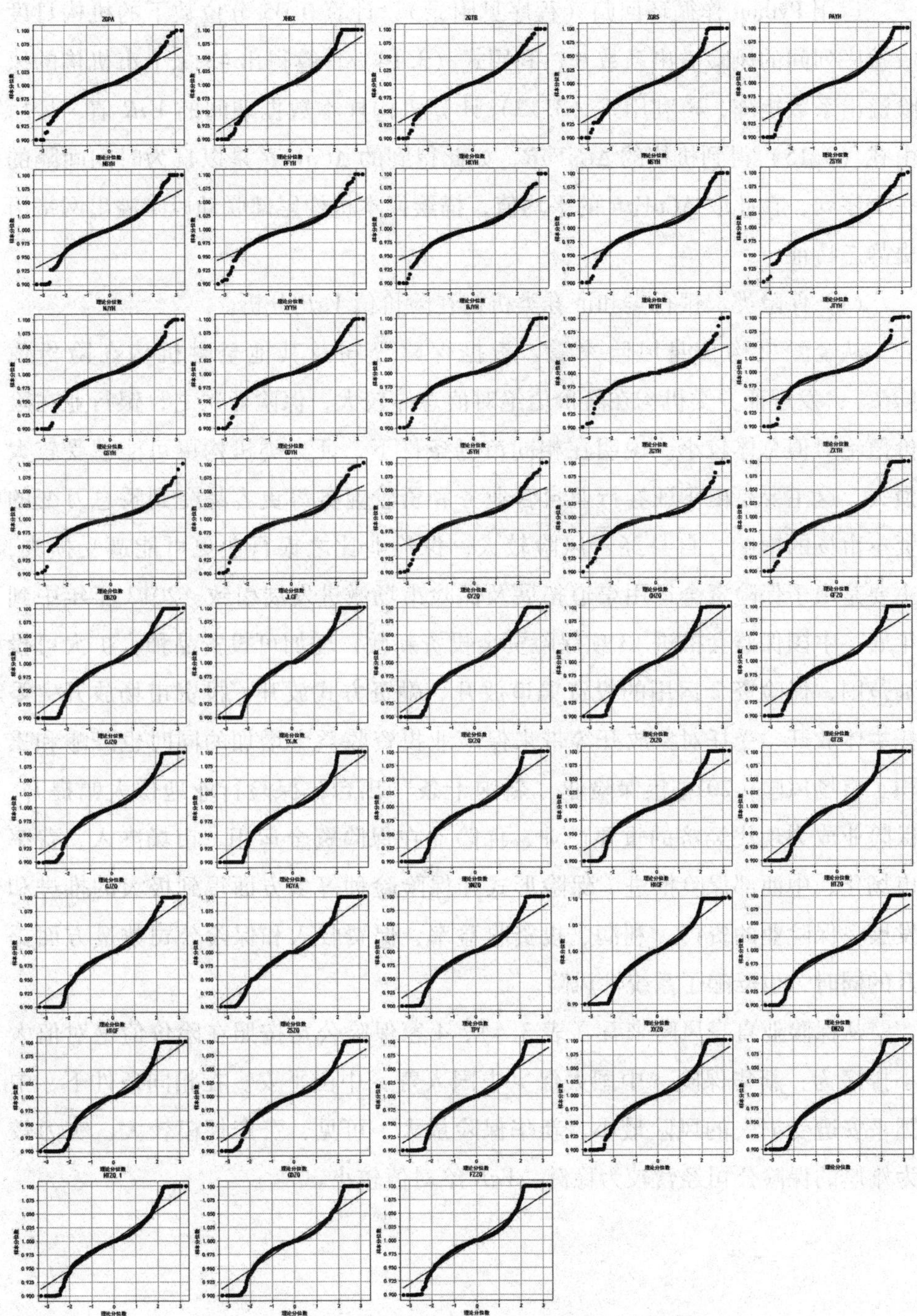

图 3.1　43 家金融机构收益率分位数—分位数图

运用 Python 作循环回归（程序见附录），计算 0.05 分位数下的机构日度收益序列间的风险溢出系数 $\hat{\beta}$，利用式（3.14）计算得出 43 家上市机构的风险溢出系数矩阵，再利用式（3.13）计算机构样本数据期间的 *VaR* 值，最后由式（3.15）得到机构的 $\Delta CoVaR$，如此得到的 $\Delta CoVaR$ 是以日为时间间隔的一个序列，在此取 $\Delta CoVaR$ 的平均值，描绘样本机构尾部联动风险溢出网络历史静态特征。

（1）保险类、银行类和证券类机构在险价值 *VaR* 分析。

从金融机构自身风险来看，根据保险公司及其他金融机构在险价值 $VaR_{5\%}^{i}$，发现证券类机构在险价值绝对值总体较大，保险业次之，银行业在险价值绝对值总体较小。说明在相同市场条件下，证券类机构更可能遭受较大损失，这主要是由于证券行业自营业务和资管业务等更容易受到瞬息万变的资本市场的影响，自身经营风险较大；保险业比之银行业更可能遭受损失，主要是由于保险资金运用渠道拓展及保险市场激进发展引致。2012 年年中到年底，中国保监会推进 13 项保险资金投资新政，增加可投资品种，扩大可投资范围，保险资金运用的投资渠道放开、融资方式放开、投资市场放开、委托主体放开、受托对象放开等带来保险业投资收益率增加的同时也酝酿和累积了市场风险；2014 年保险业“新国十条”出台，保险行业地位大幅提升，保险业成为现代经济的重要产业，保险业在保险资金运用、市场准入、费率市场化、中西部保险推进、保险形式和保险险种等多方面得到极大的推进和发展，保险业的资产、利润、投资收益率、保费收入和保险公司数量方面提升的同时，也酝酿了系统性风险。

从保险业自身风险来看（表 3.4），4 家保险公司按照在险价值绝对值大小排序为：新华保险 > 中国太保 > 中国人寿 > 中国平安。在相同条件下，中国平安遭受损失的风险最小，新华保险最大。可见，资产规模较大、实力较为雄厚的保险公司经营较为稳健，*VaR* 绝对值较小。

表3.4 保险类、银行类和证券类机构的 *VaR* 绝对值

编号	公司名称	*VaR*	排名	编号	公司名称	*VaR*	排名	编号	公司名称	*VaR*	排名
0	中国平安	0.0283	29	15	工商银行	0.0190	42	30	国金证券	0.0447	5
1	新华保险	0.0382	16	16	光大银行	0.0233	36	31	华创阳安	0.0459	3
2	中国太保	0.0337	24	17	建设银行	0.0230	37	32	西南证券	0.0389	14
3	中国人寿	0.0312	26	18	中国银行	0.0199	41	33	华鑫股份	0.0500	1
4	平安银行	0.0295	27	19	中信银行	0.0277	31	34	海通证券	0.0340	23
5	宁波银行	0.0294	28	20	东北证券	0.0400	12	35	哈投股份	0.0441	6
6	浦发银行	0.0233	35	21	锦龙股份	0.0468	2	36	招商证券	0.0363	21
7	华夏银行	0.0250	32	22	国元证券	0.0409	10	37	太平洋证券	0.0389	13
8	民生银行	0.0227	38	23	国海证券	0.0429	7	38	兴业证券	0.0370	20
9	招商银行	0.0247	33	24	广发证券	0.0350	22	39	东吴证券	0.0420	8
10	南京银行	0.0282	30	25	长江证券	0.0376	19	40	华泰证券	0.0386	15
11	兴业银行	0.0245	34	26	越秀金控	0.0412	9	41	光大证券	0.0380	18
12	北京银行	0.0223	39	27	山西证券	0.0402	11	42	方正证券	0.0381	17
13	农业银行	0.0186	43	28	中信证券	0.0323	25				
14	交通银行	0.0222	40	29	国投资本	0.0451	4				

资料来源：根据实证结果整理而得。

（2）保险类、银行类、证券类机构 *CoVaR* 值分析。

综合比较银行类机构对保险类机构的 *CoVaR* 值和保险类机构对银行类机构的 *CoVaR* 值（见表3.5），银行类机构对保险类机构的 *CoVaR* 值总体上大于保险类机构对银行类机构 *CoVaR* 值，即银行类机构对保险类机构的风险影响大于保险类机构对银行类机构的风险影响，其中新华保险受到的银行类机构的系统性影响最大，其次是中国太保、中国人寿和中国平安。

近年来银行关注类贷款居高不下，商业银行通过资产价格渠道与信贷渠道主动承担了大部分来自实体企业的风险，这些风险会通过信贷业务等渠道向其他金融行业溢出，放大其风险敞口，加剧风险传递。保险业在经营其传统承保业务的基础上开展信用保证保险业务，增加银保渠道业务，使得银行业和保险业之间的关联程度加大，银行风险极易传递至保险公司。如保险公司开展信用保险业务，保险公司在债务人不能如约履行债务清偿责任时将承担向商业银行的还款义务，银行信贷风险就此转移给保险公司，保险公司由

此承受损失。近年来保险企业加大对实体经济扶持力度，信用保险业务增加，由此其极易遭受银行风险溢出影响。

综合比较证券类机构对保险类机构的 *CoVaR* 值和保险类机构对证券类机构的 *CoVaR* 值（表 3.5），证券类机构对保险类机构的 *CoVaR* 值总体上小于保险类机构对证券类机构 *CoVaR* 值，即保险类机构对证券类机构的系统性影响大于证券类机构对保险类机构的影响。其中，中国平安对证券类机构的系统性影响最大，其次是中国人寿、中国太保和新华保险。

资金融通是保险公司的重要职能之一，投资业务是保险公司的两大业务之一，且保险公司的利润主要源自投资业务及资金运营业务。由于保险投资渠道近年得到极大拓展，保险资金可以在金融市场上进行多方位投资，且近年寄望于保险资金救市，一度放宽保险资金入市限制和增加比例，导致保险资金纷纷涌入资本市场。但保险资金入市后为获取高额短期利润疯狂举牌，引致资本市场动荡，致使证券业遭受较大损失。

综合比较不同保险机构的 *CoVaR* 值（表 3.5），对自身以外的其他保险机构的系统性影响由大到小排序为：中国平安 > 中国人寿 > 中国太保 > 新华保险。即中国平安对其他保险机构的系统性影响大于其他保险机构对中国平安的系统性影响，其次是中国人寿、中国太保和新华保险。显然体量较大、实力雄厚、资产规模庞大、偿付能力充足的保险机构的系统性影响较大。

表 3.5　保险类、银行类和证券类机构的 *CoVaR* 绝对值

机构名称		中国平安		新华保险		中国太保		中国人寿	
风险溢出方向		平安→	→平安	新华→	→新华	太保→	→太保	国寿→	→国寿
保险类	中国平安			0.0393	0.0498	0.0416	0.0436	0.0380	0.0428
	新华保险	0.0498	0.0393			0.0484	0.0442	0.0514	0.0439
	中国太保	0.0436	0.0416	0.0442	0.0484			0.0440	0.0435
	中国人寿	0.0428	0.0380	0.0439	0.0514	0.0435	0.0440		
银行类	平安银行	0.0418	0.0373	0.0391	0.0498	0.0422	0.0430	0.0402	0.0416
	宁波银行	0.0422	0.0377	0.0401	0.0503	0.0429	0.0437	0.0396	0.0420
	浦发银行	0.0319	0.0377	0.0309	0.0495	0.0338	0.0426	0.0312	0.0412
	华夏银行	0.0343	0.0385	0.0332	0.0504	0.0376	0.0445	0.0358	0.0422

续表

机构名称		中国平安		新华保险		中国太保		中国人寿	
风险溢出方向		平安→	→平安	新华→	→新华	太保→	→太保	国寿→	→国寿
银行类	民生银行	0.0333	0.0359	0.0321	0.0473	0.0342	0.0415	0.0329	0.0414
	招商银行	0.0345	0.0384	0.0336	0.0484	0.0354	0.0431	0.0330	0.0411
	南京银行	0.0387	0.0392	0.0386	0.0506	0.0397	0.0448	0.0386	0.0423
	兴业银行	0.0351	0.0375	0.0347	0.0502	0.0364	0.0440	0.0340	0.0416
	北京银行	0.0316	0.0368	0.0311	0.0475	0.0337	0.0419	0.0308	0.0406
	农业银行	0.0263	0.0370	0.0262	0.0467	0.0273	0.0418	0.0255	0.0408
	交通银行	0.0313	0.0349	0.0302	0.0470	0.0337	0.0410	0.0307	0.0394
	工商银行	0.0266	0.0365	0.0249	0.0475	0.0271	0.0415	0.0253	0.0410
	光大银行	0.0332	0.0364	0.0312	0.0469	0.0318	0.0424	0.0309	0.0396
	建设银行	0.0327	0.0376	0.0312	0.0469	0.0326	0.0429	0.0301	0.0426
	中国银行	0.0259	0.0366	0.0270	0.0466	0.0281	0.0426	0.0266	0.0404
	中信银行	0.0387	0.0355	0.0373	0.0463	0.0407	0.0405	0.0383	0.0392
证券类	东北证券	0.0500	0.0402	0.0502	0.0541	0.0516	0.0443	0.0507	0.0432
	锦龙股份	0.0614	0.0381	0.0617	0.0501	0.0601	0.0436	0.0584	0.0430
	国元证券	0.0555	0.0392	0.0559	0.0544	0.0552	0.0467	0.0538	0.0433
	国海证券	0.0566	0.0397	0.0563	0.0515	0.0571	0.0444	0.0568	0.0425
	广发证券	0.0483	0.0402	0.0472	0.0515	0.0499	0.0452	0.0480	0.0424
	长江证券	0.0478	0.0415	0.0484	0.0534	0.0513	0.0448	0.0499	0.0431
	越秀金控	0.0484	0.0356	0.0487	0.0483	0.0491	0.0423	0.0492	0.0419
	山西证券	0.0524	0.0401	0.0543	0.0508	0.0539	0.0437	0.0538	0.0434
	中信证券	0.0472	0.0370	0.0455	0.0488	0.0475	0.0412	0.0465	0.0393
	国投资本	0.0569	0.0368	0.0575	0.0482	0.0604	0.0403	0.0575	0.0419
	国金证券	0.0573	0.0417	0.0588	0.0534	0.0607	0.0468	0.0584	0.0438
	华创阳安	0.0514	0.0340	0.0559	0.0468	0.0517	0.0395	0.0533	0.0379
	西南证券	0.0511	0.0375	0.0482	0.0518	0.0526	0.0430	0.0487	0.0429
	华鑫股份	0.0614	0.0373	0.0615	0.0490	0.0653	0.0428	0.0607	0.0432
	海通证券	0.0452	0.0386	0.0447	0.0500	0.0480	0.0435	0.0445	0.0411
	哈投股份	0.0569	0.0380	0.0570	0.0460	0.0548	0.0429	0.0546	0.0410
	招商证券	0.0460	0.0392	0.0455	0.0524	0.0485	0.0451	0.0471	0.0426
	太平洋证券	0.0490	0.0382	0.0491	0.0523	0.0505	0.0431	0.0488	0.0428
	兴业证券	0.0488	0.0383	0.0479	0.0512	0.0514	0.0446	0.0498	0.0417

续表

机构名称		中国平安		新华保险		中国太保		中国人寿	
风险溢出方向		平安→	→平安	新华→	→新华	太保→	→太保	国寿→	→国寿
证券类	东吴证券	0.0554	0.0404	0.0532	0.0537	0.0535	0.0458	0.0549	0.0434
	华泰证券	0.0502	0.0398	0.0496	0.0529	0.0522	0.0451	0.0491	0.0429
	光大证券	0.0493	0.0403	0.0489	0.0529	0.0524	0.0453	0.0519	0.0427
	方正证券	0.0506	0.0391	0.0483	0.0501	0.0503	0.0432	0.0498	0.0421

资料来源：根据实证结果整理而得，表中 *CoVaR* 均为负值，此处取绝对值。

(3) 保险类、银行类和证券类机构 $\Delta CoVaR$ 值分析。

从保险类对银行类、证券类等其他金融机构的风险溢出效应来看（表3.6），可以发现保险类机构对证券类机构的 $\Delta CoVaR$ 绝对值较大，对银行类机构的 $\Delta CoVaR$ 值较小。

就银行类与保险类机构的 $\Delta CoVaR$ 绝对值加以分析，保险类机构遭受银行类机构风险溢出影响较为严重，保险类机构对仅对个别银行类机构的风险溢出高于其遭受的风险溢入，其中新华保险遭受银行机构风险溢出影响最为严重。

就证券类与保险类机构的 $\Delta CoVaR$ 绝对值加以分析，保险类机构对证券类机构风险溢出较大，证券类机构对保险类机构的风险溢出较小。保险类机构对证券类机构的 $\Delta CoVaR$ 绝对值较大，主要是由于保险资金运用渠道拓宽，巨额保险资金进入资本市场引致股价波动，同时保险理财产品开发尤其是万能险等中短存续期保险产品无序增长分流股市资金，从而对证券类机构产生了较大影响。

同时，在保险类机构内部，中国平安的风险溢出效应最高，中国人寿和中国太保次之，新华保险的风险溢出效应最低，而新华保险遭受其他保险机构的风险溢出影响相对较为严重，这主要是由保险类机构之间的规模差异决定的。由于中国平安资产规模和收入规模大于其他保险类机构，处于保险市场中的领导者地位，因此经营失败必将引致市场恐慌，导致其他保险类机构遭受信任危机，引致其他保险类机构的退保风潮。而其他处于挑战者、追随者地位的保险类机构经营失败或困难，反而可能增强了投保人对于市场领导者的信任，因而其风险溢出影响较弱。

表 3.6　保险类、银行类、证券类机构的 $\Delta CoVaR$ 绝对值

机构名称		中国平安		新华保险		中国太保		中国人寿	
风险溢出方向		平安→	→平安	新华→	→新华	太保→	→太保	国寿→	→国寿
保险类	中国平安			0.0211	0.0254	0.0248	0.0253	0.0197	0.0234
	新华保险	0.0254	0.0211			0.0226	0.0237	0.0254	0.0233
	中国太保	0.0253	0.0248	0.0237	0.0226			0.0260	0.0239
	中国人寿	0.0234	0.0197	0.0233	0.0254	0.0239	0.0260		
银行类	平安银行	0.0204	0.0163	0.0164	0.0193	0.0101	0.0168	0.0161	0.0167
	宁波银行	0.0172	0.0183	0.0158	0.0195	0.0161	0.0164	0.0155	0.0169
	浦发银行	0.0135	0.0158	0.0106	0.0163	0.0152	0.0159	0.0113	0.0151
	华夏银行	0.0152	0.0178	0.0127	0.0196	0.0177	0.0187	0.0152	0.0179
	民生银行	0.0145	0.0142	0.0128	0.0151	0.0161	0.0148	0.0136	0.0149
	招商银行	0.0167	0.0173	0.0136	0.0162	0.0172	0.0177	0.0136	0.0158
	南京银行	0.0163	0.0174	0.0161	0.0208	0.0168	0.0182	0.0160	0.0176
	兴业银行	0.0162	0.0171	0.0143	0.0193	0.0183	0.0176	0.0146	0.0169
	北京银行	0.0128	0.0153	0.0118	0.0162	0.0146	0.0146	0.0119	0.0149
	农业银行	0.0109	0.0140	0.0097	0.0137	0.0116	0.0152	0.0098	0.0142
	交通银行	0.0137	0.0131	0.0115	0.0152	0.0157	0.0180	0.0137	0.0152
	工商银行	0.0113	0.0134	0.0086	0.0139	0.0120	0.0141	0.0093	0.0141
	光大银行	0.0143	0.0145	0.0122	0.0144	0.0137	0.0154	0.0123	0.0142
	建设银行	0.0145	0.0155	0.0120	0.0149	0.0146	0.0168	0.0121	0.0169
	中国银行	0.0103	0.0138	0.0098	0.0123	0.0127	0.0148	0.0105	0.0146
	中信银行	0.0157	0.0119	0.0142	0.0156	0.0175	0.0185	0.0159	0.0160
证券类	东北证券	0.0172	0.0166	0.0260	0.0223	0.0185	0.0172	0.0158	0.0170
	锦龙股份	0.0186	0.0114	0.0192	0.0163	0.0192	0.0117	0.0177	0.0129
	国元证券	0.0186	0.0155	0.0298	0.0232	0.0190	0.0185	0.0182	0.0173
	国海证券	0.0193	0.0139	0.0188	0.0188	0.0186	0.0143	0.0175	0.0141
	广发证券	0.0174	0.0183	0.0172	0.0220	0.0190	0.0186	0.0268	0.0185
	长江证券	0.0185	0.0178	0.0261	0.0209	0.0182	0.0168	0.0264	0.0166
	越秀金控	0.0101	0.0092	0.0207	0.0126	0.0195	0.0110	0.0196	0.0119
	山西证券	0.0168	0.0146	0.0279	0.0180	0.0179	0.0147	0.0169	0.0166
	中信证券	0.0203	0.0162	0.0287	0.0198	0.0215	0.0156	0.0186	0.0161
	国投资本	0.0159	0.0105	0.0160	0.0127	0.0176	0.0084	0.0166	0.0123
	国金证券	0.0206	0.0164	0.0205	0.0197	0.0218	0.0169	0.0194	0.0162

续表

机构名称		中国平安		新华保险		中国太保		中国人寿	
风险溢出方向		平安→	→平安	新华→	→新华	太保→	→太保	国寿→	→国寿
证券类	华创阳安	0.0073	0.0067	0.0123	0.0095	0.0070	0.0059	0.0092	0.0069
	西南证券	0.0186	0.0142	0.0245	0.0191	0.0176	0.0144	0.0187	0.0156
	华鑫股份	0.0152	0.0108	0.0177	0.0138	0.0173	0.0114	0.0140	0.0133
	海通证券	0.0181	0.0173	0.0277	0.0202	0.0204	0.0171	0.0190	0.0176
	哈投股份	0.0149	0.0115	0.0160	0.0109	0.0126	0.0113	0.0132	0.0109
	招商证券	0.0184	0.0175	0.0264	0.0222	0.0197	0.0183	0.0176	0.0176
	太平洋证券	0.0167	0.0135	0.0192	0.0188	0.0175	0.0141	0.0245	0.0158
	兴业证券	0.0178	0.0153	0.0266	0.0205	0.0199	0.0176	0.0170	0.0170
	东吴证券	0.0196	0.0174	0.0286	0.0215	0.0198	0.0179	0.0182	0.0177
	华泰证券	0.0200	0.0174	0.0290	0.0229	0.0212	0.0191	0.0293	0.0199
	光大证券	0.0175	0.0181	0.0264	0.0231	0.0189	0.0186	0.0189	0.0178
	方正证券	0.0174	0.0143	0.0250	0.0179	0.0163	0.0137	0.0166	0.0158

资料来源：根据实证结果整理而得，表中 $\Delta CoVaR$ 均为负值，此处取绝对值。

总体来看，保险类机构与银行类、证券类等其他金融机构之间的尾部风险关联度显著，且保险类机构内部不同保险公司间的尾部风险关联度相对更高；保险类机构对证券类机构的风险溢出效应较大，遭受银行类机构的系统性风险溢出影响较为严重。同时，在保险类机构内部，中国平安的风险溢出效应最高，中国人寿和中国太保次之，新华保险的风险溢出效应最低，中国太保和中国人寿遭受其他保险机构的风险溢出影响相对较为严重。因此，保险类机构对银行类、证券类金融机构的尾部风险均存在显著的溢出效应，保险类机构内部不同保险公司间的尾部风险也存在显著的溢出效应，充分表明我国保险行业存在系统性风险。

3.2 保险业潜在系统性风险市场表现

自 1980 年全面恢复国内保险业务以来，我国保险业得到快速发展，保险市场规模相继超过德国、法国、英国和日本，全球排名仅次于美国，中国已成为全球重要的新兴保险市场大国，成为全球保险业的重要一环，中国保险公司对全球金融经济的影响不断增强。如 2013 年中国平安成为首批全球系统重要性保险机构，并于 2016 年再度入选；2018 年 7 家中国内地保险公司跻身世界 500 强；2019 年 7 家中国保险公司位列全球上市保险公司市值前 50 强①，中国平安集团更是引人瞩目，其市值位居全球第一。

在中国从保险大国向保险强国发展的过程中，在保险业由规模发展向高质量发展的推进中，既无寿险公司破产清算，也无财险公司破产倒闭，中国保险市场并未发生大规模的保险公司破产倒闭事件，似乎前面测算的保险业对金融业的系统性风险溢出效应并不存在，似乎保险业系统性风险并不存在。事实上，在保险业快速发展过程中，我国保险市场各种风险层出不穷，系统性风险一度显现[131]。只是由于保险市场化程度较低和国家监管及时介入等，并未引致显性的金融经济危机。

3.2.1 保险资金无序投资风波

20 世纪 80 年代末 90 年代初，保险资金大量涉足信托、有价证券、房地产和各类实体投资项目，导致其在 90 年代中后期遭受严重投资损失。为此国家推进保险立法，成立保险监管机构，对保险业进行严格监管。

1. 保险资金无序投资风险

20 世纪 80 年代末 90 年代初，中国处在“计划经济体制”→“商品经济”→“市场经济”推进过程中，当时保险投资限制处于真空期。其时有关保险投资的法律规定基本空白，国家仅泛泛规定了保险企业要保证偿付能力，在这一前提下保险企业可以自行运用资金，试办投资。而且在偿付能力方面也未规定具体的监管标准，因此可以说当时国家对保险企业投资基本全无限制，保险企业可以自行运用资金，可投资于房地产、有价证券、信托、借贷等多种渠道。当时中国经济快速发展，各行业收益率都颇为可观，进行投资即可获得高收益。当时既无法规约束和监管，貌似又毫无投资风险，保险资金大量涉足信托、有价证券、房地产和各类实体投资项目，投资涉足领域过

---

① 中国平安（排名第 1）、友邦保险（中国香港）（排名第 2）、中国人寿（排名第 3）、中国太保（排名第 12）、中国人保（排名第 16）、新华保险（排名第 34）、国泰金控（中国台湾，排名第 35）。

多过杂，保险资金运用呈现混乱无序状态。20 世纪 90 年代中期，经济过热引致国内通货膨胀，国家大力实施宏观经济政策调控，紧缩性的货币政策和财政政策抑制了通胀，也带来了一些不良后果，房地产泡沫破灭，通货紧缩出现，国内经济增速下滑。由于当时市场化程度较低，保险市场主体主要是国有保险公司，在国家信用的强大支撑下，并无保险公司破产倒闭，保险业的系统性风险并未显性展示。但是 1992—1995 年保险公司的多项投资收益骤然缩减，投资损失极其严重。在此期间某保险公司提供对外贷款高达 56. 5 亿元，连本带息全部无法收回；进行实体项目投资 45. 57 亿元，其中 60% 成为不良资产；拆出资金 4. 77 亿元，其中 2. 82 亿元无法收回，投资不良率达到 59%[131]。

2. 国家干预风险措施

保险资金过度投资实实在在地引致保险业形成大量不良资产，遭受较大损失，产生潜在的系统性风险[132]。也正是意识到保险业系统性风险的严重性，国家积极开展保险监管，推进保险立法，严格限制保险资金投资渠道和投资比例。1995 年《保险法》对保险资金运用渠道加以严格限定，规定其仅能投向银行存款、政府债券和金融债券，并设置投资比例的限制。1998 年设立中国保监会对保险业进行监管。

3. 2. 2　寿险业巨额利差损

经济高速发展时期，寿险产品预定利率与银行利率挂钩，以致经济下滑后寿险公司存量保单遭受巨额利差损，保险公司偿付能力严重不足，持续经营受到影响。政府为了推动老牌保险公司剥离不良资产，专门成立新部门接收和管理亏损较大的保单及续期业务，以保证保险公司正常持续经营，防范系统性风险爆发。

1. 寿险业巨额利差损风险

1999 年 6 月前，我国人寿保险公司设计保险产品时，其寿险预定利率与银行利率挂钩。当时经济高速增长，利率高企，以致中国人寿、平安人寿、太保人寿等在承保业务时承诺给客户的年化收益率基本都在 8% 以上，甚至部分保单的年化收益率高达 15%，保险期间也长达 20 年以上甚或终身。由于宏观经济形势变化，中国人民银行在 1996 年 5 月—2002 年 2 月连续八次下调基准利率，利率一降再降，由 10.98%（一年期定期存款利率）逐渐下调至 1.98%（一年期定期存款利率），以致保险业在高预定利率时售出的老业务以及续期保单业务产生巨大的利差损失，这些历史存量保单损失迄今尚未完全消化，对保险公司形成深远影响。2003 年年底，中国人寿的历史存量保单①责任准备金高达 2660.26 亿元，2015 年 7 月准备金高达 3000 多亿元；2006 年 9 月 30 日，中国平安历史存量保单②准备金总额为 990 亿元，2015 年 7 月前准备金保持在 1300 亿～1500 亿元；2007 年 6 月 30 日，中国太保历史存量保单③准备金为 379.39 亿元，据估计 2029 年准备金总额达到峰值，为 576 亿元。与此同时，1995 年以来我国对保险资金运用严格限制，保险资金只能投向银行存款、国债等固定收益渠道，且投资比例高达 40%～60%，保险资金投资效率低下，保险承保业务产生的利差损失难以通过投资业务进行弥补。

2. 政府化解风险措施

保险公司历史存量保单的巨额利差损失严重影响保险公司的偿付能力[133]，危及保险公司的持续经营，形成对保险市场影响较大的潜在危机。20 世纪 90 年代末政府介入，成立新部门，推动老牌保险公司将部分 1999 年之前售出的亏损较大的保单及续期保单业务剥离，由新部门管理剥离出来的不良资产。如中国人寿的历史存量保单剥离给国寿集团。2000 年后寿险市场推动理财型保险产品开发和销售，为保险业的发展找到突破途径。

3.2.3 保险公司举牌事件

"保险投资新政"放开保险投资渠道后，在保险资金救市政策的推动下，2015—2016 年保险资金频繁举牌，"快进快出"引致资本市场动荡，高杠杆率运用引致交叉风险，保险公司也由于股市陷入熊市承受巨额投资损失。对此中国保监会一方面直接进行保险机构市场行为监管，另一方面积极制定规则规范万能险等中短存续期寿险产品的开发和设计，推动保险产品回归保障

① 1999 年 6 月 10 日之前售出的高预定利率寿险保单。

② 1995 年至 1999 年 6 月前售出的高预定利率(5%～9%)寿险保单。

③ 1995 年至 1999 年 6 月前售出的高预定利率(4%～8.8%)寿险保单。

功能，抑制投机风险以降低系统性风险。

1. 保险公司举牌事件风险

2012 年中国保监会实施“保险投资新政”，增加保险资金投资品种和扩大投资范围，保险投资对象既可以是实物资产，也可以是金融资产，保险投资比例限制极大放松，保险投资地域极大放开。2014 年，中国保监会正式放开保险资金投资优先股，且未设置相应的硬性门槛。在一系列投资宽松政策的刺激下，保险资金运用余额大幅增加，股票和证券投资基金及其他投资的投资额和投资比例不断提升，保险资金投资范围不断扩宽，频繁涉足高风险投资领域。2014 年以来，保险公司尤其是中小保险公司多次举牌①上市公司股票。

2015 年中国保监会发布《关于提高保险资金投资蓝筹股票监管比例有关事项的通知》（保监发〔2015〕64 号），将投资单一蓝筹股票的比例上限由占上季度末总资产的 5% 提高为 10%；投资权益类资产达到 30% 比例上限的，可进一步增持蓝筹股票，增持后权益类资产余额不高于上季度末总资产的 40%，鼓励保险公司加大股票市场投资力度[134]。这一保险资金临时救市政策②的推出更是掀起了保险资金举牌的热潮，潜在的系统性风险隐患不断升级。

2015 年全年保险公司举牌 36 家上市公司的股票，险资投资余额高达 3650. 53 亿元，占保险资金运用余额的比例达 3. 26%。2015 年 90% 以上的保险资金举牌发生在 2015 年 7 月蓝筹股票投资比例放开以后，仅 12 月份就有万科等 9 家上市公司被举牌。2015 年年底 A 股市场单一保险资金持股比例超过 5% 的保险公司共有 39 家，举牌上市公司的保险资金公司数量是过去五年保险资金举牌总数的 2. 5 倍，中小保险公司是此次举牌热潮的主力，除银行等金融业外，保险资金举牌上市公司的行业主要集中在房地产、医疗制造、计算机、通信与其他电子设备制造和能源等多个行业，这些行业股权分散，保

① 为保护中小投资者利益，且避免大股东等机构大户借助其资金优势来非法操纵股价，《证券法》规定，投资者持有一家上市公司已发行股份的 5% 时，应在该事实发生之日起三日内，向国务院证券监督管理机构、证券交易所做出书面报告，通知该上市公司并予以公告，并且履行有关法律规定的义务，业内称之为“举牌”。

② 这一保险资金临时救市政策在 2017 年年初被收回。其中，保险资金投资单一蓝筹股票的余额占上季度末公司总资产的监管比例上限，由救市时期的 10% 调回至 5% 的常态。

险资金进入容易操纵和炒作，引致股价剧烈波动。

（1）资本市场波动引致保险公司严重亏损。

保险公司举牌获取高收益是以承受高风险为代价的，若被举牌公司业绩优良，且 A 股市场处于牛市或平稳态势，保险资金举牌自然多多益善，但是被举牌公司可能经营不善，股票市场也可能陷入熊市或发生剧烈波动，保险资金的安全性都无从保障，更别提盈利性了。2016 年 1 月 4 日，A 股指数熔断机制触发，当日保险重仓板块下跌 5.14%，保险板块下跌 6.71%。其后股票市场单边下跌趋势进一步加剧。2015—2016 年，半数以上被保险资金举牌的上市公司股价大幅下跌，保险公司资本市场投资损失巨大，财务风险增加，破产风险加大，保险业系统性风险产生[135]。

（2）高杠杆率引致交叉风险。

中小保险企业多为民营企业，其往往通过资产驱动负债获取利润谋求快速发展[136]。保险公司以资产为支撑，通过万能险“融资”，大规模举牌上市公司，以扩大保险公司规模，获取高额投资收益，增加保险公司价值[137]。股市举牌需要大量资金，中小保险企业一方面通过开发收益率较高的万能险等投资理财型保险产品获取现金流；另一方面通过使用融资融券、收益互换、基金公司资管计划及股权质押等资本市场杠杆工具获取融资，以少量自有资金撬动大量杠杆资金[138]。循环股权质押使保险企业获得举牌资金的同时，放大资金运用的高杠杆率也容易引起交叉风险①，在金融业、保险业和被举牌企业之间扩散。当并购双方的股权均被质押，若股市震荡、股价下跌，保险公司的流动性承压。中小保险企业高度依赖万能险等中短存续期产品，意欲通过“万能险 + 股权投资”模式实现“资产驱动负债”获取高额利润，以致保险资金疯狂举牌、短钱长配、利益输送等由此滋生，保险公司流动性承压，保险业系统性风险产生②。

（3）保险资金引致资本市场动荡。

中国人民银行《中国金融稳定报告（2015）》[139]显示，若保险资金入市比例

① http://www.360doc.com/content/16/1212/23/68780_614196219.shtml（前海人寿资本疑云）。

② http://stock.10jqka.com.cn/20161226/c595729257.shtml（2016 成 A 股“保险资金举牌年”）。

达到30%，资本市场将由此获得超过万亿规模的增量资金。保险公司是资本市场上重要机构投资者，保险资金规模庞大、期限较长，来源充足稳定，保险资金入市不仅形成资本市场的资金来源，提振资本市场信心，且其资金流向具有引导作用，对市场中的个人投资者具有较大影响。若保险资金流入某一行业，该投资板块价量齐升，其他机构和个人投资者将调离其他板块资金，跟风涌入该板块投资，该投资板块股价上涨；反之，保险资金撤离某一板块，其他机构和个人投资者也将跟风撤离资金，造成相应投资板块股价下跌[140]。

2015—2016 年保险资金频繁举牌，意在谋求短期收益，投资出现“快进快出”，进行短期资金炒作，而非市场上长期资金供给者和价值投资者，其对资本市场的提振和支撑作用不仅没有完全发挥出来，反而导致资本市场投机行为激增，资金流动过于频繁，股市震荡，系统性风险增加[141]。保险公司热衷于争夺被举牌上市公司控股权，短期炒作、杠杆收购成为市场常态，保险资金期限错配，利益输送层出不穷，保险流动性风险产生，资本市场剧烈波动。拥有“经济助推器”和“社会稳定器”美誉的保险资金成为搅动资本市场的“野蛮人”，使保险业系统性风险增加。

2. 中国保监会干预风险措施

保险资金疯狂举牌起源在于救市政策的推动，根源却在于万能险等中短存续期保险产品的无序增长。一方面，针对中短存续期保险产品无序增长、保险资金疯狂举牌，中国保监会加大对保险市场中短存续期产品监管的力度，以控制保险公司的负债成本。2016 年，中国保监会一方面通过直接市场监管，压制中小保险企业疯狂举牌行为，如叫停多家保险企业银保渠道、互联网保险业务；警示保险企业控制业务规模，如下发风险提示函，要求 27 家保险企业控制中短存续期业务规模。另一方面，在进行市场监管的同时，中国保监会积极进行制度构建，就万能险规模和经营管理等加以限制和规范，以从根本上保证万能险业务规范发展。

2016 年 9 月 6 日，中国保监会同时发布《关于强化人身保险产品监管工作的通知》[142]和《关于进一步完善人身保险精算制度有关事项的通知》[143]，规范产品的开发和设计①，坚持保险回归保障，“保险姓保”原则。基于中国保监会对产品各种假设（预定利率、结算利率、风险保额、价值率、费用率）的限制和对规模的两个限制（净资产限制和业务比例限制），中短存续期产品新保单销售难度显著加大，高度依赖中短存续期产品的中小保险企业保费增长压力加大，举牌上市公司资金来源减少，中小保险企业发展的必然选择是积极进行价值转型。与此同时，大型保险企业中短存续期产品占比较小，监管力度加大对其资本市场举牌资金来源、投资计划影响不大，因此资本市场举牌乱象得以控制的同时，资本市场保险企业投资规模仍可维持。

2017 年，“史上最严保险新规”《中国保监会关于规范人身保险公司产品开发设计行为的通知》[144]（保监人身险〔2017〕134 号，业界称为 134 号文）于 10 月 1 日起施行，其划出三条“红线”②。由于当时很多保险企业的年金保险保单生效满三年甚至是保单生效当年就返还首次生存保险金，且给付比例甚至达到已缴保费的 30%；且部分中小保险企业主打产品以“主险 + 万能型附加险”形式存在。134 号文导致当时很多在售年金险和万能险必须在新规实施前停售并重新调整，这从根本上消除了中小保险企业通过“资产驱动负债”模式快速获取资金的可能。中小保险企业唯有积极调整业务结构，降低对中短存续期产品的依赖，发展风险保障型与长期储蓄型保险产品，才能保证其生存和发展。资本市场举牌乱象的始作俑者中小保险企业合理制定业务规划，积极进行价值转型[145]，也就必然使得资本市场中涌入的保险资金的投资功能加强，投机性能被削弱，保险系统性风险可望降低。

---

① 第一，严格执行 2016 年 3 月发布的 22 号文。保费收入规模控制在 2 倍净资产以内，5 年过渡期。第二，增加业务比例限制。2019 年开始中短存续期产品业务占比不得超过 50%，2020 年和 2021 年进一步降至 40% 和 30%。第三，增加险种限制。不得将终身寿险、年金保险、护理保险设计成中短存续期产品。第四，防止规避监管。将投连险纳入中短存续期产品范围。保单贷款比例不得高于账户价值的 80%。附加万能险和附加投连险单独评估。

② 其一为两全保险和年金保险产品保单生效满五年后方可进行首次生存保险金给付；其二为每年给付或部分领取的比例限定为已缴保费的 20% 以内；其三为万能险或投连险不能设计为附加险。

3.2.4 保险公司接管事件

我国保险市场尚不成熟，保险公司在日常经营过程中违规经营行为较多，若违规行为严重危及保险市场运营秩序，中国银保监会（保监会）就会接管违规经营的保险公司。通过接管问题保险公司，系统性风险传染链条中断，系统性风险得以抑制。

很多国家虽然从法律层面规定存在接管制度，但是问题金融机构接管事件在全球范围内并不多见。从20世纪70年代英格兰银行接管Slater Walter帝国银行开始，欧美国家普遍建立接管及类似制度，美国也在《保险人市场退出示范法》[146]中规定保险人偿付能力丧失等22种情况发生时将被接管、重整或清算，但2008年9月23日美国政府接管AIG多次受到质疑、调查甚至遭到起诉①。可见接管制度在成熟的国际保险市场上并非常态监管措施，问题保险机构退出保险市场更多地采用破产清算等市场退出机制[133]。

反观我国，虽然《保险法》规定保险公司可以通过解散、撤销、破产等方式实现市场退出，但是自从1979年保险业恢复营业以来，我国保险市场并未发生大规模或者影响较大的保险公司破产倒闭事件。相反却发生多起保监会接管保险公司事件[147]，可以说问题保险公司接管在中国40多年保险发展史上是常态监管事件，接管制度似乎成为监管机构的“常规武器”。

我国问题保险公司接管事件共有4例，即1997年永安保险接管案例、2007年新华人寿接管案例、2011年中华联合接管案例和2018年安邦保险接管案例（表3.7）。

表3.7 保险公司接管事件概览

保险公司	接管时间	处置期限	接管原因
永安保险	1997年12月1日	9个月	实际资本金不足，违规经营
新华人寿	2007年5月18日	2年	违规经营，董事长挪用130亿元
中华联合	2011年12月23日	7年	巨额亏损60亿元
安邦保险	2018年2月23日	2年	董事长涉嫌经济犯罪，影响偿付能力

资料来源：根据4起保险公司接管事件整理。

① http://www.nbd.com.cn/articles/2010-01-27/265028.html（AIG救助计划受质疑盖特纳将作证）。

首例接管事件是 1997 年 12 月 1 日中国人民银行陕西省分行接管违规经营的永安保险。永安保险由于资金本金不足，偿付能力受到影响，违规经营，异地展业，承保业务理赔无法保证，可能影响投保人对保险公司的信心，使保险公司和保险市场声誉受到严重影响，导致保险市场系统性风险增加。1997 年中国人民银行陕西省分行永安财产保险股份有限公司接管组行使永安保险公司的经营管理权力，处置期限持续 9 个月。

第二例接管事件是 2007 年 5 月 18 日中国保监会接管新华人寿保险公司。新华人寿 2005 年度的偿付能力充足率仅为 61. 32%，低于 100%。2006 年年初中国保监会发现其违规经营后将其列为重点监管对象，向其下发监管函，要求新华人寿偿付能力达标之前不得增设分支机构和分红。调查过程中，中国保监会发现其董事长关国亮违法挪用巨额公司资金。2007 年，中国保监会决定接管濒于破产的新华人寿。2009 年 11 月，保险保障基金功成身退，风险处置任务就此结束。

第三例接管事件是 2011 年 12 月 23 日中国保监会接管中华联合财险公司。中华联合财险公司于 2002 年开始股份制改革、推进高速扩张进程。高佣金、低手续费的扩张策略的运用，加上成本费用控制、赔付率的误判，导致中华联合财险在资产负债大幅增加的同时，出现巨额亏损，偿付能力严重不足，经营困难，濒于破产。2009 年，严重资不抵债的中华联合财险已然符合技术层面的破产标准。2009 年 3 月，中国保监会对中华联合财险进行接管。2018 年 3 月，保险保障基金全部退出中华联合财险。

第四例接管事件是 2018 年 2 月 23 日中国保监会接管安邦保险公司。中国保监会接管安邦保险，一方面是由于其董事长吴小晖涉嫌集资诈骗和职务侵占；另一方面是由于安邦保险违法违规经营，违法进行保险资金运用，公司偿付能力受到严重影响。中国保监会决定接管一年，接管期间安邦保险照常经营。2019 年 7 月成立大家保险集团，保险保障基金全面退出。2020 年大家保险恢复正常经营能力，中国银保监会结束对安邦集团的监管。

纵观中国保险业 40 多年发展历程，不论是 20 世纪 90 年代初的保险资金无序投资风波、20 世纪 90 年代末的寿险业巨额利差损，还是 2015—2016 年保险业疯狂举牌事件，抑或多起保险接管事件，若无监管部门或者政府部门兜底，及时监管、施救或接管，都可能导致保险公司破产，酿成保险行业危机，并扩散出去，影响银行业、证券业甚至整个实体经济，形成系统性风险。

3.3 保险业系统性风险生成机理分析

在中国保险业不断发展壮大，中国成为世界保险大国并向世界保险强国迈进的同时，中国保险业系统性风险开始凸显并引起世界关注，2013 年中国平安入选 G – SIIs 可谓中国保险业系统性风险为世界瞩目的最好佐证。就中国保险业系统性风险生成机理进行分析，可以为识别系统重要性保险机构提供方向，为防范和监管保险业系统性风险提供思路。

保险业系统性风险机制由系统性风险因素、风险事故和风险损失构成，其中系统性风险因素是损失发生的间接与内在原因，风险事故是损失发生的直接与外在原因。系统性风险因素增加或产生风险事故，风险事故引致风险损失。

3.3.1 保险业系统性风险因素分析

保险作为一种风险管理机制，在转移和分散众多保险标的风险的同时，其自身却集聚和承担着一定风险，这些风险或来自保险公司内部的经营行为，或源自外部的保险制度背景变化。当内部风险和外部风险汇聚到一定程度，就可能从量变到质变，触发风险事件，并引致系统性风险，造成严重损失[148]。可以说保险业系统性风险在保险业务经营过程中产生并不断积聚，与中国保险业发展相伴相生，与中国保险业制度背景紧密结合。因此，保险业系统性风险因素包括基于保险经营行为产生的系统性风险因素和基于保险制度背景产生的系统性风险因素。

1. 基于保险经营行为之保险业系统性风险因素分析

保险业务经营过程中，其风险来源主要包括四个方面：其一为承保风险；其二为经营风险；其三为外来金融风险；其四为市场风险（郭金龙，2016）[133]。

(1) 保险公司经营行为引致之承保风险。

保险是投保人通过保险费的支出，将保险标的风险转移给保险人承担的风险管理行为[1]。作为一种风险管理活动，保险并未消除风险，而只是进行了风险的转移或者转嫁，即风险由保险消费者个体转向保险公司，保险公司在经营过程中集聚了大量风险。保险公司通过大数法则的运用厘定保险费率，并据此收取保费建立保险基金，以便在未来风险事件发生时进行损失分摊。但是，由于费率是根据以往的经验数据进行预测的，而风险的发生具有不确定性，风险发生的时间、地点和严重程度事先并不能够准确预测，在客观结果和预期结果之间极有可能存在差异。当未来风险发生所造成的损失大幅超过预期，对保险公司形成大量的赔偿要求时，保险公司的偿付能力可能将严重不足。保险公司所承保风险的不确定性和损失性导致保险公司风险管理过程中，可能由于偿付能力不足而陷于经营困境，甚或经营失败。此外，保险行业中普遍存在的道德风险和逆向选择也会增加保险公司的承保风险。

（2）保险公司经营行为引致之经营风险。

保险公司作为企业，经营利润受到经营管理水平高低的影响，若经营管理不善，将和普通企业一样承受损失，甚至破产倒闭，退出市场。保险公司的业务有两大类，一类是承保业务，另一类是投资业务。其中，承保业务经营过程中，若保险产品定价过高，将导致投保人所承担的风险管理成本过高，导致投保需求降低，保险产品在市场上缺乏竞争能力，保险公司收入降低；若保险产品定价过低，则导致保险公司建立的保险基金池不足以补偿被保险人所承担的风险损失，保险公司偿付能力不足。这两种情况都将导致保险人陷于经营困境或是经营失败。投资业务运营过程中，保险公司利用资金期限错配的特点进行保险资金配置以获取资本收益。在保险市场上普遍存在承保收益率降低甚至为负的情况下，保险公司的经营收益在很大程度上依赖于投资业务。若保险公司资金配置管理不善，其流动性风险将增加并引致保险公司损失。因此，保险公司若经营管理不善，将导致保险公司遭受损失，甚至被迫退出保险市场。

---

① 《保险法》将保险定义为“投保人根据合同约定，向保险人支付保险费，保险人对于合同约定的可能发生的事故因其发生所造成的财产损失承担赔偿保险金责任，或者当被保险人死亡、伤残、疾病或者达到合同约定的年龄、期限等条件时承担给付保险金责任的商业保险行为”。

（3）保险公司经营行为引致之外来金融风险。

首先，金融产品创新引致风险。虽然我国仍然实行分业经营，但是金融行业经营边界弱化已是不争的事实，跨行业的新型金融创新产品层出不穷的同时却并未受到有效监管。保险公司若涉足其中，将由风险杠杆系数较高导致风险大幅积累和蔓延，并在一定的触发机制下遭受损失。其次，关联程度增强导致风险。金融业务发展多元化，集团化经营、跨行并购、投资控股、出资组建子公司等行为增强了行业之间的关联程度，导致金融行业的风险极其容易在各个金融子部门、子行业之间扩散。银行业、证券业的风险可能基于行业关联性传导到保险行业，引致保险行业遭受损失。

（4）保险公司经营行为引致之市场风险。

市场变化对保险行业发展产生严重影响，政治形势、宏观经济环境、政策策略、市场信心、消费者心理等因素，是集合、团体或者宏观层面累积的风险因素，可能通过风险事故触发引致损失。经济周期变迁、经济政策变动等都可能使保险行业遭受严重损失，20 世纪 90 年代央行利率下调引致寿险业遭受巨额利差损失，部分保险公司至今尚未完全消化这部分亏损。如国家政策变动导致保险行业遭受影响，2011 年出于缓解环境污染和交通拥堵的考虑多个城市出台汽车限购政策，导致保险公司车险业务增速减缓。市场信心或市场预期也会对保险公司产生较大影响，保险市场上投保人信心不足或对市场风险的预期较为乐观，导致投保数量过少，市场份额较低，使保险资金池规模受到影响，风险可能难以分散。

2. 基于保险制度背景之保险业系统性风险因素分析

大型保险机构不仅要承受保险业务经营过程中产生的承保风险、经营风险、外来金融风险和市场风险，而且要面对保险业发展过程中制度背景变化引致的风险，这些风险导致系统性风险在保险业内不断积聚、扩散，若不加以有效管控，保险业系统性风险必将爆发。

（1）保险业规模化发展引致风险。

保险行业的发展壮大对金融、经济贡献程度增加，外部效应不断增强，导致系统性风险增加；同时，处于保险市场垄断地位的保险公司同步发展，其可能通过规模和公司治理渠道对系统性风险形成产生影响。

就保险业整体而言，中国保险业在新中国成立后政府的推动下不断发展，尤其是 1979 年改革开放后发展步伐加快。在国务院 1984 年《关于加快发展我国保险事业的报告》、2006 年《国务院关于保险业改革发展的若干意见》（“国十条”）、2014 年《国务院关于加快发展现代保险服务业的若干意见》（国发〔2014〕29 号，保险业“新国十条”）等文件的指引下，我国保险业不断发展壮大，保费收入总量持续增长，全球排名不断提升，2017 年中国保险市场规模跃居全球第二，占比 11.07%，仅次于美国。片面追求保费收入增长、过度注重增长速度的粗放式发展方式使中国保险业经营风险激增，系统性风险大量积聚。随着我国保险行业的壮大，保险深度不断加大，保险业对于金融、经济发展的促进作用不断强化，但其外部效应也不容忽视，保险业系统性风险正在逐渐增加。

就保险机构而言，1949 年中国人保最早成立①，改革开放后中国平安（1988 年）、中国太保（1991 年）相继成立，国内保险市场呈现三分天下的鼎立之态。1996 年中国人寿、中再保险从中国人保分立，同年新华保险、泰康保险和华泰保险等全国性保险公司相继成立。之后中国保险市场主体不断增加（截至 2018 年年底我国拥有人身保险公司 91 家，财产保险公司 88 家），保险市场完全垄断模式被打破，但由于老牌保险公司资产雄厚，经营时间较长，占据了较大的保险市场份额，保险市场形成垄断竞争格局。如中国人保、中国太保、中国平安、中国人寿和中再保险等保险集团在保险市场上具有垄断地位，其资产规模较为庞大，一旦发生经营失败，将导致整个保险市场承受巨大损失，并引致其他保险机构和非保险金融机构遭受重大影响，引发保险业甚至金融业系统性风险。

（2）保险业集团化经营引致风险。

国内保险业集团化趋势不断加强，成为保险行业发展的主流力量。中国保险集团采取的主要组织形式是集团公司型，也称纯粹保险集团控股型，即

---

① 但 1958 年国内保险业务停办，国外保险业务由人民银行总行国外局办理，1980 年国内保险业务正式恢复，但 1984 年中国人保从人民银行分离出来后仍然是独家经营国内保险业务。

以保险集团公司为主体（母公司），母公司不具体经营保险业务，而是控股一家或多家保险子公司。保险集团规模扩大、关联度增大、复杂性增加、可替代性减弱和公司治理效果弱化，可能引致保险业系统性风险增大。

保险集团规模不断扩大，保险行业的资产、保费收入、净利润绝大多数来自保险集团。截至2019年年末，中国有13家保险集团①。虽然保险集团组织数量并不多，但是其对保险行业的贡献度极大，据统计2017年年末，保险集团（12家）控制保险主体66家，其中人身险公司22家（市场总容量86家，占比25.3%），财产险公司16家（市场总容量84家，占比18.4%），再保险公司5家，资产管理公司11家。保险集团占据行业巨额资产（占人身险市场63.7%、财产险市场52.4%），积聚大量保费（占人身险市场69.2%、财产险市场84.1%），获取高额净利润（占人身险市场69.8%、财产险市场94.2%）。较少的保险集团组织拥有了行业较多的资源和利润，若这些保险集团发生经营困境，一方面其自身损失较大以致保险行业资产、保费收入和净利润遭受较大损失；另一方面也必将通过声誉机制、羊群效应等给整个行业带来颠覆性的影响，波及其他中小保险公司。

保险业集团化带来集团内部交叉风险传递和积聚的同时，其与其他金融和非金融领域的关联度也不断增强。一方面，保险集团内部子公司之间的关联交易引致内部风险传递、扩散和积聚。如保险集团出于节省成本的考虑，委托集团内部的资产管理公司进行投资，可能导致集团内部风险集聚。或是保险集团内子公司之间进行交叉销售或资产转让，可能通过操控交易价格进行内部利益输送，损害消费者利益。保险集团综合经营过程中，不仅要承受单一经营模式下的业务经营风险，还要承受新业务风险和不同业务之间产生的交叉风险，若不能进行有效的风险管控，集团内部风险将交叉传递、扩散和积聚。另一方面，保险集团积极拓展保险业务、扩大市场份额的同时，不断尝试涉足其他金融或非金融领域。如人保集团和平安集团均已通过直接或间接方式拥有金融行业全牌照。保险机构直接或间接持有其他金融行业牌照，

① 人保集团、国寿集团、太平保险、中再保险、平安保险、太平洋保险、中华联合、阳光保险、华泰保险、富德保险、泰康保险、大家保险、安联保险。

涉足其他非金融领域，必然引致其与其他金融和非金融领域互联性增加，系统重要性程度由此增加。

保险集团在混业经营趋势下业务复杂化程度增加，可替代性减弱。一方面，保险集团开展非传统非保险业务（NITI），业务种类呈现多元化、综合化和复杂化。非保单持有人负债和非保险收入是保险机构进行业务拓展和创新形成的收入，开展非传统保险业务和非保险金融业务活动引致保险机构收入增加的同时，也构成保险业系统性风险的潜在驱动因素。另一方面，保险集团业务规模庞大，且开展信用保险、保证保险、船舶保险、农业保险及其他特殊风险保险，导致其他保险公司在业务承接和替代方面存在困难，同时保险集团境内营业机构网点数量众多，保险机构展业、核保、理赔能力较强，其他保险机构难以提供相应服务。保险集团复杂性增加，可替代性减弱，一旦发生经营困难，将造成无法及时有效弥补的巨大损失，形成并引致系统性风险。

保险集团管控效果弱化。保险公司集团化经营使其在规模增大的同时管控能力被削弱。据统计，集团公司缺乏战略管控能力占比高达 70.5%，集团总部对子公司缺乏有效管控占比也达 44.8%。部分保险集团内子公司在追求利润最大化的经营目标过程中各自为政，忽视集团发展战略，使集团总部的管控效果被削弱，由此保险集团经营风险增加，可能导致经营失败，引发系统性风险。

（3）保险业对外开放引致风险。

从 20 世纪 80 年代开始历经准备期（1980—1992 年 8 月）、试点期（1992 年 9 月—2001 年 11 月）、过渡期（2001 年 12 月—2004 年 12 月）和全面开放期（2005 年至今）的中国保险业，是中国金融领域中开放时间最早、开放程度最高的领域。保险业对外开放程度之高，可以从以下几个方面看出：一方面，中国保险市场上外资保险机构主体大规模增加。改革开放后外资保险机构纷纷涌入国内保险市场寻求市场机会，2018 年年末全国 88 家财产保险公司中，22 家为外资，占比达 25%；91 家人身保险公司中，28 家为外资，占比达 30.77%。另一方面，保险业对外开放进程提速（见表 3.8），对外开放力度加大。2018 年以来保险业开放进程提速，就人身保险企业的外资持股比例、保险市场准入和具体业务领域等方面尚存的限制加以放开。配合此次保险业加速对外开放，中国银保监会进行了配套制度建设，保险业对外开放受到法律保障。从拓宽业务范围到提供投资便利，再到放开市场准入条件，中国保险市场对境外投资者的开放力度越来越大。

表 3.8　保险业对外开放进程提速（2018—2019 年）

开放步骤	具体内容
第一轮金融业对外开放措施（2018 年 4 月）	外资人身险公司外方股比放宽至 51%，三年后不再设限
	全国范围内取消外资保险机构设立前需开设两年代表处之要求
	允许符合条件的境外投资者来华经营保险代理和保险公估业务
	发布《关于放开外资保险经纪公司经营范围的通知》（银保监发〔2018〕19 号），中外资一致
第二轮金融业对外开放措施（2019 年 5 月）	允许境外金融机构入股在华外资保险公司
	取消外国保险经纪公司在华经营保险经纪业务需满足 30 年经营年限、总资产不少于 2 亿美元的要求
	鼓励和支持境外金融机构与民营资本控股的银行业保险业机构开展股权、业务和技术等各类合作
	允许外国保险集团公司投资设立保险类机构
	允许境内外资保险集团公司参照中资保险集团公司资质要求发起设立保险类机构
第三轮金融业对外开放措施（2019 年 7 月）	允许境外资产管理机构与中资银行或保险公司的子公司合资设立由外方控股的理财公司
	允许境外金融机构投资设立、参股养老基金管理公司
	缩短外资人身险公司外资股比限制从 51% 提高至 100% 的过渡期至 2020 年
	取消境内保险公司合计持有保险资金产管理公司的股份不得低于 75% 的规定，允许境外投资者持有股份超过 25%
	放宽外资保险公司准入条件，取消 30 年经营年限要求

资料来源：根据保险业对外开放政策整理。

保险业对外开放必然引致保险市场竞争日趋激烈，保险业经营风险增加，且风险经由国外市场向国内保险市场传导的途径被打通，国际风险传染强度增大，系统性风险由此增加并积聚。具体而言，保险业对外开放将引致系统性风险增加，一方面是外资保险公司进入中国保险市场后，其经营失败可能导致中国保险业受到影响，产生系统性风险；另一方面是进入中国保险市场的外资保险公司往往属于成熟保险市场的优质保险机构，其风险管理技术较为先进，竞争力较强，中资保险公司可能处于劣势地位，优胜劣汰的竞争机制作用的发挥可能导致保险公司经营失败，由此系统性风险增加。此外，中资保险公司走出国门跨境经营，其国外分支机构承保海外风险，由此遭受经营过程中产生风险和国外保险经济制度变化风险，若不能进行有效的风险管控，一旦经营陷于困境或经营失败，国外市场风险将向国内保险市场传导，波及公司总部及国内其他分支机构，从而引致国内保险业系统性风险。

（4）保险资金运用渠道拓宽引致风险。

投资业务作为保险公司两大主营业务之一，在保险资金运用渠道不断拓宽的条件下，其投资机会增加，投资回报率上升。然而风险与收益成正比，保险企业的高回报率伴有高风险，保险企业高收益率资产增加将引致系统性风险的积聚和酝酿。

中国保险资金运用历经四个阶段：从无投资阶段，有投资无监管阶段，有投资严监管阶段，投资多元化、监管成熟化阶段。第一阶段（1980—1985 年），由于改革开放伊始国内金融机构较少，保险资金欠缺有效投资渠道；第二阶段（1986—1994 年），由于立法滞后，保险资金投资房地产、有价证券、信托、借贷等诸多领域，保险资金在金融资产中的占比（6% ~7%）仅次于银行，保险投资渠道多元化的同时监管缺位，形成诸多不良资产；第三阶段（1995—2002 年），金融领域开始立法，1995 年《保险法》对保险资金运用严格限制，投资渠道仅限于银行存款、买卖政府债券和金融债券等；第四阶段（2003 年至今），保险监管从“规模导向”的偿一代过渡到“风险导向”的偿二代，这一时期保险资金运用渠道极大拓宽，保险投资范围逐渐从银行、贷款、证券，拓展至银行存款、政府债券、金融债券、企业债券、证券投资基金、股票、基础设施。

2004 年，允许保险资金入市；2012 年，实施保险投资新政，保险资金投资品种、投资范围拓宽；2014 年，投资范围扩展至不动产、其他金融资产等五大类；2015 年，放宽保险资金入市条件和比例限制；2016 年，扩展至 PPP 项目；2018 年，中国银保监会就保险投资股权管理办法公开征求意见，取消保险资金开展股权投资的行业范围限制，给予保险企业更多权益。投资渠道拓展，在提升保险资金收益的同时风险增加。2016 年，保险资金在股市“快进快出”进行投机，从万科到南玻，再到中国建筑和格力电器，2016 年被称为“保险资金举牌年”，保险资金举牌乱象和杠杆收购，引发市场震荡，由保险资金运营引致的系统性风险凸显。2018 年，保险资金企业债和另类投资等高收益资产占比达 73%。风险与收益成正比，高收益资产比例增大给保险企业带来收益的同时，保险资金运用风险相应大幅增加，系统性风险不断酝酿集聚。

(5) 保险业监管机制引致风险。

中国金融监管历经央行集中统一监管（1949—1991 年）到分业监管模式（1992 年至今）（图 3.2），分业监管时期又历经“一行三会”“一委一行三会”“一委一行两会”三个阶段。其中，保险业在不同阶段分别由中国保监会（1998—2018 年）和中国银保监会（2018 年至今）实施监管。尽管分业监管专业性强，但由于监管面窄，金融领域协同监管存在一定困难，反而降低了监管效率，导致系统性风险的产生和增加。

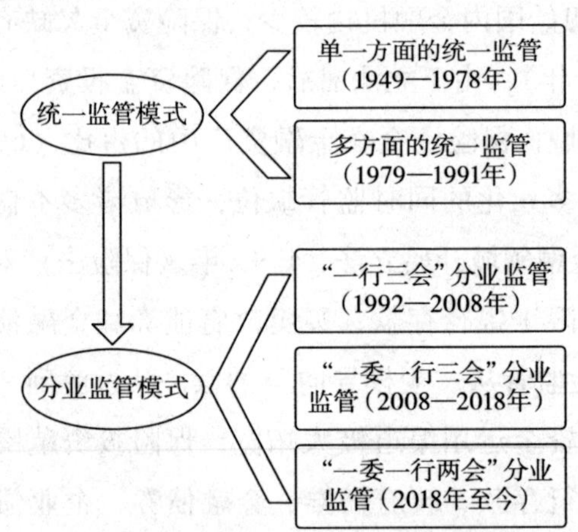

图 3.2　中国金融监管模式演变

在混业经营趋势下，保险业监管机制隐含的问题不断凸显。第一，无论是“一行两会”还是“一行三会”分业监管，中国银保监会（银监会、保监会）和证监会都自成一体，各自施政，无法实现金融领域监管联动协调，保险机构可能跨行业违规经营，导致系统性风险增加；第二，保险机构进行非传统非保险业务活动创新，由于分业监管机制的存在，监管部门协调存在时滞，可能面临监管重复或监管缺位，前者使业务创新遭受阻滞，而后者则可能导致系统性风险增加；第三，分业监管体制下金融全牌照机构多元化经营，监管机构难以全面掌握其风险状况，难以有效实施对监管领域整体风险程度的管控；第四，保险业监管过度注重政府部门宏观层面的监管，保险行业自律监管和社会外部监管、保险企业内部监管的力度有待加强和提升，否则只能实行“亡羊补牢”的事后监管，不能有效管控风险。

近年来中国银保监会（保监会）频繁下发监管函和罚单（图3.3），既是保险监管部门积极施政的表现，也表明违规行为较多，监管机制效率降低，监管部门过多倚赖事后监管。2018年保监会监管函多达47封，2019年银保监会监管函数量有所下降，究其原因，既有之前严格监管致行业行为规范的因素，也有银保监会合并事宜致监管效率降低的因素。

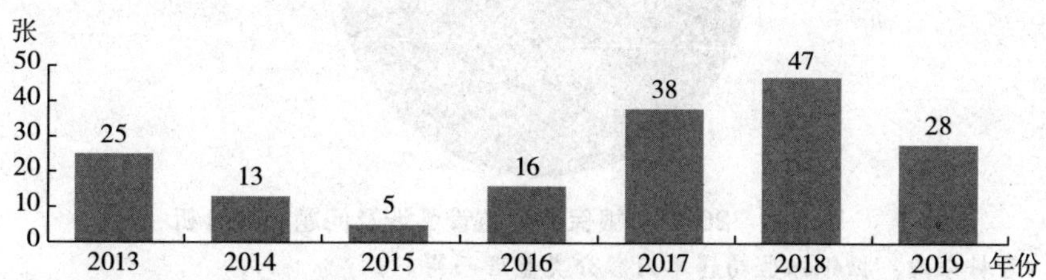

图3.3　2013—2019年中国银保监会（保监会）监管函数量

资料来源：根据历年监管函数量整理而得。

在中国银保监会（保监会）监管过程中，较之其他保险市场主体，保险公司违规经营的现象更为严重。2019年各地银保监局与分局下发罚单约860张，其中各地银保监局下发罚单约660张，各地分局下放罚单近200张。保险公司是监管的重点对象（图3.4），117张罚单涉及寿险公司，276张罚单涉及财险公司。

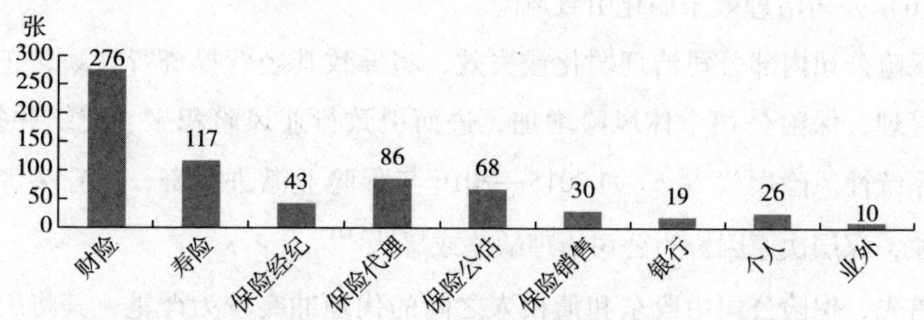

图3.4　2019年各地银保监局对不同机构下发罚单数量

资料来源：据银保监局罚单指向对象分类整理而得。

中国保险公司违规经营行为颇多，主要涉及保险公司的问题产品、资金运用、电网销售和境外资金运用等（图3.5）。其中，问题产品占比45%，说明保险公司产品创新活动过程中监管缺失严重，违规行为较多；电网销售占比30%，说明保险公司展业渠道创新过程中监管力度有待提高；资金运用占比17%，说明保险公司涉足其他金融或非金融领域时违规行为较多，监管制度有待强化。

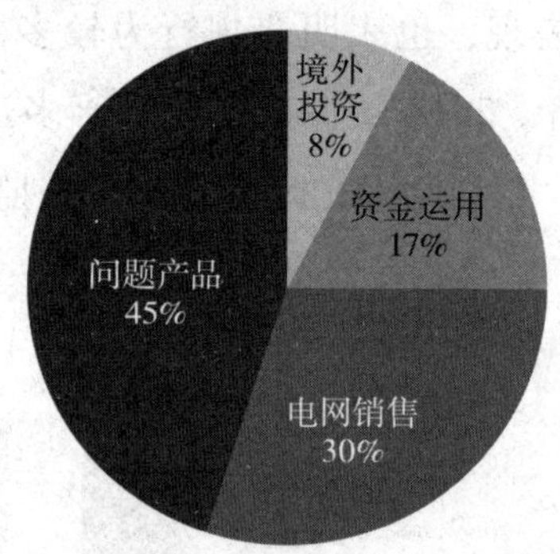

图3.5　2018年银保监会监管函涉及问题统计分析

资料来源：据银保监局罚单内容分类整理而得。

若保险违规经营行为尚未严重影响保险市场正常运行，中国银保监会（保监会）采用下发监管函、下发罚单和制定法规制度等方式对保险公司进行监管；若违规行为严重危及保险市场运营秩序，中国银保监会（保监会）就会接管违规经营的保险公司。保险业事后监管虽然能够防微杜渐，但是防患于未然才是监管部门应该致力追求的目标。当前保险监管机制下保险监管效率较低，违规经营较为严重，可能引致保险业系统性风险。

（6）公司治理效果弱化引致风险。

保险公司内部公司治理弱化或失效，将导致其经营投资行为缺乏正常的内控管理，保险公司个体风险增加，进而引致行业风险积聚、交织并扩散，以致系统性风险爆发[148]。如2015—2016年保险业激进投资、疯狂举牌等行业乱象，深层次原因皆为公司治理缺陷或恶化[141]。

首先，保险公司中股东和债权人之间的代理冲突较为严重，其将引致风险增加。保险公司经营过程中存在“高负债”“低资产”“高杠杆”的特点，保险公司资金主要源自投保人所缴纳的保费，资本金占资产比重很小。保险公司股东依靠极少的投入就可以撬动大额资金，却仅承担有限责任。保险公司股东拥有的剩余索取权令其产生冒险倾向，经营投资行为激进。与此同时，由于债权人（投保人）分散，其履行监督职能产生的收益不足以抵补监督成本，以致监督缺失[149]。道德风险和高冒险动机存在的同时监督缺失，保险公司的经营投资行为失控，个体风险激增[150]。而监管部门基于保险公司的正外部效应往往对问题机构施以援手进行救助，这种隐形政府担保的存在使股东道德风险和高冒险动机加剧的同时，也使债权人（投保人）的监督意愿极度被削弱。若代表债权人（投保人）利益的监管机构对保险机构实施审慎监管，则会约束其冒险行为，使其高风险承担动机降低，个体风险减少，传染效应得以抑制。但若监管宽松，公司治理不完善或失效情况下保险机构道德风险和高冒险动机毫无约束，保险公司个体风险增加，系统性风险传染效应扩大。

其次，人保、国寿、中再等作为老牌国有独资保险公司，在完成股份制改造后，仍然存在国有股“一股独大”的股权结构问题，公司治理效能被削弱。一方面，国有股份制保险公司中股权过分集中，国有股占比达45% ~70%，大股东超额控股，大股东可能利用其不断增强的控制权为自己谋取利益，同时小股东利益受损，由于小股东权益保护难度加大，其对企业经营进行监督的积极性愈加降低，经营风险将不断积累。另一方面，国有股份制保险公司董事会独立性较差。外部董事数量及专业经验是发挥外部董事独立性作用的关键，也是董事会发挥决策和监督作用的关键。国有股份制保险公司外部董事数量并未占优，且其独立性较差，即使具有丰富专业经验也很难进行有效的监督和考核，保险企业的公司治理机制不能充分发挥作用，中小股东权益无法保障的同时，公司治理的效能极大被削弱，导致引发系统性风险的可能性增大。

（7）外部宏观经济变化引致风险。

宏观经济变化包括宏观经济制度变迁、经济周期演化或金融环境恶化等，这些变化将导致保险经营的外部宏观环境发生变化，若保险公司未能有效应对加强风险管控，可能引致系统性风险。

当宏观经济制度变迁、经济周期演化或金融环境变化，保险业作为经济链条上的关键环节必然受到影响。比如紧缩性货币政策的实施或经济处于萧条阶段，或是金融环境恶化，市场投资热情受到打击，产业规模缩小、利润减少、失业增加等问题相继产生，保险行业的保费收入将难以继续增长，甚至大幅缩减，保险公司投资业务的收益也将降低甚至发生亏损，保险公司财务状况将受到影响，由此导致经营困难，甚至陷入破产境地，保险业系统性风险将由此产生。

3.3.2 保险业系统性风险传导机理

在基于保险经营行为产生的系统性风险因素和基于保险制度背景产生的系统性风险因素作用下，保险机构既可能由于自身公司治理失效经营失败，也可能由于外部冲击陷入经营困境，若保险机构规模过于庞大、关联程度较高、业务复杂性较强、可替代性较差、公司治理效能较低，其经营失败的影响将波及其他保险机构和银行、证券等金融机构，系统性风险事件将由此发生，金融经济将严重受损（图3.6）。

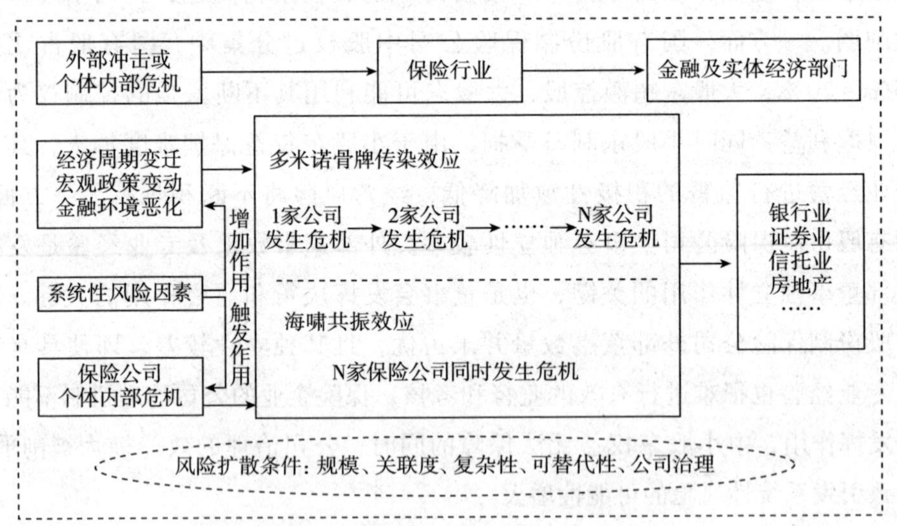

图3.6 保险业系统性风险传导机制图

1. 传导源

保险业系统性风险传导既可以是保险业系统性风险因素触发系统性风险事件并造成系统性风险损失，也可以是外来冲击发生作用时保险业系统性风险因素增加风险事件发生机会或严重程度并造成系统性风险损失。

保险业系统性风险因素触发保险业个体发生内部危机，若风险进一步在保险系统内引起传染和共振，并扩散至金融及实体经济部门，将造成金融经济严重损失。此时保险业系统性风险因素触发系统性风险事件发生，保险业是系统性风险的制造者和主导者。

保险业遭受外部经济冲击，若系统性风险因素促使外部冲击在保险系统内传染和共振，导致系统性风险扩散，将造成金融体系和实体经济遭受严重损失。此时保险业并非系统性风险的制造者和主导者，而是系统性风险的受害者和承担者[148]，其由于外部冲击遭受内部危机。当外部风险因素发生变化时，如宏观经济政策变动、经济周期变迁或是经营环境恶化等，将不可避免地经由资产关联、保险市场信心和保险需求等途径对保险业的承保业务和资金运营业务产生影响。此时，外来冲击成为系统性风险的制造者和主导者。

2. 保险行业内部传导效应

保险行业内风险扩散有两种传导路径：一种为多米诺骨牌传染效应；另一种为海啸共振效应。

多米诺骨牌传染效应，指外部冲击或保险机构个体危机最初只影响到特定保险机构，该保险机构风险经由保险机构之间的业务关联，扩散至其他保险机构，导致危机普遍发生，即传染效应引致系统性风险。

海啸共振效应，指外部冲击或保险机构个体危机影响存在共同风险暴露的多家保险机构，这些保险机构由于保险市场集中度高、产品同质化严重，同时遭受资产价格下跌和投资收益下降的损失，形成行业内风险共振效应，引发系统性风险。

3. 保险行业外部传导路径

保险行业风险蔓延至银行、证券和信托等行业，危机传导到实体经济，造成风险进一步恶化，最终引发系统性风险，爆发经济危机。

保险行业外部传导路径之一：集团内部→集团外部非保险金融机构传导。

覆巢之下无完卵，保险机构集团化经营，在保险行业遭受行业风险的情况下，集团内的证券、银行、信托等机构的资产、利润等同时受损，其风险及损失将辐射影响至其他银行、证券、信托等金融机构，从而保险行业风险外溢，保险业系统性风险在系统外部蔓延，并引致金融危机。如通货膨胀水平较高时，集团内寿险经营机构将面临客户退保或进行保单抵押，保险公司现金流不足，或将产生流动性风险，此时其可能与集团内银行之间进行关联交易，进行资金调剂建立债权债务关系；若保险公司风险无法缓解，则其流动性风险蔓延至集团内银行，挤兑风险或将爆发，集团整体遭受偿付危机，集团外银行也将被流动性风险殃及，银行体系挤兑潮将致使银行业崩溃。

保险行业外部传导路径之二：保险行业→集团外部传导。

第一，保险机构作为资金融通部门，其与银行、证券等机构在同业拆借市场上进行短期资金融通，形成金融体系内资产、负债。目前有 49 家保险机构具有同业拆借系统会员资格，其与其他金融机构间产生较强的关联程度，若保险行业产生系统性风险，其金融体系内的资产必将贬值，金融体系内负债可能违约，由此风险在行业外扩散、蔓延。

第二，保险机构作为重要的机构投资者，巨额保险基金构成资本市场上的主要资金来源，其投资金融企业股票、债券等将对其价格走势形成较大影响。2019 年年末保险资金运用额度已经达到 18.8 万亿元，投资股票和基金的额度规模达到 2.4 万亿元，占到保险资金运用余额的 12.89%。保险公司作为中国资本市场的第二大机构投资者，若出现流动性问题或偿付能力不足问题，急需现金流时可能短期内大幅抛售所持金融企业股票、债券，导致其价格严重下跌，形成市场恐慌，可能产生系统性风险。

第三，保险公司发行的股票、债券作为优质金融资产，是其他金融机构的重要投资对象，若证券公司持有保险公司股票形成其金融资产，将面临保险股票价格涨跌风险，承受保险公司经营风险。2019 年年末我国有 5 家上市保险公司，其股票在市场上流通买卖，若证券公司持有保险公司股票，若保险公司行业遭遇系统性风险，证券公司将遭受严重的资产损失，可能导致其无法持续经营，进而引起连锁反应，系统性风险在金融体系内扩散。又如保险公司经营失败，其债券将无法兑现，持有其债券的其他金融机构将由此遭受损失，风险将由此扩散。

第四，保险机构与银行、证券等机构之间开展银证保合作、银保合作及证保合作，关联程度加强，保险业系统性风险可能溢出至与之具有合作关系的银行、证券机构。如保险机构开展信用保险业务，提供贷款信用保险、履约保证保险和出口信用保险等，其若经营失败，在借款人违约之时银行将无法向保险机构追责，银行不良资产增加，保险业系统性风险由此扩散至银行体系。

4. 保险系统性风险行业内外扩散条件

若保险机构规模较小、复杂程度较低、关联程度较高、可替代性很强或公司治理机制效能较高，即使其陷入经营困境或是破产境地，也不会对整个保险行业产生较大影响，更不会引发系统性风险。只有在保险机构规模较大、复杂程度与关联程度较高、可替代性较弱、公司治理效能较弱或缺失的情况下，系统性风险才可能在保险行业内外扩散。

3.4 小结

首先，本章基于分位数回归的 CoVaR 模型进行保险机构系统性风险测定，发现保险类机构对不同类型金融机构的尾部风险均存在显著的溢出效应，保险类机构内部不同保险公司间的尾部风险也存在显著的溢出效应，充分表明我国保险行业系统性风险的存在性。保险业系统性风险的存在性从实证角度得以确定。

其次，基于保险业潜在系统性风险的市场表现进行考察，发现 40 多年的保险业发展历程中，先有 20 世纪 80 年代末 90 年代初保险资金无序投资、90 年代中期寿险业巨额利差损失事件，后有保险资金疯狂举牌股市，贯穿其间还不乏多起保险公司被接管事件……虽然监管部门提供隐形政府担保，使这些风险得以中断和遏制，并未酿成危机，但其时仍然造成保险业和实体经济损失惨重，不利影响甚至延及今日。保险业潜在系统性风险的存在毋庸置疑。

最后，保险机构在规模大、关联程度高、可替代性弱、复杂性强及公司治理失效等相关条件下，基于保险经营行为和基于保险制度产生的保险业系统性风险因素会触发或增加系统性风险事故发生机会。系统性风险因素会触发保险业个体发生内部危机，或是遭受外来冲击时增加风险扩散的可能性和严重程度，引致保险行业内发生多米诺骨牌传染效应和海啸效应，保险行业内风险进而在行业外部传导和蔓延，波及金融部门、实体经济部门，造成金融危机乃至经济危机。

第 4 章

中国系统重要性保险机构识别研究

在保险业系统性风险存在的前提下，本章将基于指标法进行系统重要性保险机构的识别研究，并运用中国保险业尾部风险关联网络模型对指标法识别的系统重要性保险机构的系统重要性程度加以验证。指标法识别系统重要性保险机构，主要参考《关于完善系统重要性金融机构监管的指导意见》（银发〔2018〕301 号）确定的规模指标和数量指标，结合实际业态发展中保险业集团化、对外开放趋势对于系统性风险形成贡献的情况确定参评保险机构范围，基于主观赋权，基于 G－SIIs（2013 年和 2016 年）评估方法和 D－SIBs（2019 年）评估方法确定系统重要性得分及排名；在对这两种识别结果进行比较分析的基础上，根据国内保险业系统性风险情况设置指标并进行客观赋权，确定保险机构系统重要性程度。最后基于聚类分析确定系统重要性保险机构。在此基础上，在第 3 章保险机构间尾部风险关联度研究的基础上建立中国系统重要性保险机构复杂系统模型，通过尾部风险关联网络对保险机构节点的出、入度边线数量及风险关联强度综合识别保险机构节点的系统重要性程度，以对指标法识别结果加以验证。

4.1 系统重要性保险机构指标识别方法概览及借鉴

中国保监会推进中国系统重要性保险机构识别工作可以追溯到 2016 年，时至今日，已有 4 多年时间，系统重要性保险机构识别工作仍然无实质性进展。但是，这一工作并未就此停滞或终止。2018 年 11 月，三部委印发《关于完善系统重要性金融机构监管的指导意见》，要求国务院金融委办公室组织人民银行和银保监会制定系统重要性保险业机构识别标准和监管实施细则，银保监会从金融业全局再度提出识别系统重要性保险机构之要求，系统重要性保险业机构监管工作继2016年后再次从制度建设层面推进。2019年11月，央行、银保监会就《系统重要性银行评估办法（征求意见稿）》征求意见，虽然是系统重要性银行监管配套细则，但其也为D－SII评估识别工作的推进提供了一定的参考方案，同时也说明系统重要性保险机构评估办法出台征求意见稿指日可待。因此，借鉴系统重要性保险机构评估方法、参考国内系统重要性银行评估方法，加强系统重要性保险机构的评估研究，以便为监管细则制定提出切实可行的修正意见，是当前亟须推进的。

4.1.1 系统重要性保险机构识别之指标法演进概览

指标法是基于系统性风险和系统重要性金融机构的特征，构建相关评价指标，从多个维度考察金融机构的负外部性，并运用适当方法赋予指标一定权重，从而根据计算出的系统重要性得分识别和评估系统重要性金融机构[49]。

表4.1 监管机构系统重要性评估选用指标一览表

监管机构	评估选用指标				
FSB（2009年）	规模	关联性	可替代性	—	—
BCBS（2011年）	规模	关联性	可替代性	复杂性	国际活跃度
IAIS（2009年）	规模	关联性	可替代性	时效性	—
IAIS（2013年）	规模	金融体系内关联	可替代性	非传统非保险业务	全球活动
IAIS（2016年）	规模	金融体系内关联	可替代性	资产变现	全球活动
FCA（2009年）	规模	关联性	种类	—	—
CIRC（2016年）	规模	外部关联性	可替代性	资产变现	公司治理
CBIRC（2019年）	规模	关联性	可替代性	复杂性	—

资料来源：根据监管机构相应评估方法整理①。

次贷危机后，国际监管层和国内监管当局在进行金融机构系统重要性测度和监管时往往采用指标法（表4.1）。从国际监管层面来看，FSB、BCBS和

① FCA，英国金融服务管理局；BCBS，巴塞尔银行监管委员会；IAIS，国际保险监督官协会；CIRC，中国保监会；CBIRC，中国银保监会。

IAIS 在进行系统重要性金融机构、系统重要性银行和系统重要性保险机构评估时均采用指标法；从国内监管当局来看，英国金融服务管理局和中国银保监会在系统重要性评估时也不约而同地采用指标法。

4.1.2 系统重要性保险机构识别之指标法借鉴

1. 2013 年 G – SIIs 指标及权重设置

当前关于保险业系统重要性的评估，主要是 IAIS 进行了指标与权重的设置，且其主要是从全球系统重要性保险机构（G – SIIs）评估视角出发，并未就国内系统重要性保险机构（D – SIIs）评估提出评估办法。

表 4.2 G – SIIs 评估指标体系（2013 年）

指标分类及权重	具体评估指标	权重
规模（5%）	总资产（Total Assets）	2.5%
	总收入（Total Revenues）	2.5%
全球活跃性（5%）	母国之外的保费收入（Revenues Derived Outside of Home Country）	2.5%
	有分支公司的国家数量（Number of Countres）	2.5%
关联性（40%）	金融体系内资产（Intra – financial Assets）	5.7%
	金融体系内负债（Intra – financial Liabilities）	5.7%
	再保险（Reinsurance）	5.7%
	衍生品（Deribatives）	5.7%
	大额风险暴露（Large Exposures）	5.7%
	流转率（Turnover）	5.7%
	三级资产（Level 3 Assets）	5.7%
非传统非保险业务（45%）	非保单持有人责任和非保险收益（Non – policy Holder Liabilities and Noninsurance Revenues）	6.4%
	衍生品交易（Derivatives Trading）	6.4%
	短期融资（Short Term Funding）	6.4%
	金融担保（Financial Guarantees）	6.4%
	变额保险产品的最低保证（Minimum Guarantees on Variable Products）	6.4%
	集团内担保/承诺（Intra – group Commitments）	6.4%
	保险负债流动性（Lliability Liquidity）	6.4%
可替代性（5%）	特定业务保费收入（Premiums for Specific Business Lines）	5%

资料来源：根据 IAIS 指标评估方法（2013 年）整理。

2009 年，IAIS 根据保险行业自身特性，提出保险系统重要性评估要考虑规模、关联性、可替代性和时效性，但其后由于技术原因并未将时效性纳入系统重要性保险机构评估指标体系。2013 年，IAIS 设置了规模、全球活跃性、关联性（金融体系内关联）、非传统非保险业务和可替代性 5 个指标[12]，并在大类指标下设 18 个子指标，分别赋予不同权重（表 4. 2）。

2. 2016 年 G – SIIs 指标及权重设置

2016 年 IAIS 按照之前确定的三年调整一次的计划，如期改进 G – SIIs 评估方法[13]，设置了规模、全球活跃性、金融体系内关联（关联性）、资产变现和可替代性 5 个指标（表 4. 3），其对 2013 年 G – SIIs 指标设置及权重进行了较大调整。首先，资产变现指标替代了非传统非保险业务指标，权重相应下降，这一变动基于非传统非保险业务难以准确界定的实际情况，故此 IAIS 转而关注流动性风险及其风险传播渠道；其次，风险关联度指标细分为交易对手风险暴露和宏观经济风险暴露两类，且权重相应增加，由此可察知 IAIS 开始重点关注风险溢出与宏观经济传染效应[115]。

2016 年，IAIS 指标评估法仍然是从全球角度进行系统重要性保险机构评估指标选择和权重设置的，IAIS 仍未推进国内系统重要性保险机构识别和监管工作，国际监管层面尚未给出具体的 D – SIIs 评估办法。

表 4. 3　G – SIIs 评估指标体系（2016 年）

指标分类及权重		具体评估指标	权重
规模（5%）		总资产（Total Assets）	2. 5%
		总收入（Total Revenues）	2. 5%
全球活跃性（5%）		母国之外的保费收入（Revenues Derived Outside of Home Country）	2. 5%
		有分支机构的国家数量（Number of Countries）	2. 5%
关联性（49%）	交易对手风险暴露	金融体系内资产（Intra – financial Assets）	6. 7%
		金融体系内负债（Intra – financial Liabilities）	6. 7%
		再保险（Reinsurance）	6. 7%
		衍生品（Derivatives）	6. 7%
	宏观经济风险暴露	衍生品交易（Derivatives Trading）	7. 5%
		金融担保（Financial Guarantees）	7. 5%
		变额保险产品的最低保证（Minimum Guarantees on Variable Products）	7. 5%

续表

指标分类及权重	具体评估指标	权重
资产变现（36%）	非保单持有人负债和非保险收入（Non - policy Holder Liabilities and Noninsurance Revenues）	7.5%
	短期融资（Short Term Funding）	7.5%
	三级资产（Level 3 Assets）	6.7%
	成交量（Turnover）	6.7%
	保险负债流动性（Liability Liquidity）	7.5%
可替代性（5%）	特定业务保费收入（Premiums for Specific Business Lines）	5%

资料来源：根据 IAIS 指标评估方法（2016）整理①。

3. 2019 年 D - SIBs 指标设置及权重

2018 年 11 月三部委《关于完善系统重要性金融机构监管的指导意见》设置了规模、关联度、复杂性、可替代性、资产变现等一级指标，以衡量D - SIFIs 经营失败或陷入困境对金融和实体经济的潜在影响[82]。但 2019 年 11 月 26 日人民银行会同银保监会起草的《系统重要性银行评估办法（征求意见稿）》仅就参评银行的规模、关联度、可替代性和复杂性等一级指标评估其系统重要性程度和变化情况（表 4. 4）。

《系统重要性银行评估办法（征求意见稿）》中的指标及权重设置（银保监会，2019）[123]虽然是从系统重要性银行识别和评估角度而言，并不是从保险机构识别和评估角度出发设置。但是 D - SIBs 评估办法立足于本国市场进行国内系统重要性银行识别和评估，为中国系统重要性保险机构的识别和评估提供了一定的模式。可以说，D - SIBs 评估办法在 IAIS 设计的G - SIIs（2013 年和 2016 年）评估方法之外，为 D - SIIs 评估提供了新的参考方案。

表 4. 4　国内系统重要性银行评估指标体系（2019 年）

指标类别	具体指标	权　重
规模（25%）	调整后的表内外资产余额	25%
关联度（25%）	金融机构间资产	≈8. 33%
	金融机构间负债	≈8. 33%
	发行证券和其他融资工具	≈8. 33%

① 由于四舍五入造成指标权重的加总不为 100%。

续表

指标类别	具体指标	权　重
可替代性（25%）	通过支付系统或代理行结算的支付额	6.25
	托管资产	6.25%
	代理代销业务	6.25%
	境内营业机构数量	6.25%
复杂性（25%）	衍生产品	5%
	交易类和可供出售证券	5%
	非银行附属机构资产	5%
	理财业务	5%
	境外债权债务	5%

资料来源：根据银保监会 D－SIBs 评估办法（2019）整理。

4.2 中国系统重要性保险机构指标识别方法

选用指标法对国内系统重要性保险机构加以识别。一方面，应借鉴 IAIS 对 G－SIIs（2013 年和 2016 年）的评估方法中对指标和权重的设置，以便国内监管和国际监管之间可以对接和合作；另一方面，需结合国内保险市场发展尚不成熟的实际状况，参考国内监管部门的指标设置意向进行指标和权重设置，以便国内系统重要性风险切实得到反映，从而能够及时有效防范风险。因此本书选用指标法对 D－SIIs 进行识别和评估，将基于 G－SIIs（2013，2016）评估方法、D－SIBs（2019）评估方法设置指标并进行主观赋权，并在此基础上进一步结合 2016 年 3 月《国内系统重要性保险机构监管暂行办法（征求意见稿）》重点关注的公司治理、外部关联性、非传统非保险业务和可替代性等方面设置指标，并进行客观赋权。

4.2.1 识别指标选择

中国系统重要性保险机构识别中，可供选择的指标主要包括规模类指标、关联程度指标、复杂性指标和可替代性指标及公司治理指标，其中规模、关联度、复杂性、可替代性指标的数据根据 2018 年中国保险年鉴整理可得，公司治理指标数据则根据各公司网站公开信息披露或年报数据整理可得。

1. 规模指标

保险机构的系统重要性与其规模正相关。一方面，保险机构规模越大，提供的保险服务越多，在保险市场占据着越为主导的地位，其通过风险管理和资金融通对金融和经济辐射影响也越大，对金融经济系统重要性就越高；另一方面，保险机构经营风险管理业务，风险汇聚和风险有效分散要求其必须具有一定的规模，然而规模增大，意味着保险公司风险集聚，未来偿付要求增加，经营风险增大，一旦经营失败对金融经济都会产生重大影响，因此其系统重要性增强[50]。

总资产是保险机构拥有或控制的、能够带来经济利益的全部资产，能直接反映保险机构的规模。总收入是保险机构在一定时期所创造的价值，能反映保险机构提供的风险管理和资金融通服务的范围和程度。G－SIIs 评估方法中选用总资产和总收入作为规模类指标的二级指标，可以全面衡量保险机构规模对系统性风险的贡献。本书根据 G－SIIs（2013 年和 2016 年）评估方法选用总资产和总收入两个子指标，用以衡量规模对保险机构系统重要性程度的贡献。其中，总资产选自保险公司资产负债表或保险集团公司合并资产负债表，表示为 AS_{it}，总收入选自保险公司利润表或保险集团公司合并利润表，用营业收入和营业外收入之和计量，表示为 RE_{it}，下标代表第 i 家保险机构 t 时刻的指标值（下同）。

2. 关联度指标

保险机构系统重要性与关联度呈正相关。一方面，保险机构经营困难或失败可能传导至与其有直接或间接联系的保险或非保险金融机构，导致系统性风险在金融体系蔓延，对金融经济产生负面影响；另一方面，由于直接或间接关联的存在，其他金融机构的困境也会增大保险机构陷入困境的概率，从而间接引致社会金融服务总量下降，甚至演变为金融体系的灾难[49,51]。

G－SIIs（2013 年）评估方法中关联度指标包含 7 个二级指标，具体为金融体系内资产及负债、衍生品、再保险、大额风险暴露、流转率、三级资产①

① 根据美国会计准则 SFAS57 号文件，资产的公允价值分为三级：第一级是指有活跃市场交易的、可以完全按照市场价格来估值的资产；第二级是有可比资产在进行交易、可以依照可比资产来估值的资产；第三级是指没有相关交易市场可供参考、很难估值的财产。

等，G－SIIs（2016年）评估方法中关联度指标包含金融体系内资产及负债、再保险、衍生品及其交易、金融担保和变额保险产品的最低保证（其中，衍生品交易、金融担保和变额保险产品的最低担保在2013年版评估方法中归属于非传统非保险业务指标大类）。本书基于G－SIIs（2016年）评估方法进行关联度指标选取，由于目前我国保险机构并未公开披露衍生品交易、金融担保、变额保险产品的最低保证这三项数据，可供选用的关联度指标仅包括金融体系内资产、金融体系内负债、再保险和衍生品4个指标。

金融体系内资产①指保险机构持有的其他保险机构和金融机构资产。当保险机构经营困难时，可能对其所持有的资产进行减值处理，由此对交易对手造成影响。本书选用保险公司资产负债表中的定期存款、交易性金融资产、可供出售金融资产、长期股权投资及持有至到期投资之和，用以反映金融体系内资产，表示为FA_{it}。

金融体系内负债②指保险机构对其他保险机构和金融机构的负债。若保险机构陷入经营困境，债务清偿能力受到影响，将对金融体系内债权方等相关主体的财务稳定造成负面影响。本书选用保险公司资产负债表中的卖出回购金融资产、银行借款及应付债款之和，用以反映金融体系内负债，表示为FD_{it}。

再保险反映保险机构通过分保业务转移保险风险，从而形成保险机构之间的关联关系。当保险机构陷入经营困境时，作为再保险人对分入保险业务无力承担理赔偿付责任，导致其他保险机构的偿付能力受到影响[17]。本书选用分入保费用以反映再保险规模，表示为RI_{it}。

衍生品反映保险机构通过衍生品交易与保险机构或其他非保险金融机构之间的关联程度。本书选用衍生金融资产和衍生金融负债之和，用以反映衍生品规模，表示为DE_{it}。

---

① IAIS所定义的金融系统内资产不包括资产负债表中的“买入返售金融资产”，因为买入返售金融资产需要按照返售协议约定的固定价格进行返售，不能进行减价处理。另外，由于“衍生品”指标里含有“衍生金融资产”一项，为了避免重复计算，在“金融系统内资产”指标的计算不包括“衍生金融资产”。

② 为了避免与后述指标的重复计算，金融系统内负债不包括短期负债、交易性金融负债。

3. 复杂性指标

保险机构的系统重要性与复杂性成正相关。保险机构在对外开放提速的背景下混业经营和集团化经营趋势日益明显，业务活动多元化、综合化、复杂化，尤其是开展非传统非保险业务（NITI）成为系统性风险产生的重要原因，一旦非传统和非保险业务陷入困境将对金融机构造成极大影响，成为保险行业系统性风险爆发的关键驱动力量[30]。

G－SIIs（2013 年）评估方法中选用非传统非保险业务指标，其中包含 6 个子指标，具体为非保险负债和非保险收入、金融担保、短期融资、变额年金产品的最低保证、负债流动性和集团内担保；G－SIIs（2016 年）评估方法选用资产清偿指标，其中包含 5 个子指标，具体为非保险负债和非保险收入、三级资产、短期融资、负债流动性和成交量等。本书基于 G－SIIs（2016 年）评估方法进行复杂性指标选取，由于目前我国保险机构并未公开披露三级资产和成交量（投资性资产总成交额和融资性负债总成交额之和），可选用的指标为非保单持有人负债和非保险收入、短期融资和负债流动性 3 个指标。

非保单持有人负债和非保险收入是保险机构在混业经营趋势下进行业务拓展和创新形成的负债和收入。开展非传统保险业务和非保险金融业务活动引致保险机构收入增加的同时，也构成保险业系统性风险的潜在驱动因素。保险机构由于承保业务可能产生未来偿付被保险人保险金的责任，并基于此提取保险责任准备金来应付或有负债。保险机构对保单持有人负债包括保户储金及投资款、应付保单红利、应付赔付款和各项责任准备金（就未到期责任、未决赔款责任、寿险责任和长期健康责任计提的准备金），非保单持有人负债用资产负债表中总负债减去保险机构对保单持有人负债表示。非保险收入则计入损益表中公允价值变动收益、投资收益、汇兑收益和其他业务收入。非保险非金融业务活动收入用非保单持有人负债和非保险收入之和反映，表示为 NI_{it}。

短期融资反映保险机构参与期限转换的程度，参与程度高低与流动性风险呈正相关。本书选用资产负债表中短期借款和拆入资金之和进行反映，表示为 SF_{it}。

负债流动性考察保险机构应对突发风险和投保人提现需求时的资金获取

能力。保险机构陷入经营困境时，负债流动性越强要求保险机构资金获取能力越高，但陷入困境的保险机构在金融市场上资金获取能力不足以匹配这一要求，可能产生偿付能力不足，系统性风险由此扩散。本书选取应付分保账款、应付赔付款、应付保单红利、应付手续费及佣金、未到期责任准备金和未决赔款责任准备金之和反映，表示为 LL_{it} 。

4. 可替代性指标

可替代性指保险机构被其他保险和金融机构替代的难易程度，可替代性越差，系统重要性越高。若保险机构经营困难，其他保险机构难以提供相应的保险保障和融资服务，该保险机构的系统重要性程度越强[41,52,151]。

G－SIIs（2013 年和 2016 年）评估方法中选用特定业务保费收入指标，以巨灾保险、信用保险及航空和海运保险保费收入之和衡量可替代性程度高低。本书基于 G－SIIs（2013 年和 2016 年）评估方法和国内系统重要性银行评估指标体系（2019 年），选取特定业务保费收入和境内营业机构数量指标作为可替代性程度度量指标。

特定业务保费收入指标选取基于我国产险、寿险分业经营的实践，针对人身保险业务和财产保险业务分别设定考量指标。人身保险公司破产后能否被其他保险机构接管取决于其业务规模，本书选用保险业务收入作为可替代程度的度量指标，财产保险公司则以信用保险、保证保险、船舶保险、农业保险及其他特殊风险保险的保费收入之和作为可替代程度的度量指标，集团公司则将寿险公司和产险公司的上述保费收入加总作为可替代程度的度量指标，再保险公司使用再保险业务保费收入作为可替代程度的度量指标，表示为 SB_{it} 。

境内营业机构数量越多，保险机构展业、核保、理赔能力越强，其他保险机构难以提供相应服务，可替代性越差，系统重要性越强。G－SIIs（2013 年和 2016 年）评估方法中设置全球活跃程度指标，选用母国以外的收入和开设分支机构的国家数量两个指标加以反映。本书结合国内系统重要性银行评估指标体系（2019 年）的评估方法，将境内营业机构数量并入可替代性指标，选用保险公司在全国范围内设立的二级机构的数量，即保险年鉴中保险公司业务统计表中的数量作为计量依据，表示为 BA_{it} 。

5. 公司治理指标

保险机构的系统重要性与公司治理呈负相关。公司治理结构越不完善，企业的风险控制水平越低，经营效益越难以提高，保险机构系统重要性程度也就越强[51]。G－SIIs（2013 年和 2016 年）评估方法中未对此加以考虑，但中国保监会（2016 年）明确提出国内系统重要性保险机构监管应重点关注公司治理问题引发的系统性风险。因此，结合中国保险机构公司治理情况，本书选用保险机构中第一大股东持股比例和独立董事在董事会中的占比，用以反映保险机构公司治理状况，分别表示为 SP_{it} 和 ID_{it}。

4.2.2 赋权方法设置

国内系统重要性保险公司评估中上述大类指标和二级子指标的权重，分别采用主观和客观两种方法进行赋值[51,133]。

主观赋权主要参考 G－SIIs（2013 年和 2016 年）评估方法和 D－SIBs（2019 年）评估方法中权重的设置，为了保证权重设置借鉴结果科学有效，指标的选择也基于 G－SIIs（2013 年和 2016 年）评估方法和 D－SIBs（2019 年）评估方法进行设置。具体来讲，基于 G－SIIs（2013 年和 2016 年）评估方法设置规模、关联度、复杂性、可替代性和活跃度五类指标，下设 11 个指标；基于 D－SIBs（2019 年）评估方法设置四大类指标（即规模类、关联度、复杂性和可替代性指标），下设 11 个子指标。

客观赋权采用熵权法根据上述各指标所包含的信息量加以确定，指标的选择基于《国内系统重要性保险机构监管暂行办法（征求意见稿）》选用上述分析中规模、关联度、复杂性、可替代性和公司治理五大类指标，下设 13 个二级指标。

4.2.3 识别模型构建

根据以上五大类指标及相应的子指标对保险机构评分，得出保险机构的系统重要性得分。保险机构系统重要性得分越高，表明该保险机构系统性风险暴露越多，系统重要性程度越高[51]。

具体步骤为：根据子指标中包含的具体内容计算确定子指标值，该子指标值与全部样本该指标值之和相除即为保险机构该子指标得分，各子指标得分分别与其对应权重相乘即得保险机构系统重要性得分。也就是说，保险机构 i 在 t 时刻的总得分是各评估指标得分的加权平均：

$$\text{SCORE} = \omega_{it1} \times \frac{\text{AS}_{it}}{\sum_{i=1}^{n} \text{AS}_{it}} + \omega_{it2} \times \frac{\text{R}E_{it}}{\sum_{i=1}^{n} \text{R}E_{it}} + \omega_{it3} \times \frac{\text{F}A_{it}}{\sum_{i=1}^{n} \text{F}A_{it}} + \omega_{it4} \times \frac{\text{F}D_{it}}{\sum_{i=1}^{n} \text{F}D_{it}} + \omega_{it5} \times \frac{\text{R}I_{it}}{\sum_{i=1}^{n} \text{R}I_{it}} + \omega_{it6} \times \frac{\text{D}E_{it}}{\sum_{i=1}^{n} \text{D}E_{it}} + \omega_{it7} \times \frac{\text{N}I_{it}}{\sum_{i=1}^{n} \text{N}I_{it}} + \omega_{it8} \times \frac{\text{S}F_{it}}{\sum_{i=1}^{n} \text{S}F_{it}} + \omega_{it9} \times \frac{\text{L}L_{it}}{\sum_{i=1}^{n} \text{L}L_{it}} + \omega_{it10} \times \frac{\text{S}B_{it}}{\sum_{i=1}^{n} \text{S}B_{it}} + \omega_{it11} \times \frac{\text{B}A_{it}}{\sum_{i=1}^{n} \text{B}A_{it}} + \omega_{it12} \times \frac{\text{S}P_{it}}{\sum_{i=1}^{n} \text{S}P_{it}} + \omega_{it13} \times \frac{\text{I}D_{it}}{\sum_{i=1}^{n} \text{I}D_{it}} \quad (4.1)$$

4.2.4 参评保险企业确定

进行系统重要性保险机构的识别，首先要确定识别范围。我国保险监管机构曾提出不同的识别范围确定方法，如采用直接指定保险企业范围进行数据评定，或是制定参评标准进行参评机构范围划定。2016 年，中国保监会采用第一种方法，直接指定 16 家保险公司。2016 年 5 月 26 日，中国保监会开展国内系统重要性保险机构评定数据收集工作，要求 16 家保险公司报送财务报表数据、偿付能力报告数据、集团并表数据、子公司数据，意图从 16 家保险公司中评定国内系统重要性保险机构。中国银保监会采用第二种方法，制定客观定量可比的标准划定参评保险企业范围。2018 年 11 月 27 日，中国银保监会、中国人民银行、中国证监会在监管指导意见中就参评范围进行大致划定，确定两种参评标准即规模指标和数量指标[82]。若采用规模指标，则要求所有参评保险企业表内外资产总额不得低于上年年末保险行业总资产的 75%；若采用数量指标，则要求保险业参评机构数量不少于 10 家。显然中国银保监会根据规模指标和数量指标确定的参评标准，更为客观，为参评范围的确定提供了简单、量化且可比的规则。

根据规模指标，所有参评保险企业表内外资产加总后不得低于上年年末保险行业总资产的 75%，按从大到小排列 2017 年表内外资产总额占比达到保险行业总资产 75% 的保险企业主要有平安集团、国寿集团、太保集团、人保集团、泰康集团、新华人寿、中国太平、华夏人寿、富德生命 9 家（表内外资产总额占比达到保险行业总资产的 75.9%）。根据数量指标，保险业参评机构数量不少于 10 家。按照资产规模选取平安集团、国寿集团、太保集团、人保集团、泰康集团、新华人寿、中国太平、华夏人寿、富德生命、阳光集团 10 家保险企业。

考虑到集团化、对外开放对于系统重要性程度的贡献，本书选取根据规模和数量指标确定的国内保险集团公司、非集团上市保险公司以及 G－SIIs 在华所设的保险机构共 23 家作为 D－SIIs 识别研究样本，分别是平安集团、国寿集团、太保集团、人保集团、泰康集团、新华人寿、中国太平、华夏人寿、富德生命、阳光集团、中再集团、中华集团、华泰集团、复星保德信、中信保诚、大都会人寿、安盛天平、工银安盛、中英人寿、中德安联、安联财险、同方全球、美亚保险。

4.3 基于主观赋权法识别国内系统重要性保险机构

进行主观赋权，可以参考和借鉴的权威赋权方法有两种，一是国际监管层面进行全球系统重要性保险机构识别采用的 G－SIIs（2013 年和 2016 年）评估方法；二是我国进行国内系统重要性银行识别采用的《国内系统重要性银行评估指标体系（2019 年）》。这两种方法各有所长难分伯仲，G－SIIs（2013 年和 2016 年）评估方法针对保险行业进行识别和评估权重设置，但是它立足于全球保险市场，我国目前保险业有所发展，可称保险大国，却非保险强国，保险市场发达程度和行业信息披露状况都与发达国家有很大差距，所以不能全盘照搬；《国内系统重要性银行评估指标体系（2019 年）》立足于本国金融市场，采用的方法简单明了，但是其主要是针对中国银行业进行大类指标和子指标设置，参考借鉴意义也大打折扣。

主观赋权主要参考 G－SIIs（2013 年和 2016 年）评估方法和 D－SIBs（2019 年）评估方法中权重的设置，为了保证权重设置借鉴结果科学有效，指标的选择也基于 G－SIIs（2013 年和 2016 年）评估方法和 D－SIBs（2019 年）评估方法进行设置。由于两者进行指标设置时都未考虑公司治理因素，所以在主观赋权评估国内系统重要性保险公司时，由于赋权缺乏经验依据故此也忽略了公司治理指标，因此本书对下面五大类11个指标进行主观赋权，分别借鉴这两种方法，进行不同的指标权重设置。

4.3.1 基于G－SIIs（2013年和2016年）评估方法识别

根据G－SIIs（2013年和2016年）评估方法，赋予关联度指标49%的权重，复杂性指标36%的权重，规模指标、可替代性和活跃度指标各赋予5%的权重。11个子指标赋权则采用在各自大类下平均等权重处理（表4.5）。所有指标数据均根据2018年中国保险年鉴整理获得。

表4.5 基于G－SIIs评估方法赋权

指标类别	子指标	权重
规模（5%）	总资产 AS_{it}	2.5%
	总收入 RE_{it}	2.5%
关联度（49%）	金融体系内资产 FA_{it}	12.25%
	金融体系内负债 FD_{it}	12.25%
	再保险 RI_{it}	12.25%
	衍生品 DE_{it}	12.25%
复杂性（36%）	非保单持有人负债和非保险收入 NI_{it}	12%
	短期融资 SF_{it}	12%
	负债流动性 LL_{it}	12%
可替代性（5%）	特定业务保费收入 SB_{it}	5%
活跃度（5%）	境内营业机构 BA_{it}	5%

资料来源：参考G－SIIs（2013年和2016年）评估办法设计整理。

基于G－SIIs（2013年和2016年）评估方法赋权并根据上述保险机构系统重要性得分公式进行计算，可以得到2017年保险机构各类指标和子指标得分、系统重要性得分及排名（表4.6）。

从系统重要性排名来看，前五名由保险集团垄断，平安集团排名第1，国寿集团紧随其后；非集团保险公司中人寿保险公司系统重要性相对较强，华夏人寿、新华人寿、富德生命分别排名第6、第8、第11名；全球系统重要性保险机构在华公司系统重要性尚不明显。

从系统重要性得分来看，平安集团的得分远高于其后国寿集团的得分，太保集团、人保集团位于第三层级，泰康集团、华夏人寿、中国太平、新华人寿、阳光集团、中再集团和富德生命基本上位于第四层级。

表 4.6 基于 G－SIIs 评估方法赋权的系统重要性评估结果

机构名称	规模	活跃度	关联度	复杂性	可替代性	得分	排名
平安集团	0.0164	0.0066	0.2214	0.2366	0.0102	0.4912	1
国寿集团	0.0113	0.0064	0.0654	0.0334	0.0127	0.1292	2
太保集团	0.0041	0.0051	0.0483	0.0170	0.0044	0.0789	3
人保集团	0.0050	0.0066	0.0269	0.0322	0.0039	0.0746	4
泰康集团	0.0023	0.0032	0.0416	0.0082	0.0030	0.0582	5
华夏人寿	0.0014	0.0012	0.0290	0.0027	0.0021	0.0365	6
中国太平	0.0021	0.0042	0.0168	0.0062	0.0029	0.0322	7
新华人寿	0.0021	0.0023	0.0101	0.0030	0.0027	0.0202	8
阳光集团	0.0011	0.0047	0.0067	0.0046	0.0014	0.0185	9
中再集团	0.0012	0.0000	0.0050	0.0070	0.0024	0.0156	10
富德生命	0.0013	0.0022	0.0050	0.0015	0.0020	0.0120	11
中华集团	0.0004	0.0022	0.0030	0.0035	0.0002	0.0092	12
华泰集团	0.0002	0.0021	0.0031	0.0009	0.0001	0.0064	13
工银安盛	0.0005	0.0006	0.0007	0.0007	0.0010	0.0035	14
安盛天平	0.0001	0.0009	0.0018	0.0005	0.0000	0.0033	15
中信保诚	0.0002	0.0006	0.0006	0.0007	0.0003	0.0023	16
美亚保险	0.0000	0.0001	0.0020	0.0001	0.0000	0.0022	17
安联财险	0.0000	0.0000	0.0015	0.0002	0.0000	0.0018	18
大都会人寿	0.0001	0.0002	0.0005	0.0004	0.0002	0.0015	19
中英人寿	0.0001	0.0003	0.0002	0.0002	0.0002	0.0010	20
中德安联	0.0001	0.0003	0.0001	0.0002	0.0001	0.0008	21
同方全球	0.0000	0.0002	0.0001	0.0002	0.0001	0.0006	22
复星保德信	0.0000	0.0000	0.0000	0.0000	0.0000	0.0001	23

资料来源：根据实证结果整理。

从子指标得分来看，平安集团系统重要性得分位列第一，主要是因为其关联度和复杂性得分要远高于其他机构。平安集团的财务报表数据较好地阐释了关联度和复杂度较高，2017 年平安集团金融体系内的负债样本行业占比达 56%，衍生品交易样本行业占比达 99%，以致平安集团金融体系内关联度较高；非传统非保险业务活动收入样本行业占比 76%，短期负债样本行业占比高达99%，以致平安集团复杂度得分居高不下。国寿集团位列第二，主要是因为其规模大、关联性强和不可替代性程度高。国寿集团总资产和总收入仅次于平安集团，规模得分远高于其他保险机构；金融体系内资产绝对数量位列第一，样本行业占比高达31%，衍生品交易规模绝对数量虽小，但其样本行业占比仅次于平安集团，由此其关联性指标得分较高；特定业务保费收入位列第一，样本行业占比25%，可替代性得分排名第一。太保集团位列第三，主要是因为其规模、关联程度和活跃度的贡献；人保集团位列第四主要是因为规模、其活跃度和复杂程度的贡献。

系统重要性得分与规模、活跃度、关联度、复杂性和可替代性五类指标之间存在显著正相关关系（表4.7）。其中，系统重要性得分与关联度指标相关系数为0.994，相关强度最大，以下依次是复杂性指标、规模指标、可替代性指标和活跃度指标。

表4.7　基于G－SIIs赋权的系统重要性得分与各类指标间的相关系数

项目	规模	活跃度	关联度	复杂性	可替代性	得分
规模	1					
活跃度	0.779**	1				
关联度	0.929**	0.648**	1			
复杂性	0.873**	0.556**	0.966**	1		
可替代性	0.940**	0.791**	0.780**	0.665**	1	
得分	0.928**	0.640**	0.994**	0.987**	0.760**	1

注：**在0.01水平（双侧）上显著相关。

资料来源：根据实证结果整理。

从具体子指标来看（表4.8），除再保险外其他子指标均与系统重要性得分之间具有较强的正相关关系，相关度较高的指标主要有金融体系内负债、非保单持有人负债和非保险收入、总资产、短期融资和衍生品等指标。其中，相关度最高的指标是金融体系内负债，其次是非保单持有人负债和非保险收入，说明国内保险业系统性风险潜在来源是金融体系内部关联度增强和非传统非保险类业务活动的开展。

表4.8 基于G-SIIs赋权的系统重要性得分与子指标相关程度

子指标	AS_{it}	RE_{it}	FA_{it}	FD_{it}	RI_{it}	DE_{it}	NI_{it}	SF_{it}	LL_{it}	SB_{it}	BA_{it}	得分
AS_{it}	1											
RE_{it}	0.931**	1										
FA_{it}	0.921**	0.956**	1									
FD_{it}	0.938**	0.797**	0.733**	1								
RI_{it}	0.141	0.301	0.297	0.026	1							
DE_{it}	0.854**	0.644**	0.589**	0.969**	-0.146	1						
NI_{it}	0.907**	0.728**	0.672**	0.991**	-0.068	0.993**	1					
SF_{it}	0.857**	0.647**	0.593**	0.970**	-0.145	1.000**	0.993**	1				
LL_{it}	0.837**	0.952**	0.833**	0.747**	0.288	0.596**	0.675**	0.598**	1			
SB_{it}	0.892**	0.965**	0.984**	0.701**	0.366	0.535**	0.627**	0.540**	0.855**	1		
BA_{it}	0.702**	0.848**	0.750**	0.603**	0.422*	0.414*	0.505*	0.417*	0.845**	0.793**	1	
得分	0.964**	0.844**	0.789**	0.994**	0.095	0.948**	0.978**	0.949**	0.789**	0.759**	0.638**	1

注：**在0.01水平（双侧）上显著相关，*在0.05水平（双侧）上显著相关。

4.3.2 基于D-SIBs（2019年）评估方法识别

根据2019年《系统重要性银行评估办法（征求意见稿）》的指标设置和赋权方法[123]，设置四大类指标即规模、关联度、复杂性和可替代性指标，各自赋予25%的权重，四大类指标下的子指标同样按平均等权重原则赋权（表4.9）。所有指标数据根据2018年中国保险年鉴整理获得。

表4.9 基于D-SIBs评估方法的赋权

指标类别	子指标	权重
规模（25%）	总资产 AS_{it}	12.5%
	总收入 RE_{it}	12.5%
关联度（25%）	金融体系内资产 FA_{it}	6.25%
	金融体系内负债 FD_{it}	6.25%
	再保险 RI_{it}	6.25%
	衍生品 DE_{it}	6.25%
复杂性（25%）	非保单持有人负债和非保险收入 NI_{it}	8.33%
	短期融资 SF_{it}	8.33%
	负债流动性 LL_{it}	8.33%

续表

指标类别	子指标	权重
可替代性（25%）	特定业务保费收入 SB_{it}	12.5%
	境内营业机构 BA_{it}	12.5%

资料来源：根据 D－SIBs 评估方法设计整理。

基于 D－SIBs（2019 年）评估方法赋权并根据上述保险机构系统重要性得分公式进行计算，可以得到 2017 年保险机构各类指标和子指标得分、系统重要性得分及排名（表 4.10）。分析系统重要性排名和系统重要性得分、指标和子指标得分情况，所得出的结论基本类同于基于 G－SIIs（2013 年和 2016 年）评估方法主观赋权进行评估所得的结论。

从系统重要性排名来看，保险集团稳居前六名，平安集团排名第一，国寿集团紧随其后；非集团保险公司中人寿保险公司系统重要性凸显，华夏人寿、新华人寿、富德生命分别排名第七、第八和第十；全球系统重要性保险机构在华公司系统重要性尚不明显。

从系统重要性得分来看，平安集团的得分远高于其后国寿集团的得分，人保集团和太保集团位于第三层级，泰康集团、中国太平、华夏人寿、新华人寿、阳光集团、富德生命和中再集团基本上位于第四层级。

从子指标得分来看，平安系统重要性得分位列第一，主要是因为关联度和复杂性得分远高于其他机构；国寿集团位列第二，主要是因为规模大、关联性强和不可替代性程度高；人保集团位列第三，主要是因为规模、复杂程度和不可替代程度的贡献；太保集团位列第四，主要是因为规模、关联度和不可替代程度的贡献。

表 4.10　基于 D－SIBs 评估方法赋权的系统重要性得分

机构名称	规模	关联度	复杂性	替代性	得分	排名
平安集团	0.0820	0.1130	0.1643	0.0418	0.4010	1
国寿集团	0.0567	0.0333	0.0232	0.0479	0.1611	2
人保集团	0.0249	0.0137	0.0223	0.0263	0.0872	3
太保集团	0.0204	0.0247	0.0118	0.0238	0.0806	4
泰康集团	0.0113	0.0212	0.0057	0.0154	0.0536	5
中国太平	0.0104	0.0086	0.0043	0.0179	0.0412	6

续表

机构名称	规模	关联度	复杂性	替代性	得分	排名
华夏人寿	0.0072	0.0148	0.0019	0.0083	0.0321	7
新华人寿	0.0106	0.0051	0.0021	0.0125	0.0303	8
阳光集团	0.0056	0.0034	0.0032	0.0153	0.0274	9
富德生命	0.0067	0.0026	0.0010	0.0106	0.0208	10
中再集团	0.0058	0.0025	0.0049	0.0062	0.0194	11
中华集团	0.0020	0.0015	0.0024	0.0059	0.0118	12
华泰集团	0.0008	0.0016	0.0006	0.0056	0.0086	13
工银安盛	0.0024	0.0004	0.0005	0.0041	0.0073	14
中信保诚	0.0010	0.0003	0.0005	0.0023	0.0040	15
安盛天平	0.0004	0.0009	0.0004	0.0022	0.0038	16
大都会人寿	0.0007	0.0003	0.0003	0.0011	0.0024	17
中英人寿	0.0005	0.0001	0.0001	0.0013	0.0020	18
中德安联	0.0003	0.0001	0.0001	0.0009	0.0014	19
美亚保险	0.0000	0.0010	0.0001	0.0002	0.0014	20
安联财险	0.0000	0.0008	0.0002	0.0001	0.0011	21
同方全球	0.0002	0.0001	0.0001	0.0007	0.0011	22
复星保德信	0.0001	0.0000	0.0000	0.0001	0.0002	23

资料来源：根据实证结果整理。

系统重要性得分与规模、关联度、复杂性和可替代性四类指标之间存在显著的正相关关系（表 4.11）。其中，系统重要性得分与关联度指标相关系数为 0.986，相关强度最高，其次是规模指标，再次是复杂性指标，第四是可替代性指标。

表 4.11　基于 D－SIBs 赋权的系统重要性得分与指标间的相关系数

项目	规模	关联度	复杂性	可替代性	得分
规模	1				
关联度	0.929**	1			
复杂性	0.873**	0.966**	1		
可替代性	0.920**	0.763**	0.651**	1	
得分	0.970**	0.986**	0.960**	0.831**	1

注：**在 0.01 水平（双侧）上显著相关。

从具体子指标来看（表 4.12），除再保险外其他子指标与系统重要性得分之间均具有较强的正相关关系，相关度较高的指标有总资产、金融体系内负债、非保单持有人负债和非保险收入、短期融资和衍生品，其中最高的是总资产，其次是金融体系内负债，再次是非保单持有人负债和非保险收入。总资产相关度最高是由于赋权比重较大所致，金融体系内负债、非保单持有人负债和非保险收入在赋权比重大大降低的情况下仍然相关度较高，说明国内保险业系统性风险确实是金融体系内部关联度增高和非传统非保险类业务活动开展的结果。

表 4.12 基于 D－SIBs 赋权的系统重要性得分与子指标间的相关系数

子指标	AS_{it}	RE_{it}	FA_{it}	FD_{it}	RI_{it}	DE_{it}	NI_{it}	SF_{it}	LL_{it}	SB_{it}	BA_{it}	得分
AS_{it}	1											
RE_{it}	0.931 **	1										
FA_{it}	0.921 **	0.956 **	1									
FD_{it}	0.938 **	0.797 **	0.733 **	1								
RI_{it}	0.141	0.301	0.297	0.026	1							
DE_{it}	0.854 **	0.644 **	0.589 **	0.969 **	−0.146	1						
NI_{it}	0.907 **	0.728 **	0.672 **	0.991 **	−0.068	0.993 **	1					
SF_{it}	0.857 **	0.647 **	0.593 **	0.970 **	−0.145	10.000 **	0.993 **	1				
LL_{it}	0.837 **	0.952 **	0.833 **	0.747 **	0.288	0.596 **	0.675 **	0.598 **	1			
SB_{it}	0.892 **	0.965 **	0.984 **	0.701 **	0.366	0.535 **	0.627 **	0.540 **	0.855 **	1		
BA_{it}	0.702 **	0.848 **	0.750 **	0.603 **	0.422 *	0.414 *	0.505 *	0.417 *	0.845 **	0.793 **	1	
得分	0.987 **	0.910 **	0.861 **	0.974 **	0.147	0.898 **	0.944 **	0.900 **	0.849 **	0.839 **	0.716 **	1

注：* * 在 0.01 水平（双侧）上显著相关，* 在 0.05 水平（双侧）上显著相关。
资料来源：根据实证结果整理。

4.3.3 两种主观赋权法识别结果比较分析

由于赋权比重不同，2017 年保险机构基于 G－SIIs（2013 年和 2016 年）和 D－SIBs（2019 年）赋权的系统重要性得分产生差异，23 家保险机构中 13 家保险机构排名发生变化（表 4.13）。平安集团和国寿集团之外的其他保险机构的排名及稳定性较差。如太保集团和人保集团排名刚好颠倒，在基于G－SIIs 评估方法赋权时排名分别为第三和第四位，在基于 D－SIBs 评估方法赋权时排名为第四和第三，华夏人寿和中国太平、中再集团和富德生命、安盛天平和中信保诚也是相同情况。尤其全球系统重要性保险机构在华所设保险机构，除工银安盛、同方全球和复星保德信外，其他七家排名都发生了变化，稳定性较差。

表 4.13　基于 G – SIIs 和 D – SIBs 评估方法赋权的系统重要性得分比较

保险机构	基于 G – SIIs 评估方法赋权		基于 D – SIBs 评估方法赋权		排名变化
	得分	排名	得分	排名	
平安集团	0.4912	1	0.4010	1	—
国寿集团	0.1292	2	0.1611	2	—
太保集团	0.0789	3	0.0806	4	↓
人保集团	0.0746	4	0.0872	3	↑
泰康集团	0.0582	5	0.0536	5	—
华夏人寿	0.0365	6	0.0321	7	↓
中国太平	0.0322	7	0.0412	6	↑
新华人寿	0.0202	8	0.0303	8	—
阳光集团	0.0185	9	0.0274	9	—
中再集团	0.0156	10	0.0194	11	↓
富德生命	0.0120	11	0.0208	10	↑
中华集团	0.0092	12	0.0118	12	—
华泰集团	0.0064	13	0.0086	13	—
工银安盛	0.0035	14	0.0073	14	—
安盛天平	0.0033	15	0.0038	16	↓
中信保诚	0.0023	16	0.0040	15	↑
美亚保险	0.0022	17	0.0014	20	↓
安联财险	0.0018	18	0.0011	21	↓
大都会人寿	0.0015	19	0.0024	17	↑
中英人寿	0.0010	20	0.0020	18	↑
中德安联	0.0008	21	0.0014	19	↑
同方全球	0.0006	22	0.0011	22	—
复星保德信	0.0001	23	0.0002	23	—

资料来源：根据实证结果整理。

因此，就系统重要性较强和较差的保险机构而言，除平安集团和国寿集团外，其他保险机构排名稳定性都由于赋权比重不同受到较大影响，主观赋权法的科学性、可信度令人质疑。

4.4 基于客观赋权法识别国内系统重要性保险机构

4.4.1 识别指标选择及熵权法赋权

主观赋权法的局限性，导致指标选取和权重设置都受到很大的局限和影响，且其可信度也令人质疑，所以本书进一步运用客观赋权法，不仅根据中国保险机构发展情况确定指标选取，而且采用熵权法，依据各指标包含的信息量客观准确地确定指标权重。本书采用前述分析中的五类 13 个二级指标，其中包含规模、关联度、复杂性、可替代性 4 个正指标和公司治理 1 个逆指标。规模、关联度、复杂性、可替代性指标数据根据 2018 年中国保险年鉴整理获得，公司治理指标数据根据各家公司网站公开信息披露或年报数据整理获得。

在这种多指标综合评价过程中，由于 13 个评价指标的性质存在差异，具有不同的量纲和数量级别，因此需要对原始数据进行标准化处理以提高评价结果的可信度。数据标准化主要是要去除数据的单位限制，将原始数据转化为无量纲的纯数值，从而使得不同单位或量级的指标可以进行比较和加权。

处理方法有直线型方法（如极值法、标准差法）、折线型方法（如三折线法）和曲线型方法（如半正态性分布），具体有 MIN－MAX 标准化（Min－max normalization）、z－score 标准化（zero－mean normalization）、Decimal scaling 小数定标标准化、对数 Logistic 模式、模糊量化模式等。选用不同的标准化方法，会产生不同的评价结果。其中，MIN－MAX 标准化法即最大值—最小值标准化法，是经常使用的一种标准化方法，本书也选用此方法，并分别针对正指标和逆指标进行数据标准化处理。

设评价矩阵有 r 个评价指标，n 个不同取值，则评价矩阵表示如下：

$$\mathrm{M} = \begin{bmatrix} m_{11} & m_{12} & \cdots & m_{1r} \\ m_{21} & m_{22} & \cdots & m_{2r} \\ & \vdots & & \\ m_{n1} & m_{n2} & \cdots & m_{nr} \end{bmatrix} \tag{4.2}$$

对评价矩阵做标准化处理，得到矩阵 M' ：

$$M' = \begin{bmatrix} m'_{11} & m'_{12} & \cdots & m'_{1r} \\ m'_{21} & m'_{22} & \cdots & m'_{2r} \\ & \vdots & & \\ m'_{n1} & m'_{n2} & \cdots & m'_{nr} \end{bmatrix} \tag{4.3}$$

对于规模、关联度、复杂性、可替代性 4 个正指标，标准化的方法为：

$$m'_{ij} = \frac{m_{ij} - \min\limits_{i=1\to n} m_j}{\max\limits_{i=1\to n} m_j - \min\limits_{i=1\to n} m_j} \tag{4.4}$$

对于公司治理这一逆指标，标准化方法为：

$$m'_{ij} = \frac{\max\limits_{i=1\to n} m_j - m_{ij}}{\max\limits_{i=1\to n} m_j - \min\limits_{i=1\to n} m_j} \tag{4.5}$$

式中，$\max m_j$ 和 $\min m_j$ 分别是第 j 个指标各个取值中的最大值和最小值。

各个评估大类指标和子指标的权重根据熵权法加以确定[152]，在存在 r 个评价指标，n 个不同取值的矩阵系统中，第 j 个评价指标的熵值为：

$$R_j = -\frac{1}{\ln n} \times \sum_{i=1}^{n} H_{ij} \ln H_{ij} \tag{4.6}$$

$$(j = 1, 2, \cdots, r)$$

式中，$H_{ij} = \dfrac{m'_{ij}}{\sum_i m'_{ij}}$，且假定 $H_{ij} = 0$ 时，$H_{ij} \ln H_{ij} = 0$，则第 j 个评价指标的熵权（即指标权重）为：

$$w_j = \frac{1 - R_j}{r - \sum\limits_{j=1}^{r} R_j} \tag{4.7}$$

本书设置 13 个评价指标，23 个样本形成不同取值，则评价矩阵 M 为 23 行 13 列矩阵。对此评估矩阵进行 MIN - MAX 标准化处理，分别对规模、关联度、复杂性、可替代性等正指标和公司治理这一逆指标及其下设的子指标进行标准化处理，并运用熵权法进行赋值，由此可得客观赋权法下五类大类指标和子指标各自权重（表 4.14）。

表 4.14 客观赋权法指标选择及权重设置

指标类别	子指标	权重
规模（13%）	总资产 AS_{it}	0.0726
	总收入 RE_{it}	0.0552
关联度（39%）	金融体系内资产 FA_{it}	0.0650
	金融体系内负债 FD_{it}	0.0883
	再保险 RI_{it}	0.0475
	衍生品 DE_{it}	0.1863
复杂性（36%）	非保单持有人负债和非保险收入 NI_{it}	0.1161
	短期融资 SF_{it}	0.1849
	负债流动性 LL_{it}	0.0640
可替代性（8%）	特定业务保费收入 SB_{it}	0.0497
	境内营业机构 BA_{it}	0.0345
公司治理（4%）	第一大股东持股比例 SP_{it}	0.0249
	独立董事在董事会中占比 ID_{it}	0.0111

资料来源：根据指标分析设计和客观赋权结果整理。

4.4.2 客观赋权法识别结果分析

客观赋权法下根据前述保险机构系统重要性得分公式进行计算，可得保险机构各指标得分、系统重要性得分及排名（表4.15）。

从系统重要性得分来看，平安集团得分最高，排名第一；国寿集团得分远低于平安集团，排名第二；第三名之后的保险机构得分与平安集团、国寿集团得分差距较大，尤其是工银安盛以下的全球系统重要性保险机构在华机构的系统重要性得分更低。

从五类指标的得分来看，平安集团的关联度、复杂性和规模得分较高，尤其是关联度和复杂性得分遥遥领先于其他保险机构。平安集团2017年金融体系内的负债规模较大，样本行业占比高达56%，同时衍生品交易规模也占到样本行业的99%，导致平安集团金融体系内关联程度较高；平安集团2017年非传统非保险业务活动收入占到样本行业比重的76%，短期负债的样本行业占比则高达99%，导致平安集团复杂度得分高企。

国寿集团位列第二，主要是因为其规模大、不可替代性程度高，同时关联性和复杂性也强于平安集团以外的其他保险机构。国寿集团规模得分高于平安集团以外的其他保险机构，主要是由于其总资产和总收入规模较大，仅次于平安集团；同时，国寿集团可替代性得分排名第一，主要是由于其特定业务保费收入位列所有保险机构第一，样本行业占比达 25%；国寿集团关联性指标得分较高，是由于其金融体系内资产绝对数量位列第一，样本行业占比 31%，衍生品交易规模绝对数量虽小，但其样本行业占比仅次于平安；国寿集团复杂性得分高于除平安集团以外的其他保险机构，主要是由于其短期融资和非保单持有人负债和非保险收入虽然绝对数量较小，但其规模仅次于平安集团。

表 4.15 客观赋权法下保险机构系统重要性得分

保险机构	规模	关联度	复杂性	可替代性	公司治理	得分	排名
平安集团	0.0433	0.2516	0.2841	0.0146	0.0023	0.5959	1
国寿集团	0.0289	0.0349	0.0225	0.0171	0.0010	0.1044	2
人保集团	0.0121	0.0145	0.0193	0.0084	0.0027	0.0570	3
太保集团	0.0103	0.0225	0.0107	0.0079	0.0024	0.0539	4
泰康集团	0.0058	0.0196	0.0062	0.0051	0.0021	0.0389	5
中国太平	0.0052	0.0091	0.0045	0.0058	0.0020	0.0266	6
华夏人寿	0.0037	0.0127	0.0021	0.0029	0.0023	0.0236	7
新华人寿	0.0055	0.0058	0.0023	0.0043	0.0022	0.0200	8
阳光集团	0.0028	0.0042	0.0031	0.0046	0.0020	0.0167	9
中再集团	0.0028	0.0029	0.0042	0.0024	0.0029	0.0154	10
富德生命	0.0034	0.0028	0.0011	0.0035	0.0023	0.0130	11
中华集团	0.0010	0.0017	0.0021	0.0017	0.0024	0.0089	12
华泰集团	0.0004	0.0013	0.0006	0.0016	0.0012	0.0050	13
工银安盛	0.0012	0.0004	0.0004	0.0014	0.0006	0.0041	14
复星保德信	0.0000	0.0000	0.0000	0.0000	0.0026	0.0027	15
中信保诚	0.0005	0.0003	0.0005	0.0007	0.0005	0.0026	16
安盛天平	0.0002	0.0007	0.0003	0.0006	0.0005	0.0023	17
美亚保险	0.0000	0.0008	0.0001	0.0001	0.0010	0.0019	18
安联财险	0.0000	0.0006	0.0001	0.0000	0.0010	0.0018	19
大都会人寿	0.0004	0.0003	0.0003	0.0004	0.0005	0.0018	20
中英人寿	0.0003	0.0001	0.0001	0.0004	0.0005	0.0014	21
中德安联	0.0001	0.0001	0.0001	0.0003	0.0005	0.0011	22
同方全球	0.0001	0.0001	0.0001	0.0002	0.0005	0.0010	23

资料来源：根据实证结果整理。

系统重要性得分与保险机构关联度和复杂性之间具有极强的相关关系（表4.16），与保险机构规模之间相关关系也较强，可替代性次之，公司治理指标的相关程度较弱。

表4.16 客观赋权法下保险机构系统重要性得分与指标相关程度

项目	规模	关联度	复杂性	可替代性	公司治理	得分
规模	1					
关联度	0.876 **	1				
复杂性	0.845 **	0.995 **	1			
可替代性	0.922 **	0.648 **	0.597 **	1		
公司治理	0.271 **	0.232 **	0.213 **	0.356 **	1	
得分	0.895 **	0.998 **	0.994 **	0.678 **	0.243 **	1

注：* * 在0.01水平（双侧）上显著相关。

资料来源：根据实证结果整理。

从具体子指标来看（表4.17），除再保险、保险机构第一大股东持股比例和独立董事在董事会中的占比等指标外，其他子指标与系统重要性得分之间均具有较强的正相关关系，相关度较高的指标有金融体系内负债、非保单持有人负债和非保险收入、短期融资、衍生品和总资产，其中最高的是金融体系内负债，其次是非保单持有人负债和非保险收入，说明国内保险业系统性风险主要源于金融体系内部关联度增强和非传统非保险类业务活动的开展。

表4.17　客观赋权法保险机构系统重要性得分与子指标相关程度

子指标	AS_{it}	RE_{it}	FA_{it}	FD_{it}	RI_{it}	DE_{it}	NI_{it}	SF_{it}	LL_{it}	SB_{it}	BA_{it}	SP_{it}	ID_{it}	得分
AS_{it}	1													
RE_{it}	0.931**	1												
FA_{it}	0.921**	0.956**	1											
FD_{it}	0.938**	0.797**	0.733**	1										
RI_{it}	0.141	0.301	0.297	0.026	1									
DE_{it}	0.854**	0.644**	0.589**	0.969**	-0.146	1								
NI_{it}	0.907**	0.728**	0.672**	0.991**	-0.068	0.993**	1							
SF_{it}	0.857**	0.647**	0.593**	0.970**	-0.145	1.000**	0.993**	1						
LL_{it}	0.837**	0.952**	0.833**	0.747**	0.288	0.596**	0.675**	0.598**	1					
SB_{it}	0.892**	0.965**	0.984**	0.701**	0.366	0.535**	0.627**	0.540**	0.855**	1				
BA_{it}	0.702**	0.848**	0.750**	0.603**	0.422*	0.414*	0.505*	0.417*	0.845**	0.793**	1			
SP_{it}	0.018	0.101	0.133	-0.111	-0.171	-0.121	-0.106	-0.119	0.157	0.103	-0.203	1		
ID_{it}	0.207	0.258	0.145	0.273	0.342	0.198	0.225	0.196	0.287	0.230	0.452*	-0.539**	1	
得分	0.937**	0.782**	0.728**	0.997**	-0.010	0.979**	0.996**	0.980**	0.727**	0.688**	0.562**	-0.090	0.244	1

注：**在0.01水平（双侧）上显著相关，*在0.05水平（双侧）上显著相关。

资料来源：根据实证结果整理。

4.4.3 主客观赋权法综合比较分析

由于采用的赋权方法不同，基于 G－SIIs（2013 年和 2016 年）和 D－SIBs（2019 年）进行主观赋权的保险机构系统重要性得分不同于客观赋权法下保险机构系统重要性得分，排名也相应地发生变化（表4.18）。

表4.18 不同赋权法系统重要性保险机构排名比较（2017 年）

保险机构	客观赋权		G－SIIs 赋权			D－SIBs 赋权		
	得分	排名	得分	排名	变化	得分	排名	变化
平安集团	0.5959	1	0.4912	1	—	0.4010	1	—
国寿集团	0.1044	2	0.1292	2	—	0.1611	2	—
人保集团	0.0570	3	0.0746	4	↓	0.0872	3	—
太保集团	0.0539	4	0.0789	3	↑	0.0806	4	—
泰康集团	0.0389	5	0.0582	5	—	0.0536	5	—
中国太平	0.0266	6	0.0322	7	↓	0.0412	6	—
华夏人寿	0.0236	7	0.0365	6	↑	0.0321	7	—
新华人寿	0.0200	8	0.0202	8	—	0.0303	8	—
阳光集团	0.0167	9	0.0185	9	—	0.0274	9	—
中再集团	0.0154	10	0.0156	10	—	0.0194	11	↓
富德生命	0.0130	11	0.0120	11	—	0.0208	10	↑
中华集团	0.0089	12	0.0092	12	—	0.0118	12	—
华泰集团	0.0050	13	0.0064	13	—	0.0086	13	—
工银安盛	0.0041	14	0.0035	14	—	0.0073	14	—
复星保德信	0.0027	15	0.0001	23	↓	0.0002	23	↓
中信保诚	0.0026	16	0.0023	16	—	0.0040	15	↑
安盛天平	0.0023	17	0.0033	15	↑	0.0038	16	↑
美亚保险	0.0019	18	0.0022	17	↑	0.0014	20	↓
安联财险	0.0018	19	0.0018	18	↑	0.0011	21	↓
大都会人寿	0.0018	20	0.0015	19	↑	0.0024	17	↑
中英人寿	0.0014	21	0.0010	20	↑	0.0020	18	↑
中德安联	0.0011	22	0.0008	21	↑	0.0014	19	↑
同方全球	0.0010	23	0.0006	22	↑	0.0011	22	↑

资料来源：根据实证结果整理。

通过比较得出如下结论：

首先，保险机构系统重要性评估指标设置可以借鉴 G－SIIs 评估方法，赋权则应当采用熵权法客观赋权。保险机构系统重要性在客观赋权法下的得分和基于D－SIBs赋权的得分不同，但保险机构前九名排名顺序完全一致；基于 G－SIIs 赋权得到的保险机构系统重要性得分和排名与客观赋权法和基于 D－SIBs 赋权所得得分排名和差异较大。客观赋权法和基于 D－SIBs 赋权时的排名尤其是前九名的排名无差异，是因为基于 D－SIBs 赋权时所设置的金融体系内资产、金融体系内负债和再保险等子指标的权重与客观赋权法所赋予的权重较为相近，而关联度指标对系统重要性贡献又较强，以致出现前九名排名无差异的现象；但是客观赋权法和基于 D－SIBs 赋权时其他子指标的权重还是有较大出入的，所以保险机构总体排名并未能够完全吻合。因此，保险机构系统重要性评估应当在评估过程中采用熵权法客观赋值，从而精准确定保险机构系统重要性，以便于确定监管名单和方法，防范系统性风险。基于 G－SIIs赋权得到的保险机构系统重要性得分和排名与客观赋权法和基于 D－SIBs 赋权所得得分排名和差异较大，说明国内外保险市场发育程度存在较大差异，进行保险机构系统重要性识别时，可以基于 G－SIIs 评估方法结合中国保险市场实际发展程度设置评估指标和子指标，但具体的权重设置并不适合中国保险机构系统重要性评估，不能够直接“拿来”，在具体赋权时应该选择按照客观赋权法赋权。

其次，根据 2017 年中国保险机构系统重要性得分，可以确定平安集团系统重要性最高，国寿集团次之，人保集团和太保集团系统重要性得分均低于国寿集团且两者得分较为相近，泰康集团、中国太平、华夏人寿、新华人寿、阳光集团和中再集团得分高于 G－SIIs 在华所设保险机构。在不同赋权法下，平安集团在全国保险机构中的系统重要性水平最高；国寿集团在全国保险机构中的系统重要性水平位列第二；平安集团和国寿集团的系统重要性排名较为稳定；人保集团和太保集团基本位于第三、第四名；G－SIIs 在华所设保险机构的系统重要性水平较低；平安集团、国寿集团、人保集团和太保集团之外的其他保险机构的得分较低，稳定性较差。

在不同的赋权比重导致系统重要性分值和排名发生较大变化的情况下，平安集团依然稳居第一，国寿集团紧随其后，人保集团和太保集团在客观赋权和基于 D－SIBs 赋权时分别位列第三和第四，且与第五名泰康集团有较大差距，但是在基于 G－SIIs 赋权时两者排名刚好相反，但同样与第五名泰康集团有较大差距。由此可见平安集团、国寿集团、人保集团和太保集团的系统重要性强度较高。尤其是平安集团，其得分在两种不同评估方法赋权下分值仍远高于国寿集团和其他保险机构，平安集团的系统重要性强度之高由此可见一斑，那么它在全球系统重要性保险机构评估中能够脱颖而出也是当然之事。

全球系统重要性保险机构在华所设保险机构系统重要性水平较低，主要是由于规模、关联度、复杂性、可替代性及活跃度等都不占优。虽然我国保险业较早对外开放，在金融业中开放程度最高，但是我国保险市场上本土保险机构垄断力量较强，保护主义较为浓厚，因而 G－SIIs 在华所设保险机构往往规模较小，分支机构较少，保险市场份额占有率较低，保险关联程度较弱，导致其系统重要性程度较低。

4.5 保险机构系统重要性聚类分析

本书将利用样本保险系统重要性得分数据值进行聚类分析，以判定系统重要性保险机构。聚类分析是将相似的研究对象进行综合归类，实现“物以类聚”，使得同一类别中的研究对象之间实现同质性最大化，不同类别之间的对象实现异质性最大化，或者说要实现同一类别中的研究对象之间的相似性要显著高于其他类别。

研究对象之间存在程度不同的相似性，聚类分析就是把相似程度较大的研究对象聚合为一类，把另外一些彼此之间相似程度较大的研究对象聚合为另一类……关系密切的聚合到一个较小的分类单位，关系疏远的聚合到一个较大的分类单位，直到把所有的研究对象都聚合完毕，形成由小到大的分类系统。最后针对整个分类系统画成分群图（又称谱系图）以反映所有研究对象间的亲疏关系。本书采用系统聚类法[153]。首先，将 n 个研究对象看成 n 类（一类包含一个样品），然后将性质最接近的两类研究对象合并成一个新类，得到 $n-1$ 类，再从中找出最接近的两类研究对象加以合并，变成 $n-2$

类，……以此类推，直到最后所有的研究对象均在一类。将上述并类过程画成聚类图，便可决定分类数目和具体分类对象。

本书利用 SPSS 软件对 23 家保险机构采用组内连接系统聚类分析方法，针对不同赋权方法下保险机构系统重要性得分数据值进行分析，得出客观赋权法下保险机构系统重要性聚类分析表（表 4.19）和树状图（图 4.1）、基于 G－SIIs（2013 年和 2016 年）赋权的保险机构系统重要性聚类分析表（表 4.20）和树状图（见图 4.2）和基于 D－SIBs（2019 年）赋权的保险机构系统重要性聚类分析表（表 4.21）和树状图（图 4.3）。

表 4.19　客观赋权下保险机构系统重要性聚类分析表

阶	群集组合		系数	首次出现阶群集		下一阶
	群集 1	群集 2		群集 1	群集 2	
1	19	20	0.000	0	0	2
2	18	19	0.000	0	1	5
3	22	23	0.000	0	0	7
4	15	16	0.000	0	0	6
5	18	21	0.000	2	0	7
6	15	17	0.000	4	0	8
7	18	22	0.000	5	3	8
8	15	18	0.001	6	7	11
9	13	14	0.001	0	0	11
10	9	10	0.001	0	0	13
11	13	15	0.001	9	8	12
12	12	13	0.002	0	11	18
13	9	11	0.002	10	0	16
14	6	7	0.003	0	0	17
15	3	4	0.003	0	0	20
16	8	9	0.004	0	13	17
17	6	8	0.006	14	16	19
18	5	12	0.007	0	12	19
19	5	6	0.012	18	17	20
20	3	5	0.018	15	19	21
21	2	3	0.024	0	20	22
22	1	2	0.072	0	21	0

资料来源：根据客观赋权法下系统重要性得分聚类分析而得。

根据客观赋权法下的保险系统重要性聚类分析表（表4.19）和树状图（见图4.1），结合国内保险公司发展情况，可以将23家保险公司划分为四类，第一类为平安集团，第二类为国寿集团，第三类为太保集团和人保集团，第四类为其他19家保险公司。

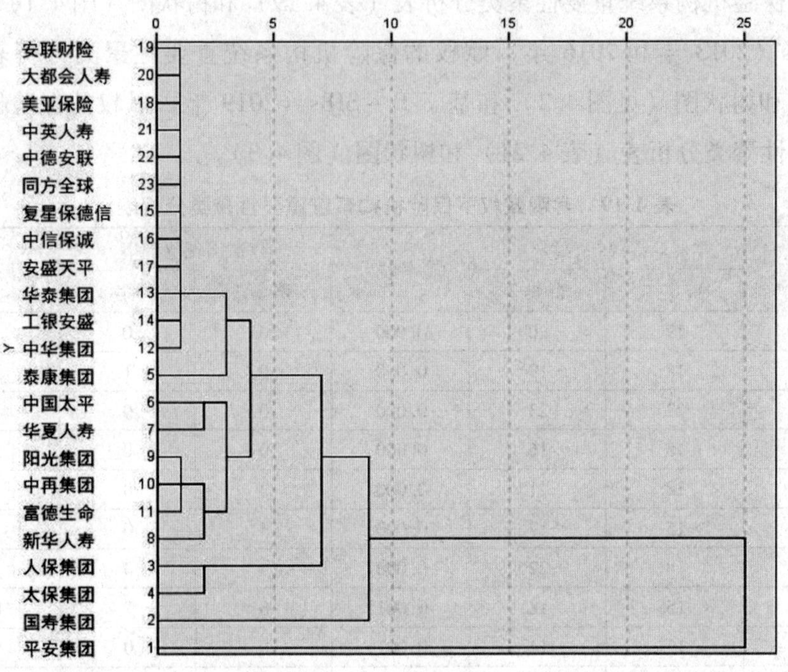

图4.1 客观赋权法下的保险机构系统重要性聚类分析树状图

资料来源：根据客观赋权法下系统重要性得分聚类分析而得。

同样，分析主观赋权法下的保险系统重要性聚类分析表和树状图，也可以得到保险公司的系统重要性分类。

首先，就基于G－SIIs（2013年和2016年）赋权的保险机构系统重要性聚类分析表（表4.20）和树状图（图4.2）加以分析，可以将23家保险公司划分为以下四类：第一类为平安集团，第二类为泰康集团、太保集团和人保集团，第三类为国寿集团，第四类为剩余18家保险公司。

表 4.20　基于 G－SIIs 赋权的保险机构的系统重要性聚类分析表

阶	群集组合		系数	首次出现阶群集		下一阶
	群集 1	群集 2		群集 1	群集 2	
1	16	18	0.000	0	0	6
2	21	22	0.000	0	0	4
3	14	17	0.000	0	0	9
4	21	23	0.000	2	0	7
5	19	20	0.000	0	0	6
6	16	19	0.000	1	5	8
7	15	21	0.000	0	4	8
8	15	16	0.001	7	6	9
9	14	15	0.001	3	8	11
10	8	9	0.002	0	0	13
11	13	14	0.002	0	9	14
12	11	12	0.003	0	0	14
13	8	10	0.003	10	0	17
14	11	13	0.004	12	11	17
15	6	7	0.004	0	0	18
16	3	4	0.004	0	0	19
17	8	11	0.007	13	14	18
18	6	8	0.012	15	17	20
19	3	5	0.014	16	0	21
20	2	6	0.023	0	18	21
21	2	3	0.032	20	19	22
22	1	2	0.070	0	21	0

资料来源：对基于 G－SIIs 赋权的系统重要性得分聚类分析而得。

其次，就基于 D－SIBs（2019 年）赋权的保险机构系统重要性聚类分析表（表 4.21）和树状图（图 4.3）加以分析，则可以将 23 家保险公司划分为以下四类：第一类为平安集团，第二类为国寿集团，第三类为太保集团和人保集团，第四类为剩余 19 家保险公司。

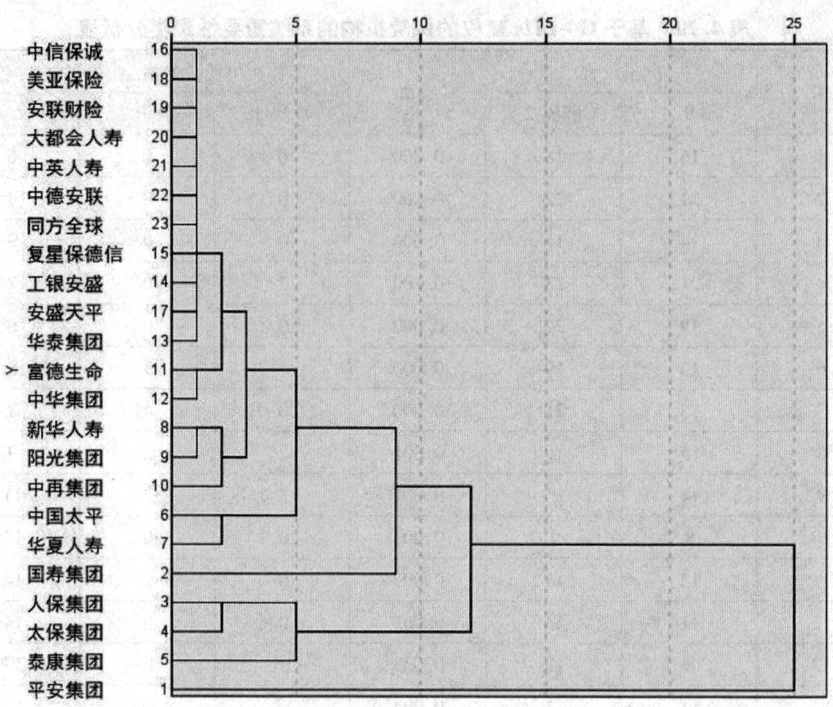

图 4.2　基于 G－SIIs 赋权的保险机构系统重要性聚类分析树状图

资料来源：对基于 G－SIIs 赋权的系统重要性得分聚类分析而得。

表 4.21　基于 D－SIBs 赋权的保险机构的系统重要性聚类分析表

阶	群集组合		系数	首次出现阶群集		下一阶
	群集 1	群集 2		群集 1	群集 2	
1	19	23	0.000	0	0	3
2	18	22	0.000	0	0	3
3	18	19	0.000	2	1	6
4	16	17	0.000	0	0	10
5	20	21	0.000	0	0	7
6	15	18	0.001	0	3	7
7	15	20	0.001	6	5	10
8	13	14	0.001	0	0	12
9	10	11	0.001	0	0	16
10	15	16	0.001	7	4	12
11	7	8	0.002	0	0	13

续表

阶	群集组合		系数	首次出现阶群集		下一阶
	群集 1	群集 2		群集 1	群集 2	
12	13	15	0.003	8	10	14
13	7	9	0.003	11	0	16
14	12	13	0.004	0	12	17
15	3	4	0.007	0	0	20
16	7	10	0.007	13	9	18
17	6	12	0.009	0	14	19
18	5	7	0.014	0	16	19
19	5	6	0.017	18	17	20
20	3	5	0.027	15	19	21
21	2	3	0.037	0	20	22
22	1	2	0.066	0	21	0

资料来源：对基于 D－SIBs 赋权的系统重要性得分聚类分析而得。

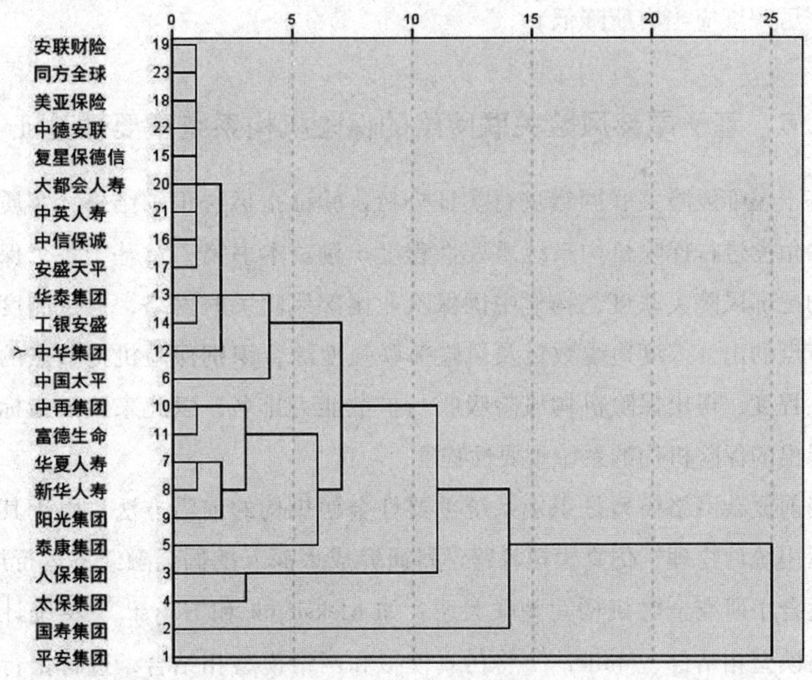

图 4.3 基于 D－SIBs 赋权的保险机构系统重要性聚类分析树状图

资料来源：对基于 D－SIBs 赋权的系统重要性得分聚类分析而得。

可见，客观赋权法所得保险系统重要性聚类结果和基于 D－SIBs 赋权的保险系统重要性聚类结果较为相似，平安集团为一类，国寿集团为一类，太保集团和人保集团为一类，剩余保险机构为一类。基于 G－SIIs 赋权所得保险系统重要性聚类结果则与上述两类聚类结果大相径庭。由此再次验证之前的结论，基于 G－SIIs 评估方法可以设置评估指标，却不适宜于基于 D－SIBs 进行赋权设置。

本书根据客观赋权法的保险系统重要性聚类结果，认定平安集团、国寿集团、太保集团和人保集团为国内系统重要性保险机构，其他保险集团和保险公司为非系统重要性保险机构。由于平安集团、国寿集团、太保集团和人保集团的系统重要性得分和系统重要性程度存在较大差异，因此根据系统聚类分析结果对其进行分组以便实施差异化监管。其中，平安集团系统重要性程度最高，故为第一组别，系统重要性监管应当最为严格；国寿集团次之即为第二组别，太保集团和人保集团为第三组别，相应第二组别和第三组别的监管严厉程度应当有所降低。

4.6 基于尾部风险关联网络的保险机构系统重要性验证

基于尾部风险关联网络进行实证分析，验证指标法识别结果，实质是从市场法角度进行保险机构系统重要性程度识别。本书第 3 章基于各个保险机构间的尾部风险关联度，构建中国保险业尾部风险关联网络，通过测度保险机构节点的出、入度边线数量及风险关联强度综合识别保险机构节点的系统重要性程度，得出保险机构风险吸收与扩散能力排名，以此来验证指标法下识别得出的保险机构的系统重要性程度。

当前复杂网络模型是识别系统重要性金融机构的前沿方法，由于其能够综合运用统计物理、仿真模拟等跨学科研究成果深入挖掘金融经济运行规律，尤其适合于研究金融机构间关联关系。如 Aleksiejuk 和 Holyst[154] 将统计物理和网络模型相结合、Muller[155] 将仿真模拟和网络模型相结合，进行银行间市场风险传染问题分析。次贷危机爆发后，风险传导的网络结构特征更是受到前所未有的关注和发展。很多学者开始基于尾部关联思想建立网络模型，如

Hautsch 等[156]基于尾部风险暴露（VaR）构建网络模型探讨风险传播路径、Hardle 等[157]基于尾部风险关联度（CoVaR）构建风险关联矩阵，就系统风险贡献度指数和网络模型中风险溢出的关键节点加以定义和识别。

国内学者对复杂网络模型在金融领域的运用虽处于起步阶段，但也有不少学者从多个角度进行了积极探索和尝试。如李政等[158]基于金融机构收益率关联构建网络模型研究上市金融机构关联性；邓向荣和曹红[159]基于股价直接关联信息构建金融风险传染网络，通过分析节点出度、K－核分解值等指标评估识别系统重要性金融机构；欧阳红兵和刘晓东[160]基于金融机构相关系数构建网络结构模型，通过最小生成树（MST）和极大平面过滤图（PMFG）算法动态识别金融机构节点的系统重要性程度；叶莉等[161]基于尾部关联构建风险网络结构，通过系统性风险指数分析金融机构风险吸收与扩散能力。

综上，国内学者金融风险网络结构研究方始起步，且研究主要从银行业或者金融市场角度构建网络模型，基于保险机构间的尾部风险关联度构建中国保险业尾部风险关联网络模型尚属试水。本节拟基于第 3 章所得保险机构尾部风险关联度，通过 Python 语言设计程序，结合极大平面过滤图（PMFG）算法，生成可视化金融风险传染网络，构建沪深两市 43 家保险类、银行类和证券类机构尾部风险溢出有向赋权网络，测度保险机构节点的出、入度边线数量及风险关联强度来综合识别保险机构节点的系统重要性程度，得出保险机构风险吸收与扩散能力排名，验证保险机构的系统重要性程度。

4.6.1 尾部风险关联网络模型

基于尾部风险溢出效应构建中国保险业尾部风险关联网络，是基于测量保险机构间尾部关联的 CoVaR 方法生成风险溢出网络结构。这一研究首先要基于机构间的尾部风险关联度（ΔCoVaR）构建风险溢出网络矩阵，测度样本机构系统风险贡献度指数和暴露指数，确定样本机构的总体溢出强度。其次以 ΔCoVaR 矩阵网络为基础，基于 PMFG 算法获取样本机构之间的关联信息，生成可视化风险溢出网络图，通过观察和测度网络节点的出入度及连边指向（风险传染路径）、点权（风险传播强度）和节点出入度中心性（风险传播范围）综合识别保险机构节点的系统重要性程度。

1. 基于 CoVaR 方法的网络构建

尾部相依性可以衡量极端情况下金融机构间的关联程度，即在某一金融机构发生极端风险时其他金融机构也遭受极端风险的概率，因此进行金融机构间的尾部相依性衡量可以在明确其间关联程度的同时，明确金融机构彼此之间的尾部风险相依关系。故本书首先基于分位数回归的 CoVaR 方法计算金融机构之间的相关系数以便构建尾部风险关联网络。

通过分位数回归可得样本机构间的 VaR、CoVaR 和 ΔCoVaR（具体推导过程见第 3 章）：

$$VaR_{q,t}^{i} = \widehat{\alpha_q^i} + \widehat{\theta_q^i} M_{t-1} \tag{4.8}$$

$$CoVaR_{q,t}^{j|X^i=VaR_q^i} = \hat{\alpha}_q^{j|i} + \hat{\beta}_q^{j|i} VaR_{q,t}^{i} + \hat{\theta}_q^{j|i} M_{t-1} \tag{4.9}$$

$$\Delta CoVaR_{q,t}^{j|i} = CoVaR_{q,t}^{j|X^i=VaR_q^i} - CoVaR_{q50\%,t}^{j|X^i=Median^i} = \hat{\beta}_q^{j|i}(VaR_{q,t}^{i} - R_{50\%,t}^{i}) \tag{4.10}$$

式（4.10）中回归系数 $\hat{\beta}_q^{j|i}$ 是在一定分位数水平下（此处为 q ）金融机构 i 对另一金融机构 j 的风险溢出系数；$\Delta CoVaR_{q,t}^{j|i}$ 则是在一定分位数水平下（此处为 q）金融机构 i 对另一金融机构 j 的尾部风险传染强度。前者对金融机构 i 的自身风险变化未加考虑，而后者则将金融机构 i 的自身风险动态变化考虑在内。

由于存在相互关联的金融机构之间会有风险溢出，因此就会有双向的 $\hat{\beta}$ 与 $\Delta CoVaR_t$ 产生，基于此可以分别构建 N 阶邻接矩阵 $A(V, W_t)$，其中 V 为节点的集合，W 为连边的集合。复杂网络结构中，网络节点为保险及银行、证券等金融机构，网络连边集合为 $W_t = \{\omega_t^{ij} = \hat{\beta}_{q,t}^{j|i}\}$ 或 $W_t = \{\omega_t^{ij} = \Delta CoVaR_{q,t}^{j|i}\}$，连边 ω_t^{ij} 是由节点 i 即金融机构 i 指向节点 j 即另一金融机构 j 的连边，连边权重分别为风险溢出系数 $\hat{\beta}_{q,t}^{j|i}$ 或尾部风险传染强度 $\Delta CoVaR_{q,t}^{j|i}$，权重大小不同在网络中表现为连边的粗细程度不同。因为 $\omega_t^{ij} \neq \omega_t^{ji}$，所以风险溢出系数网络和尾部风险传染强度网络均为有向加权全连接网络。

2. 行业整体系统风险测度

基于风险溢出系数 $\hat{\beta}$ 构建邻接矩阵 A_{β} [157]，并从行业角度出发定义系统风险贡献指数（Scon - index）和系统风险暴露指数（Sexp - index），可以进行行业整体系统风险测度，确定行业风险外溢和接收能力。

若连边权重为风险溢出系数 $\hat{\beta}$，则网络连边集合为 $W_t=\{\omega_t^{ij}=\hat{\beta}_{q,t}^{j|i}\}$，风险溢出系数邻接矩阵 A_β 构建如下：

$$
\begin{array}{c}
\begin{array}{cccccccccc} & x_{i_1} & x_{i_2} & \cdots & x_{i_{n1}} & \cdots & x_{b_{n2}} & \cdots & x_{s_{n3}} & \text{to} \end{array} \\
\begin{array}{c} x_{i_1} \\ x_{i_2} \\ \vdots \\ x_{i_{n1}} \\ \vdots \\ x_{b_{n2}} \\ \vdots \\ x_{s_{n3}} \end{array}
\begin{bmatrix}
0 & \omega_{i_2|i_1} & \cdots & \omega_{i_{n1}|i_1} & \cdots & \omega_{b_{n2}|i_1} & \cdots & \omega_{s_{n3}|i_1} \\
\omega_{i_1|i_2} & 0 & \cdots & \omega_{i_{n1}|i_2} & \cdots & \omega_{b_{n2}|i_2} & \cdots & \omega_{s_{n3}|i_2} \\
\vdots & \vdots & & \vdots & & \vdots & & \vdots \\
\omega_{i_1|i_{n1}} & \omega_{i_2|i_{n1}} & \cdots & 0 & \cdots & \omega_{b_{n2}|i_{n1}} & \cdots & \omega_{s_{n3}|i_{n1}} \\
\vdots & \vdots & & \vdots & & \vdots & & \vdots \\
\omega_{i_1|b_{n2}} & \omega_{i_2|b_{n2}} & \cdots & \omega_{i_{n1}|b_{n2}} & \cdots & 0 & \cdots & \omega_{s_{n3}|b_{n2}} \\
\vdots & \vdots & & \vdots & & \vdots & & \vdots \\
\omega_{0|s_{n3}} & \omega_{i_2|s_{n3}} & \cdots & \omega_{i_{n1}|s_{n3}} & \cdots & \omega_{b_{n2}|s_{n3}} & \cdots & 0
\end{bmatrix}
\begin{array}{c} \sum_{j=1}^{p}\omega_{j|i_1} \\ \vdots \\ \\ \\ \\ \\ \\ \\ \end{array} \\
\begin{array}{ccc} \text{From} \quad \sum_{i=1}^{p}\omega_{i_1|i} & \cdots & \sum_{j=1}^{p}\sum_{i=1}^{p}\omega_{j|i} \end{array}
\end{array}
$$

邻接矩阵中，P 为网络节点即金融机构的总个数，n_1，n_2，n_3 分别为保险业、银行业和证券业机构节点个数，i，b，s 分别代表保险业、银行业和证券业的英文缩写（insurer、banking、securities）。由于关联关系较弱或不存在关联关系的金融机构之间也不存在风险联动关系，因此进行分位数回归时 $\hat{\beta}$ 系数可能并不显著，在邻接矩阵中将此 $\hat{\beta}$ 系数记为 0。同时，金融机构自身的风险溢出系数为 0，故此邻接矩阵中对角线矩阵为 0。

邻接矩阵中行向量为机构 i 处在极端条件下其风险溢出至其他金融机构 j，列向量表示为其他金融机构处在极端条件下机构 i 所承受或接收的风险。因而单个金融机构的系统风险贡献度指数（Scon - index）C^x 和系统风险暴露指数（Sexp - index）E^x 可以定义为：

$$
C^x=\frac{\sum_{j=1}^{p}\omega_{j|x}}{\sum_{j=1}^{p}\sum_{i=1}^{p}\omega_{j|i}}VaR^x \tag{4.11}
$$

$$E^{x}=\frac{\sum_{i=1}^{p}\omega_{x|i}}{\sum_{j=1}^{p}\sum_{i=1}^{p}\omega_{j|i}}VaR^{x} \tag{4.12}$$

为衡量行业间风险溢出和接收，基于单个金融机构的系统风险贡献度指数和风险暴露指数，构建行业风险贡献指数与暴露指数，此处以保险机构为例定义保险行业风险贡献度指数 $C_{q,t}^{I,x}$ 和保险行业风险暴露指数 $E_{q,t}^{I,x}$ ，相应可以得到银行类金融机构的 $C_{q,t}^{B,x}$ ，$E_{q,t}^{B,x}$ 和证券类金融机构的 $C_{q,t}^{S,x}$ ，$E_{q,t}^{S,x}$ ：

$$C^{I,x}=\frac{n_1\sum_{i=1}^{n_1}\omega_{x|Ii}}{p\sum_{j=1}^{n_1}\sum_{i=1}^{n_1}\omega_{Ij|Ii}}\mathrm{VaR}^{I,x} \tag{4.13}$$

$$E^{I,x}=\frac{n_1\sum_{j=1}^{n_1}\omega_{x|Ij}}{p\sum_{j=1}^{n_1}\sum_{i=1}^{n_1}\omega_{Ij|Ii}}\mathrm{VaR}^{I,x} \tag{4.14}$$

3. 复杂网络构建算法选择

风险溢出系数网络和尾部风险传染强度网络均为有向加权全连接网络，任意两个节点之间都存在风险溢出和接收连边，以致复杂网络中冗余信息过多。将复杂网络系统转化成可直观反映风险传递主要路径的可观测网络的方法主要有最小生成树法（MST）和平面极大过滤图法（PMFG）。通过运用MST算法和PMFG算法均可基于相关系数构建有向加权尾部风险关联网络，生成原距离网络的子图。

运用MST算法构建的子图，要求连边距离之和最小且节点不能连接成环，以致 n 个节点最多有 $n-1$ 条连边。MST图追求至简以致图中所反映的是系统性风险传染度最高的连接，因而略去了过多的有效信息，形成过度过滤以致信息包含不够完整，这一算法显然不适用于研究传染强度低于银行类机构的保险行业。

运用PMFG算法生成的子图，弥补了MST不能成环、连边较少、包含信息不完整的缺陷，其节点个数与原图相同，在保证连边距离之和最小的同时突破不能成环的约束，新边加入只需仍保证平面图性质即可。较为宽松的

PMFG 算法能够保留更多的信息，其连边数量达到 $3n-6$ 条。

由于保险业系统性风险虽然存在，但其风险溢出效应弱于银行业机构，强于证券业机构，因此运用 MST 算法构建的子图很难给出保险机构节点的风险传递关键路径和完整信息，但 PMFG 算法在去除冗余信息保证简洁的同时，确保尾部风险联动、关联网络连通且信息完整。基于 PMFG 算法生成的子图可以直观反映与保险机构节点密切联动的关联机构及风险传递关键路径、范围和风险传播强度。因此，本书选用 PMFG 算法构建网络子图。

4. PMFG 网络节点的特征

PMFG 网络节点的特征可以从风险传递路径、风险传播强度、风险传播范围等方面进行描述。

PMFG 网络节点的风险传递路径可以通过观察节点连边方向及指向对象加以明确。若连边由节点 i 指向其他节点 j，意味着机构 i 风险溢出至机构 j；若连边由节点 j 指向节点 i，意味着机构 i 接受机构 j 风险溢出。风险传递路径的多寡可以借由节点的入度 K_i^{in} 和出度 K_i^{out} 进行衡量。节点入度 K_i^{in} 即指向节点 i 的连边数量，入度越大，说明其他机构风险向机构 i 传递的路径越多；节点出度 K_i^{out} 即节点 i 指向其他节点的连边的数量，出度越大，说明机构 i 向其他机构传递风险的路径越多。

PMFG 网络节点的风险传播强度主要通过节点的发散强度和吸收强度进行衡量。由于 PMFG 网络是有向加权网络，节点 i 的发散强度即其指向其他节点的连边的权重之和，节点 i 的吸收强度即指向该节点的连边的权重之和，发散强度或吸收强度越大，该节点或机构的风险传播强度越高。

PMFG 网络节点的风险传播范围主要通过相对出度和入度中心性加以衡量。入度中心性较高，意味着该结构是主要的风险接收者；出度中心性较高，意味着该机构是主要的风险输出者。若 PMFG 网络节点有 n 个，节点度最大为 $n-1$，i 点的相对入度中心性DC_i^{in}与相对出度中心性DC_i^{out}定义为：

$$DC_i^{in} = k_i^{in}/(n-1)\ ,\ DC_i^{out} = k_i^{out}/(n-1) \tag{4.15}$$

4.6.2 保险机构系统重要性程度验证

本书基于第3章研究，选取4家上市保险公司、23家上市证券公司、16家上市银行共43家机构作为复杂网络节点，并以第3章基于分位数回归计算所得$\hat{\beta}$为连边权重，建立溢出系数网络邻接矩阵。由于分位数回归过程中$\hat{\beta}$系数不显著时系数记作0，机构自身溢出系数也为0（即对角线矩阵为0），因此，最终得到的43家金融机构邻接矩阵A_β包含非零数据1827个。

1. 系统风险指数测度

根据定义式（4.11）与式（4.12），可以得到溢出系数网络中43家机构的系统风险贡献指数及暴露指数（表4.22）[①]。根据行业风险贡献度指数和暴露指数公式可以得到保险、银行和证券行业的平均系统风险贡献度指数及暴露指数（表4.23）。

分析结论一：从行业系统风险贡献度指数看（表4.23），国内保险业经营活动会促成系统性风险。保险业的系统风险贡献度指数（2.2501）介于银行业与证券业之间，低于银行业（2.2708），高于证券业（2.2337）。

国内银行业系统性风险贡献度指数最高，主要是由于近年来银行加大对中小微企业的支持，以致不良贷款增加，实体企业经营风险借由信贷渠道和资产价格渠道转移到银行体系并向证券、保险行业溢出。保险业的承保业务在管理风险的过程中积聚风险，其投资业务同样承受市场风险，保险两大业务发展过程中行业内部风险积聚并通过众多关联渠道导致其他行业受到其影响。证券业同样通过其自营业务等存在风险溢出，但其系统风险贡献度指数最低。

国内保险业经营对系统性风险形成产生影响，主要是因为：一方面，保险集团化趋势增强，大型保险集团的经营困难或破产倒闭，将导致大量个人、家庭和企业遭受损失。保险公司资产规模和收入规模越大，承保业务种类越多，其可替代性越低，其在经营过程中一旦出现问题，对金融市

① 由于式(4.13)中VaR_i序列均为负值，为考虑数据直观性，表4.22和表4.23中数据均扩大100倍，排序方法为绝对值由大到小。

场和实体经济的冲击越大，系统风险贡献度越大。另一方面，混业经营趋势下不同金融机构的产品、功能趋同化可能会导致信用风险扩展和蔓延。我国大型保险集团日益增加，其通过控股等方式进行混业经营，与此同时保险公司分红保险、投连险产品等理财产品的开发，银保渠道业务增加、保险资金投资资本市场品种和范围拓展，使其与银行业、证券业产生较为密切的关联关系，当保险公司发生经营困难或破产倒闭等风险事件时，风险极易传导至其他金融机构。

表 4.22　金融机构系统风险贡献指数与系统风险暴露指数

公司名称	系统风险贡献度指数	排名	系统风险暴露指数	排名	公司名称	系统风险贡献度指数	排名	系统风险暴露指数	排名
中国平安	2.6004	11	2.2205	24	国元证券	2.1873	29	2.5766	12
新华保险	1.8368	36	2.5749	13	国海证券	1.8307	37	2.7815	1
中国太保	2.2284	27	2.3219	20	广发证券	2.6231	10	2.5031	14
中国人寿	2.3343	23	2.3186	21	长江证券	2.3229	24	2.6199	8
平安银行	2.3840	20	2.4311	19	越秀金控	1.3496	40	1.4239	43
宁波银行	2.3874	19	2.3167	22	山西证券	2.1057	31	2.6520	4
浦发银行	2.8685	4	1.9429	33	中信证券	2.5475	15	2.6430	6
华夏银行	3.0749	1	2.2049	26	国投资本	1.3140	41	2.2867	23
民生银行	2.5784	12	2.0282	32	国金证券	1.8627	34	2.7176	3
招商银行	2.3531	22	1.9191	34	华创阳安	0.8228	43	1.5932	39
南京银行	2.5725	13	2.2126	25	西南证券	2.1769	30	2.4659	18
兴业银行	2.9513	3	2.0660	30	华鑫股份	1.1563	42	2.0729	29
北京银行	2.8143	5	1.8718	37	海通证券	2.5512	14	2.5918	11
农业银行	2.9540	2	1.5445	41	哈投股份	1.3924	39	2.0435	31
交通银行	2.7799	6	1.9172	35	招商证券	2.4327	18	2.6006	10
工商银行	2.6888	7	1.4557	42	太平洋证券	2.0266	33	2.4836	16
光大银行	2.6258	9	1.8864	36	兴业证券	2.3047	25	2.6310	7
建设银行	2.4917	16	1.8185	38	东吴证券	2.1966	28	2.6511	5
中国银行	2.6285	8	1.5652	40	华泰证券	2.3791	21	2.7243	2
中信银行	1.8548	35	2.1909	27	光大证券	2.4516	17	2.6150	9
东北证券	2.2975	26	2.4941	15	方正证券	2.0470	32	2.4667	17
锦龙股份	1.4072	38	2.1182	28					

资料来源：本表根据实证结果整理而得。

国内保险业系统性风险贡献指数低于银行业，原因在于：首先，保险业传统承保业务引致系统性风险的可能性较小[29]；其次，创新型保险业务虽然可能引致系统性风险，但是国内创新型保险业务并未取得很大发展，在保险业务中占据比重较小，尚未构成风险源[41]；最后，保险业投资业务在投资渠道极大拓展的情况下，可能导致系统性风险，但是近年国内保险业监管较为严格，保险投资风险得到一定控制。因此，国内保险业系统风险贡献指数低于银行业。

表 4.23　各金融行业系统风险贡献指数与系统风险暴露指数

行业名称	系统风险贡献度指数	系统风险暴露指数
保险业	2.2501	2.2483
银行业	2.2708	2.2691
证券业	2.2337	2.2319

资料来源：本表根据实证结果整理而得。

分析结论二：从行业系统风险暴露指数看（表 4.23），国内保险业在其他行业遭受损失时会受到影响。保险业的风险暴露指数（2.2483）介于银行业和证券业之间，低于银行业（2.2691），高于证券业（2.2319）。

银行业风险暴露度均值最高且排行前十的机构中有 9 家为银行，保险业其次，表明银行业和保险业是主要的风险接收行业，均通过尾部风险联动受到危机行业或机构较大影响，积聚产生系统性风险；而证券业则受到危机影响较小，系统风险暴露度指数较低。

保险业由于其他行业风险引致可能发生系统性风险，主要是因为在金融综合经营背景下，保险公司通过传统保险业务、非传统保险业务与非传统非保险业务的开展，与其他金融机构之间形成关联关系，建立交易对手关系，形成交易对手风险敞口，其他金融机构经营困难或破产倒闭将导致与其存在业务关联的保险机构遭受影响，甚至发生危机。如保险公司承保业务中，信用保险等业务规模不断增加使得保险经营受到信用风险影响，因此银行业机构风险将对保险公司经营产生较大影响；保险公司资金运营业务开展使其在资本市场投资过程中，极易遭受证券类机构股价波动及理财产品风险影响，因此证券业机构风险也将对保险公司经营产生影响。

分析结论三：从保险业内部风险指数看（表 4. 22），系统风险贡献度指数由高到低为中国平安（2. 6004）、中国人寿（2. 3343）、中国太保（2. 2284）和新华保险（1. 8368），系统风险暴露指数由低到高为中国平安（2. 2205）、中国人寿（2. 3186）、中国太保（2. 3219）和新华保险（2. 5749），说明风险输出能力较高的保险机构，风险吸收能力也较强。

中国平安系统性风险贡献度指数远高于中国人寿、中国太保和新华保险，说明中国平安系统重要性程度较高，也说明中国平安何以位列全球 9 家系统重要性保险机构。中国平安系统重要性程度较高主要是由于其资产规模和收入远大于其他保险机构，其金融体系内负债及衍生品交易规模在保险行业中占比较高，同时中国平安积极建设境内外分支机构，拓展非传统非保险业务，短期负债也居于行业第一，以致其与其他机构的关联度和复杂度较高，其一旦遭受损失或经营失败，其他机构不仅难以取而代之，而且其对其他机构的影响较为强烈。而中国人寿、中国太保和新华保险的规模、关联度、复杂性、活跃度和可替代性远不及中国平安，因而其系统性风险贡献度指数较低。同时，中国平安资本实力雄厚，资产规模较大，偿付能力充足，盈利能力较强，因而其风险吸收能力远高于中国人寿、中国太保和新华保险，故其风险性暴露指数低于新华保险、中国人寿和中国太保。

2. 尾部风险关联网络特征

基于第 3 章运用 Python 的 statsmodels 模块作循环分位数回归所得 ΔCoVaR 的平均值，构建 43 × 43 的 ΔCoVaR 邻接矩阵，借助 matlab 程序生成 PMFG 网络矩阵，再由 Python 的 networkx 与 matplotlib 模块进行绘制，得到金融机构间风险溢出均值的极大平面过滤图（图 4. 4）。

图 4. 4 风险溢出均值 PMFG 图节点为 43 个（编号为 0 – 42），加权连边数量为 123 条，平均路径长度为 3. 409，连边中 ΔCoVaR 绝对值最大为 0. 0314，最小为 0. 0026，PMFG 图展示了样本机构间尾部风险传递的关键路径。43 个节点中，5 个节点（中国平安、平安银行、浦发银行、海通证券、招商证券）为纯粹的风险输出者，连边全部指向其他节点（机构）；1 个节点（国投资本）为纯粹的风险吸收者，连边全部指向自身；其余 37 个节点（即 37 家机

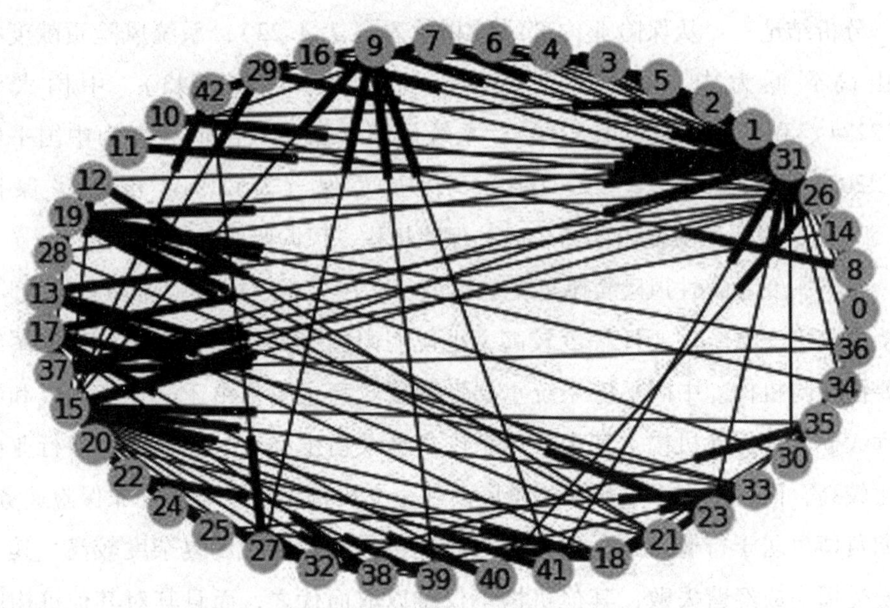

图 4.4　样本机构间风险溢出均值的极大平面过滤图

构），既是风险的接收机构，也是风险的输出机构，连边为双向指向。对 PMFG 图中机构间连边指向加以整理可以得出样本行业间风险流向（表 4.24）。

表 4.24　样本行业间风险流向统计表

传播方向↓	保险	银行	证券	总计
保险	0	3	5	8
银行	5	12	33	50
证券	3	37	25	65
总计	8	52	63	123

资料来源：本表根据实证结果整理而得。

将 PMFG 图（图 4.4）与行业间风险流向统计表（表 4.24）相结合，不仅可以明晰行业风险流向，而且能够更好地阐释行业系统性风险贡献和风险暴露的排名。

首先，PMFG 图中保留尾部风险传递关键路径信息，显示风险传递过程中形成明显的行业特征：保险业内部的风险溢出为零，意味着经 PMFG 算法生成的平面极大过滤图在信息筛选过程中剔除了相对较小的保险机构间风险溢出，相比之下，保险业向证券业、银行业的风险溢出比保险业内部更为明显，且风险也主要来自证券业（5/8）和银行业（3/8）；风险在证券业内部的传递较为密集（20家证券机构间存在25条路径），向行业外溢出主要针对银行（33/63）；风险在银行业内部的传递较为稀疏（16家银行间仅存在12条路径），向外溢出主要针对证券业（37/52）。

其次，基于PMFG图进行样本行业间风险流向分析，发现证券业连边较多（63/123），且多从证券内部指向行业外（5+33/63），说明证券行业对风险有较强的发散作用，为系统性风险的形成埋下了隐患。

最后，相对于银行业与证券业的风险溢出效应而言，保险业的溢出效应相对较低，但指向保险机构的8条网络连边中有5条源自证券业，这反映了保险机构受到证券机构影响较为强烈；同时保险内部向行业外指向的箭头较多（8/8），其中向证券机构指向的箭头（3/8）要少于向银行机构指向的箭头（5/8），说明保险机构对银行机构的影响要大于其对证券机构的影响。

3. 保险机构系统重要性程度分析

保险机构系统重要性程度可以通过结合网络关键节点特征信息，测度网络节点的出、入度（边线数量）及点权（风险传播强度），节点出、入度中心性（风险传播范围）综合识别保险机构节点的系统重要性程度（表4.25和表4.26）。

中国平安（编号为0），由于其入度为0，故吸收强度和入度中心性指标均为0，向内指向性节点的特征指标样本机构排名[①]为39，在四家保险机构中列为最末。入度中心性越高，该机构越易遭受风险输出能力较强机构的影响。但是中国平安入度特征向量中心性低至为0，意味着中国平安遭受的来自其他机构的系统性风险影响较小，其由于外来风险引致系统性风险的可能性较低。中国平安出度为4，发散强度为0.0938，出度中心性为0.0952，发散强度在样本机构排名第8，但是在四家保险机构中排名第1。机构出度中心性越高，

① 由于出度、入度、出度中心性、入度中心性的算法原因，会出现部分节点的数值相等，排名会存在并列情况，而发散强度和吸收强度是节点出权、入权的值，排名更具有可比性，因此本部分选择发散强度和吸收强度进行排名，下同。

更易于将风险传递给其他机构。中国平安风险主要溢向民生银行、交通银行、越秀金控、华创阳安。可见，中国平安是网络中主要的风险输出机构，尤其是四家保险机构中风险传播速度、范围及强度居于首位，在四家保险机构中系统重要性程度最高。

表 4.25　向外指向性节点的特征指标排行

编号	公司名称	出度	发散强度	出度中心性	排名	编号	公司名称	出度	发散强度	出度中心性	排名
0	中国平安	4	0.0938	0.0952	8	22	国元证券	1	0.0530	0.0238	23
1	新华保险	1	0.0182	0.0238	38	23	国海证券	2	0.0555	0.0476	22
2	中国太保	1	0.0228	0.0238	35	24	广发证券	2	0.0779	0.0476	16
3	中国人寿	2	0.0484	0.0476	26	25	长江证券	2	0.0617	0.0476	19
4	平安银行	3	0.0826	0.0714	13	26	越秀金控	18	0.2979	0.4286	2
5	宁波银行	1	0.0191	0.0238	36	27	山西证券	1	0.0237	0.0238	34
6	浦发银行	4	0.1009	0.0952	6	28	中信证券	3	0.1021	0.0714	5
7	华夏银行	2	0.0625	0.0476	18	29	国投资本	0	0.0000	0.0000	43
8	民生银行	1	0.0164	0.0238	40	30	国金证券	2	0.0529	0.0476	24
9	招商银行	4	0.0901	0.0952	11	31	华创阳安	1	0.0014	0.0238	42
10	南京银行	3	0.0913	0.0714	9	32	西南证券	1	0.0402	0.0238	30
11	兴业银行	2	0.0582	0.0476	20	33	华鑫股份	4	0.0096	0.0952	41
12	北京银行	3	0.0781	0.0714	15	34	海通证券	3	0.0980	0.0714	7
13	农业银行	2	0.0639	0.0476	17	35	哈投股份	3	0.0450	0.0714	29
14	交通银行	2	0.0394	0.0476	31	36	招商证券	4	0.1490	0.0952	3
15	工商银行	15	0.3732	0.3571	1	37	太平洋	2	0.0481	0.0476	27
16	光大银行	2	0.0464	0.0476	28	38	兴业证券	1	0.0382	0.0238	32
17	建设银行	1	0.0239	0.0238	33	39	东吴证券	2	0.0827	0.0476	12
18	中国银行	4	0.1075	0.0952	4	40	华泰证券	2	0.0567	0.0476	21
19	中信银行	1	0.0180	0.0238	39	41	光大证券	2	0.0509	0.0476	25
20	东北证券	2	0.0790	0.0476	14	42	方正证券	2	0.0902	0.0476	10
21	锦龙股份	5	0.0186	0.1190	37						

资料来源：本表根据实证结果整理而得。

表 4.26　向内指向性节点的特征指标排行

编号	公司名称	入度	吸收强度	入度中心性	排名	编号	公司名称	入度	吸收强度	入度中心性	排名
0	中国平安	0	0	0	39	22	国元证券	2	0.0468	0.0476	22
1	新华保险	3	0.0936	0.0714	12	23	国海证券	2	0.1021	0.0476	8
2	中国太保	2	0.0564	0.0476	19	24	广发证券	1	0.0229	0.0238	35
3	中国人寿	3	0.0783	0.0714	17	25	长江证券	2	0.0790	0.0476	15
4	平安银行	0	0	0	40	26	越秀金控	4	0.0921	0.0952	13
5	宁波银行	3	0.0941	0.0714	11	27	山西证券	3	0.1304	0.0714	3
6	浦发银行	0	0	0	41	28	中信证券	1	0.0284	0.0238	31
7	华夏银行	2	0.0567	0.0476	18	29	国投资本	4	0.1181	0.0952	5
8	民生银行	3	0.0798	0.0714	14	30	国金证券	1	0.0513	0.0238	20
9	招商银行	5	0.1076	0.1190	6	31	华创阳安	24	0.5147	0.5714	1
10	南京银行	1	0.0217	0.0238	37	32	西南证券	3	0.0984	0.0714	10
11	兴业银行	1	0.0183	0.0238	38	33	华鑫股份	2	0.0787	0.0476	16
12	北京银行	2	0.0306	0.0476	30	34	海通证券	0	0	0	42
13	农业银行	4	0.0398	0.0952	27	35	哈投股份	1	0.0402	0.0238	26
14	交通银行	2	0.0318	0.0476	29	36	招商证券	0	0	0	43
15	工商银行	6	0.0428	0.1429	24	37	太平洋	3	0.1048	0.0714	7
16	光大银行	2	0.0436	0.0476	23	38	兴业证券	3	0.1017	0.0714	9
17	建设银行	6	0.1286	0.1429	4	39	东吴证券	1	0.0247	0.0238	34
18	中国银行	5	0.0512	0.1190	21	40	华泰证券	1	0.0283	0.0238	32
19	中信银行	10	0.2208	0.2381	2	41	光大证券	1	0.0250	0.0238	33
20	东北证券	1	0.0221	0.0238	36	42	方正证券	2	0.0427	0.0476	25
21	锦龙股份	1	0.0386	0.0238	28						

资料来源：本表根据实证结果整理而得。

中国人寿（编号为3），其入度为3，吸收强度指标为0.0783，入度中心性指标为0.0714，向内指向性节点的特征指标样本机构排名为17，在四家保险机构中列为第2位，意味着中国人寿遭受外来风险引致系统性风险的可能性高于中国平安和中国太保，低于新华保险，其风险源主要来自浦发银行、光大银行、越秀金控。中国人寿的出度为2，发散强度为0.0484，出度中心性为0.0476，出度中心性指标在样本机构中排名第26位，在四家保险机构中排名第2，其主要向宁波银行、华创阳安溢出风险。可见，中国人寿对其他样本机构的系统性影响程度低于中国平安，但是高于中国太保和中国人保，其在保险机构中的系统重要性程度位列第2。

中国太保（编号为2），其入度为2，吸收强度指标为0.0564，入度中心性指标为0.0476，其向内指向性节点的特征指标样本机构排名为19，在四家保险机构中列为第3，意味着中国太保较之新华保险更容易遭受外来风险的影响，风险源主要来自南京银行、越秀金控。中国太保的出度为1，发散强度指标值为0.0228，出度中心性指标值为0.0238，其出度中心性指标在样本机构中排名第35位，在四家保险机构中排名第3，其风险主要影响华创阳安。可见，中国太保对其他样本机构的系统性影响程度不及中国平安和中国人寿，仅高于新华保险，其在保险机构中的系统重要性程度位列第3。

新华保险（编号为1），其入度为3，吸收强度指标为0.0936，入度中心性指标为0.0714，其向内指向性节点的特征指标样本机构排名为12，在四家保险机构中列为第1，入度特征向量中心性越高，意味着其更容易受到其他机构风险溢出的影响，其风险源主要来自平安银行、浦发银行、越秀金控。新华保险的出度为1，发散强度指标值为0.0182，出度中心性指标值为0.0238，其出度中心性指标在样本机构中排名第38位，在四家保险机构中排名第4，其风险主要溢出到华创阳安。可见，中国太保在四家样本机构中的系统性影响程度最低。

由此可见，中国平安是网络中重要的系统性风险输出机构，中国人寿、中国太保和新华保险同时兼具较高的风险接收和输出能力，成为风险传播之重要“枢纽”。从重要性程度而言，中国平安重要性程度居于四家保险机构之首，中国人寿和中国太保次之，新华保险位于第4。四家保险机构的系统重要性程度排序与指标法下所确定的系统重要性程度排序相同。除中国人保上市时间较短无法进行验证外，根据指标法所确定的系统重要性保险机构（中国平安、中国人寿和中国太保）的系统重要性程度由此得到验证。

4.7 小结

本章选用指标法识别国内系统重要性保险机构，并运用尾部风险关联网络对指标法识别结果加以验证。

指标法研究重点主要是进行参评保险机构范围确定、评估大类指标和具体子指标选择和权重设置。在参评保险机构范围确定方面，选取国内保险集团公司、非集团上市保险公司以及全球系统重要性保险公司在华所设保险机构共 23 家作为国内系统重要性保险企业识别研究样本。具体研究过程中，本章首先基于 G－SIIs（2013 年和 2016 年）评估方法确定系统重要性得分和排名。其中，指标及权重为关联度（49%）、复杂性（36%）、规模（5%）、可替代性（5%）和活跃度（5%）。其次，基于 D－SIBs（2019 年）评估方法确定系统重要性得分和排名，其中指标及权重为规模（25%）、关联度（25%）、复杂性（25%）和可替代性（25%）。通过比较这两种主观赋权法的得分及排名结果，发现赋权比重不同导致保险机构系统重要性得分和排名差异较大，主观赋权法的科学性、可信度欠佳。

为了使得系统重要性得分和排名科学、可信，势必要进行更深层次的研究。本书改弦更张，一方面放弃主观赋权法改而运用熵权法进行客观赋权；另一方面基于保险业潜在系统性风险表现和传导机制的分析进行指标选择。在基于新的指标和权重重新确定系统重要性得分和排名的基础上，进一步通过聚类分析确定我国系统重要性保险机构。客观赋权研究中选用的指标和权重为规模（13%）、关联度（39%）、复杂性（36%）、可替代性（8%）和公司治理（4%）。通过聚类分析，明确平安集团、国寿集团、太保集团和人保集团为中国系统重要性保险机构。

基于尾部风险溢出效应构建的中国保险业尾部风险关联网络就指标法识别结果加以验证。通过测度保险机构节点的出、入度边线数量及风险关联强度，就入选的四家保险机构进行系统重要性程度排定，由大到小依次为中国平安、中国人寿、中国太保、新华保险。除中国人保上市时间较短，未选入样本，无法进行验证，指标法所确定的其他三家系统重要性保险机构的系统重要性程度完全得到验证。

第5章

中国系统重要性保险机构监管研究

在我国保险市场对外开放提速、保险业集团化趋势加强的背景下，平安集团、国寿集团、太保集团和人保集团等保险机构的规模、关联度、复杂度、活跃度和不可替代性不断增强，系统重要性程度不断提升。保险业系统性风险可能跨行业、跨市场、跨区域溢出和传递，对金融经济体系造成严重破坏，因此，我国应积极参与国际保险业监管改革，借鉴 G－SII 评估方法和监管措施，基于我国保险业系统性风险状况，进行系统重要性保险机构监管体系机制设计。本章进行系统重要性保险机构监管机制设计，主要从监管主体、监管对象、监管目标、监管层次和监管政策方面加以研究，建立健全我国系统重要性保险机构监管制度框架，以加强系统重要性保险机构监管，防范系统重要性风险，提升保险业服务实体经济的能力。

5.1 明确系统重要性保险机构监管主体

2018 年 3 月我国建立"一委一行两会"的金融监管格局，并于 11 月发布《关于完善系统重要性金融机构监管的指导意见》（以下简称《指导意见》），但是时至今日，系统重要性保险机构评估办法尚未出台，可以说除了上述《指导意见》外，国务院金融委对于系统重要性保险机构的监管工作尚未开展。系统重要性保险机构监管标准的准则尚未确立，保险业跨行业、跨市场风险仍然难以有效监管，因此亟须明确系统重要性保险机构监管主体，实现金融协调监管，以防范系统性风险。

现行金融监管架构中，中国银保监会和证监会实行分业监管。虽然中国银保监会2018年4月成立后通过整合之前的中国银监会和保监会的监管职责，实施对银行业和保险业的统一监管，在一定程度上可以消除银保分业监管的弊病，但其统筹协调监管仅限于银行业和保险业，中国银保监会和证监会依然实行分业监管，监管权限重叠和权力不协调依然存在，保险业与证券业之间的风险关联和风险传导问题尚待更高层次的统筹协调监管加以解决。

系统重要性保险机构监管应在现有“一委一行两会”格局下开展，国内系统重要性保险机构监管主体由国务院金融委、中国人民银行、中国银保监会和证监会构成。确立“一委一行两会”的系统重要性保险机构管理架构，可以实现央行宏观审慎管理和中国银保监会微观审慎监管相结合，可以保证系统重要性保险机构统筹协调监管效率，有效降低保险业系统性风险和道德风险。

其中，国务院金融委从金融安全与稳定发展角度设定保险业系统性风险管理原则，强化央行宏观审慎管理和系统性风险防范职责[162]，强化中国银保监会的保险行业监管职责，加强监管协调，补齐监管短板。中央银行承担着宏观审慎监管和防范与化解系统性金融风险的法定职责，应当对系统重要性保险机构风险防范与危机处置过程实施持续和全面的监管[87,163]。同时，中国银保监会作为行业监管机构，应当对系统重要性保险机构实施微观审慎监管，并建立信息共享机制，协助央行行使其系统重要性保险机构监管权限。中国证监会则对系统重要性保险机构的资本市场投资行为实施微观审慎监管。

具体的监管机制为：央行负责制定系统重要性保险机构基本监管规则，会同中国银保监会建立问题机构特别处置机制，并指导和督促银保监会采取相应监管措施。中国银保监会负责收集系统重要性保险机构的数据、计算系统重要性得分并报送名单，并对系统重要性保险机构实施微观审慎监管。中国证监会直接监控和管理系统重要性保险机构的资本市场投资行为。国务院金融委负责确定系统重要性保险机构，统筹协调央行和银保监会之间的信息共享和监管合作。

5.2 制定系统重要性保险机构评估办法

只有制定系统重要性保险机构评估办法，才能动态识别系统重要性保险机构，明确系统重要性保险机构监管对象。评估国内系统重要性保险机构，应采用定量指标（即指标法）和定性判断相结合的方法。

定量指标方法应用过程中需要进行参评保险机构范围确定、评估大类指标和具体子指标的选择与权重设置。

参评保险机构范围确定可以选用规模指标和数量指标。若采用规模指标，则要求所有参评保险企业表内外资产总额不得低于上年年末保险行业总资产的 75%；若采用数量指标，则要求保险业参评机构数量不少于 10 家。

表 5.1 系统重要性保险机构评估指标选择

指标类别	子指标
规模	总资产 AS_{it}
	总收入 RE_{it}
关联度	金融体系内资产 FA_{it}
	金融体系内负债 FD_{it}
	再保险 RI_{it}
	衍生品 DE_{it}
复杂性	非保单持有人负债和非保险收入 NI_{it}
	短期融资 SF_{it}
	负债流动性 LL_{it}
可替代性	特定业务保费收入 SB_{it}
	境内营业机构 BA_{it}
公司治理	第一大股东持股比例 SP_{it}
	独立董事在董事会中占比 ID_{it}

资料来源：根据前文指标分析设计整理。

评估指标的选择应当借鉴 G－SIIs（2013 年和 2016 年）评估方法和 D－SIBs（2019 年）评估方法，结合国内保险业系统性风险状况加以设定。根据第 4 章系统重要性保险机构识别研究结果，确定选用规模、关联度、复杂性、可替代性和公司治理 5 个大类指标，下设 13 个二级指标（表 5.1）。根据第 4

章的研究可知客观赋权法更为科学可行，基于熵权法和指标法相结合所得出的系统重要性保险机构的系统重要性程度，也得到中国保险业尾部风险关联网络模型的验证，因此确定指标赋权采用熵权法这一客观赋权方法。

定性判断则应考察保险公司的内控机制、业务性质、风险管理水平、风险传递路径等因素，进行保险机构系统重要性程度判定。在确立系统重要性保险机构评估标准和方法的基础上，国务院金融委会同中央银行和中国银保监会共同确定系统重要性保险机构名单，即为系统重要性保险机构监管对象。

5.3 明确系统重要性保险机构监管目标

5.3.1 设定系统重要性保险机构监管总体目标

1. 监管目标设定原则

监管目标的设定是进行系统性风险管理的首要问题[164]。系统重要性保险机构监管目标应基于系统性重要性保险机构的系统性风险生成与传导机制分析和识别来进行设定。由于系统性风险可能通过风险诱发或风险放大生成，这就形成了两类不同的视角："贡献式"（亦称为"风险诱发"）和"参与式"（亦称为"风险放大"）（表 5.2）。

"贡献式"视角，是由于系统重要性机构开展某一特定业务活动而陷入经营困境，其系统重要性与其加诸金融和经济系统的边际压力程度相关[43]。这一视角强调经营关联程度较强的保险业务的系统重要性机构充当风险制造者和扩散者[165]，将系统性风险传导至其他机构或市场，导致系统性危机爆发。如 2015—2016 年保险公司举牌事件及四起保险公司接管事件就可以从这一视角进行分析，由于保险公司在资本市场上疯狂投机和违法违规经营导致风险产生，其充当风险的制造者，对系统性风险形成具有直接贡献。贡献式视角下，监管目标为：消除或减少系统重要性机构导致的传染效应；降低系统重要性机构的道德风险。

"参与式"视角是指系统重要性机构由于从事存在共同风险敞口或风险

集中的业务而遭受外来冲击形成损失[43]。这一视角强调由于自身脆弱性因素积聚的系统重要性机构成为风险的冲击对象和承受者，在外来单一或多元系统性事件的冲击下遭受损失[165]。如监管真空期保险机构无序投资事件和20世纪90年代寿险产品利差损事件可以从参与式视角进行分析，保险公司在投资业务和产品创新过程中积聚脆弱性，导致其成为宏观政策变动及利率变化的冲击对象和承受者，其参与了系统性风险的形成过程。参与式视角下，监管目标为：维持系统运转并追求效率最大化；完善系统损失的集体分担机制。

表5.2　系统性风险识别、评价及监管目标设定原理

项目	贡献式（风险诱发）	参与式（风险放大）
概念	针对系统重要性机构经营失败的系统性抵御能力	系统重要性机构和行业应对一般冲击的能力
特点	单个机构引发连锁反应所致系统性风险贡献程度	由于共同风险敞口和风险集中遭受系统性事件冲击所致预期损失
传导方向	机构→机构	机构（行业）→系统整体
评价指标与准则	规模（资产规模）	信用暴露（其他金融机构的求偿权）
	关联程度（负债规模）	市场风险暴露（利率、汇率、信用价差）
	复杂程度（信息透明和退出机制）	风险承受力（偿付力、流动性、杠杆率）
	可替代性（系统重要功能提供）	资产规模大小和流动性水平
监管目标	避免或减少传染效应，降低道德风险	维持系统运转，完善系统性损失分担机制

资料来源：根据 Jobst "*Systemic Risk in the Insurance Sector*" (2014)[43] 整理。

2. 设定系统重要性保险机构监管总体目标

保险业系统性风险传导可以是内部风险因素或外部风险因素触发系统性风险事件造成，并引致系统性风险损失，即保险业系统性风险可以借由内部传导机制和外部风险传导机制引致金融经济受损。由于系统重要性保险机构对于风险生成和传导的贡献不同，相应的监管目标也不同。因此，应具体分析特定系统重要性保险机构的业务性质、对风险生成和风险传导的贡献，明确监管目标。

由于我国潜在系统性风险事件中，既有可以从贡献式视角分析的保险公司举牌事件及保险公司接管事件，又有可以从参与式视角分析的监管真空期保险机构无序投资事件和利差损事件，即我国系统性风险形成过程中，保险公司既是风险制造者，也是风险承担者。因此，我国系统重要性保险机构监管的总体目标应包含两类：一是消除或减少系统重要性机构导致的传染效应，降低系统重要性机构的道德风险；二是维持系统运转并追求效率最大化，完善系统损失的集体分担机制。

针对特定系统重要性保险机构，则应具体分析其业务性质和风险水平，明确其对风险生成和风险传导的贡献，确定监管目标。若系统重要性保险机构充当风险的制造者，对系统性风险形成具有直接贡献，监管目标为：消除或减少系统重要性机构导致的传染效应；降低系统重要性机构的道德风险。若系统重要性保险机构是风险的冲击对象和承受者，参与系统性风险的形成过程，监管目标为：维持系统运转并追求效率最大化，完善系统损失的集体分担机制。

如根据第 4 章尾部风险关联网络模型分析，中国平安是网络中主要的风险输出机构，因此针对中国平安，就应设定监管目标以消除或减少系统重要性机构导致的传染效应，降低系统重要性机构的道德风险。中国人寿和中国太保同时具有较高的风险接收和输出能力，是风险传播的重要“枢纽”，即二者既是风险的冲击对象和承受者，同时也是风险的创造者和输出者，存在双向溢出效应，因此其监管目标包含两类：一是消除或减少系统重要性机构导致的传染效应，降低系统重要性机构的道德风险；二是维持系统运转并追求效率最大化，完善系统损失的集体分担机制。

5. 3. 2　设定系统重要性保险机构监管具体目标

为进行系统重要性保险机构监管，防止系统重要性风险积聚及扩散，应当关注损失发生之前的日常管理和损失发生之后的危机管理[79]，设定具体管理目标。

系统性风险损失发生之前，应当对系统重要性保险机构制定特别监管要求，进行日常管理，监管目标为：通过日常特别监管要求，增强系统重要性保险机构持续经营能力，减少其发生重大风险的可能性，降低其系统重要性。即针对平安集团、国寿集团、太保集团和人保集团设定日常监管要求，保证其具有充足的偿付能力，降低其系统重要性程度。

系统性风险损失发生之后，应当实施系统重要性保险机构有效恢复或处置方案和计划，进行危机管理。监管目标为：通过建立特别处置机制，确保系统重要性保险机构在发生重大风险时能够有效恢复或处置，保障其风险保障业务和资金融通服务不致中断，系统性风险不致蔓延和扩散。即当平安集团、国寿集团、太保集团和人保集团等偿付能力不足或濒于破产、倒闭时，可以通过恢复或处置机制，使风险损失最小化。

5.4 加强系统重要性保险机构多层次监管

国内系统重要性保险机构应从宏观管理、中观管理和微观管理三个层次进行监管，实现国家监管、行业自律和社会监督管理、企业内控管理的有效融合。其中，国家监管为核心，企业内控管理是重点，行业自律和社会监督管理是对二者的必要辅助。

5.4.1 加强国家层面宏观监管

国家保险监管机构根据系统性保险风险管理的需要，通过法律的、行政的手段，对系统重要性保险机构实施监督管理，即为国家层面之宏观监管，也即系统重要性保险机构监管主体“一委一行两会”对系统重要性保险机构进行监管。

“一委一行两会”作为监管主体，将宏观审慎管理和微观审慎监管相结合，制定评估办法识别和确定监管对象，进而明确特定监管对象的监管目标，确定具体的监管政策和方法，对系统重要性保险机构展开多层次监管。即在监管主体和监管对象（通过评估方法的制定进行识别）确定后，要按照风险管理的一般原理和程序，针对 D－SIIs 确定风险管理目标之后、进行损失发生之前的风险管理和控制及损失发生之后的风险管理和控制，加强系统重要性保险机构日常管理和危机管理。

其中，国务院金融委作为负责金融安全与稳定的宏观审慎监管主体，其负责系统重要性保险机构监管政策的决策，加强中央银行、中国银保监会及证监会之间的沟通、协调和监管合作，其统筹掌握系统性风险有关的全面信息，确保实现信息共享和监管有效实施。中央银行负责系统重要性保险机构评估和监管规则制定，督促中国银保监会和证监会采取相应监管措施，会同中国银保监会、证监会及财政部等建立系统重要性保险机构特别处置机制。中国银保监会负责系统重要性保险机构评估，负责实施系统重要性保险机构日常微观审慎监管。中国证监会对系统重要性保险机构的资本市场投资行为实行有效管控。

5.4.2 加强行业自律和社会监督管理

保险行业自律是保险行业组织通过制定行业规章，对保险人在保险市场中的行为规范进行监督与管理，其通过发挥政府监管所不具备的协调作用促进保险市场规范发展。2001 年成立的中国保险行业协会有两项重要职责：其一为督促保险机构依法合规经营，约束其不正当竞争行为；其二为向监管部门及时反映保险市场中存在的风险与问题。显然，第一项职责的实施可以督促系统重要性保险机构合规经营，降低其系统重要性程度；第二项职责的实施则可以为监管部门及时进行风险处理提供便利，有助于提前缓释或化解系统性风险问题，可以保证对系统重要性保险机构进行危机时期特别处置的及时性。

社会监督主要包括来自保险信用评级机构、独立审计机构、社会媒体等组织和层面的监督。保险信用评级机构的评级信息、独立审计机构出具的审计报告和社会媒体的披露报道，均不同程度地有助于监管部门及时发现存在问题的系统重要性保险机构，有助于监管部门根据系统性风险严重程度采取处置机制。社会监督可以为监管部门及时、准确地进行保险业系统重要性风险处置提供帮助。

有效的行业自律和社会监督既能够避免政府监管部门的过分干预，又可以维护保险市场的正常竞争秩序。保险行业自律和社会监督，可以降低系统重要性保险机构的系统重要性，提前化解保险业系统性风险。

5.4.3 加强保险企业微观内控管理

保险企业内控管理是保险企业为保证经营管理目标的实现，通过企业内部的稽核和审计制度以及其他内控措施而进行的自我管理。2010 年中国保监会印发《保险公司内部控制基本准则》，要求保险公司加强内部控制，防范和化解经营管理过程中的各种风险，保证公司经营遵循既定发展战略和经营目标。2018 年成立的中国银保监会也提出保险企业应加强自律，稳健经营。

系统重要性保险机构加强内控机制建设，要求其建立和完善公司治理机制，加强承保业务和资金运营业务风险管理和控制，强化内部稽核[166]。加强企业内控建设和管理，不仅可以促进系统重要性保险机构合理规避经营风险，还能够提高企业的管理水平和管理效率，增强企业的核心竞争力，促进企业股东利益最大化目标的实现，同时还能更好地促进风险保障、资金融通、社会管理和价值创造功能的实现。系统重要性保险机构控制风险能力、竞争能力、盈利能力的提高，保障和服务功能的实现，可以促进其正外部效应的发挥，遏制负外部效应，降低系统性风险，其系统重要性程度由此降低。

具体而言，平安集团、国寿集团、太保集团和人保集团应明确内控管理目标，加强与完善内控制度和文化建设，建立合规风险管理机制，建立完善的信息披露制度，建立有效的激励约束机制，搭建实施内部监督体系[167]；通过内控机制的建设和完善，加强资金运用管理，提升资金运用效率，有效控制承保业务成本，提高承保业务质量[168]，使保险集团正外部性得到有效发挥，负外部性得到有效遏制。

5.5 制定系统重要性保险机构监管政策

5.5.1 制定损失发生前的日常监管政策

1. 提升服务实体经济的能力

2017 年 5 月《中国保监会关于保险业支持实体经济发展的指导意见》（保监发〔2017〕42 号）发布，要求保险业增强服务实体经济能力。其实，保险业服务实体经济并非仅是政策推动要求，其既是实体经济发展的需求，也是保险业自身稳定发展的需求，保险业服务实体经济可以实现双赢格局。就系统重要性保险机构而言，提升服务实体经济能力，避免资金体外循环，可以强化其正外部效应，有效抑制其负外部效应，降低系统重要性保险机构的系统重要性程度，避免其经营失败引致系统性风险。

增强保险服务实体经济能力，实质上是强化保险业的正外部效应。保险业通过承保业务为社会提供全面风险保障、投资业务为社会提供资金融通便利，促进社会福利增加和社会风险减量，实现社会经济高质量发展。在这种社会经济普遍繁荣的条件下，保险公司经营环境得以优化，其承保业务收益和投资业务利润将更为可观，保险公司出现问题引致金融和社会体系遭受损失的概率极大程度地降低。与此同时，保险公司服务实体经济，推动保险资金进入实体经济形成“体内循环”，实体经济项目多为政府支持或参与，具有较高的投资安全边际，保险公司投资风险降低，资金“体外循环”风险得以控制，负外部性得到有效抑制，保险公司安全运营得以保证。

保险服务实体经济能力的提升，要求保险公司的承保业务回归保险保障本源，为社会提供全面风险保障，做好防灾减损，有效管控和减少实体经济风险。就产险而言，应当提升保险渗透率，做好防灾减损，发挥经济补偿和风险管理功能。中国产险业务渗透率不高，保障缺口较大[169]，因此应提升渗透率，做好防灾减损，有效服务于实体经济。同时，应当通过风险管理服务为保险消费者和社会创造价值。就寿险而言，应当进行“以保障功能为基础，兼顾财富管理”的保险理财产品转型。由于利差损风险和费差损风险的存在及监管政策的限制，2015—2016 年以短期理财型保险产品为主的发展模式难以持续，寿险公司应当以养老险和健康险为主导，在税收递延和税前抵扣政策的支持下开发“以保障功能为基础，兼顾财富管理”的保险理财产品，使其成为养老和健康保障体系的重要组成部分。

保险服务实体经济能力的提升，要求保险公司资金运用注重资产端效率优化，合理拓展实体经济项目直接投资，满足实体经济融资需求，助力经济转型发展。保险公司应通过多元化投资优化资产配置结构，将保险资金合理投资于各类实体经济项目和企业，在获得稳定收益的同时通过发挥资金融通功能助力实体经济发展[170]。也就是在银行存款、债券投资、股票和证券投资基金等传统投资渠道配置资产的同时增加其他投资（另类投资）比重，通过债权、股权投资计划等方式进行政府基础设施建设项目、民营企业优质项目等实体经济项目投资，获取高额稳定收益、规避资金体外循环风险的同时支持实体经济发展。

中国银保监会一方面应推动保险产品回归风险保障本源，加强对中短存续期保险产品和理财型保险产品的开发设计、销售管理和风险的监测；另一方面应加强保险企业保险资金运用信息报送和披露，限制保险企业通过金融产品层层嵌套进行股票炒作、短钱长投、不动产投资等激进投资。

同时，监管机构应当设定 D-SIIs 服务实体经济的目标和任务，从提高农业保险保障水平、支持精准扶贫、发展绿色保险和普惠保险等方面推进平安集团、国寿集团、太保集团和人保集团保障功能的提升；推进保险资金通过债权及股权投资、资产支持计划、信托投资、产业基金和私募基金等方式投资基础设施、医疗养老和战略新兴产业等实体经济领域[171]，促进 D-SIIs 发挥“社会稳定器”和“经济助动器”作用，实现实体经济高质量发展。

2. 加强流动性风险管理

流动性风险是保险企业无法及时获得充足的资金或无法及时以合理成本获得充足的资金，以致不能偿付到期债务或者履行其他支付义务。例如，保险企业不能及时向被保险人给付保险金、支付保险赔款，或不能及时向投保人支付退保金等；不能有效满足保单持有人保单抵押贷款的需求；不能通过主动负债获取资金融通；被迫低价出售资产或高成本获取资金融通[172]。降低保险企业的流动性风险，应该通过提高保险企业的资产流动性、负债流动性和加强资产负债匹配管理实现。

国内系统重要性保险机构加强流动性风险管理，应通过多元化资产配置提高保险资金产的流动性。在金融市场上，当所有投资者交易目标呈多样性，且交易双方力量大致平衡时，该市场具有流动性；当投资者的交易目标一致时，市场流动性就难以保证。若所有投资者均形成市场不良预期，就会争相出售资产逃离市场，“羊群效应”出现，导致流动性丧失。保险资金进行配置过程中若同质性过高，在金融市场波动的情况下就极其容易形成相同的投资预期，交易主体就会采取一致的投资行为，比如同时抛售评级下调的某一债券，导致债券价格急跌，以合理成本变现难以实现，流动性丧失。因此，系统重要性保险机构应按照多样性或差异化目标配置不同的金融资产，减弱市场冲击带来的流动性丧失。

国内系统重要性保险机构加强流动性风险管理，应保证其负债流动性。

保险公司的负债主要是通过向保险消费者销售保险产品收取保费。系统重要性保险机构可以通过增加保险供给获得负债流动性，但是这种流动性的获得基于保险产品能够有效进行风险管理，能够契合市场需求，因此要求系统重要性保险机构拥有较强的设计和开发新产品的能力，其可以通过产品销售收取保费获得资金，增加流动性。

国内系统重要性保险机构加强流动性风险管理，应加强其资产端与负债端的协调联动，实行资产负债匹配管理。首先，应权衡"短钱长配"和"长钱短配"风险进行资产负债管理[173]。如短期保险产品销售形成保险公司资金来源，可以进行资金配置，但由于其在一年内有偿付义务要承担，因此应投向短期可变现资产。同时，由于损失不会同时发生，保险公司可以将部分资金进行长期配置，但应控制好比率，既要能保证收益率又要保证流动性。其次，应针对高现价产品保持较高流动性。一度热销的寿险短期高现价产品提供一定时期的期满收益率保证，导致保险消费者短期退保也可以获得较高的现金返还，不致遭受本金损失。当市场出现更好的投资机会时，这类短期理财型业务可能遭到集中退保，保险公司的流动性将经受压力。因此，保险公司应提前优化资产配置，保持较高的流动性，以应付可能发生退保金兑付。最后，应针对大规模满期给付保有较高流动性。保险产品满期给付需要大量的现金准备，若保险公司遭遇满期给付高峰，则其现金流压力必然大增。因此，提前确定未来满期给付情况，提前根据不同时期的满期给付压力加强资产的合理配置，根据满期给付高峰的资金需求配置相应规模的流动性资产[174]，可以维持和保障长期流动性之稳定。

中国银保监会应督促平安集团、国寿集团、太保集团和人保集团提交流动性风险管理计划，其中应包括具体的流动性风险管理策略、管理架构、管理流程和应急计划等，督促按照计划实施流动性风险管理。

3. 加强偿付能力管理

偿付能力是保险公司履行赔偿和给付保险金义务的能力。就偿付能力而言，偿二代（《中国第二代偿付能力监管制度体系建设规划》）规定，核心偿付能力充足率不得低于50%，综合偿付能力充足率不得低于100%①。平安集团、国寿集团、太保集团和人保集团，不仅应满足偿二代一般要求，还应具有更高的损失吸收能力[175]。

系统重要性保险机构进行偿付能力管理，应该增加其实际资本，降低最低资本。其中，实际资本是在持续经营或破产清算状态下可以吸收损失的财务资源，是认可资产减去认可负债后的余额。系统重要性保险机构可以通过提高保险投资收益率，增加保险企业利润以解决资本不足的问题[176]。最低资本是基于企业各种风险（保险风险、市场风险、信用风险、系统重要性风险等）对保险公司设定的最低资本要求，是与保险公司自身风险和业务规模相适应的资本金额。降低最低资本要求是指保险公司在经营过程中要降低其风险，从而其风保险资金本需求得以减少[177]。因此，系统重要性保险机构应当稳健经营，避免进行激进型产品开发和资金运营业务，降低流动性风险、经营风险和声誉风险[176]，降低系统重要性程度，从而降低最低资本要求，提升偿付能力。

中国银保监会则应针对平安集团、国寿集团、太保集团和人保集团的不同业务，依据其风险进行风险量化形成资本要求，特别是针对非传统非保险业务，其风险评级不应依赖保险业务，而应进行独立评级，并据此形成相应的风险量化资本要求[168]。同时，应采用连续法量化系统重要性保险机构的系统重要性程度，针对平安集团、国寿集团、太保集团和人保集团确定不同的附加资本要求[177]，实施差异化管理。

4. 完善公司治理机制

公司治理机制的完善，可以使得企业内控机制的有效性得以保证，风险管理水平得以提升，系统重要性保险机构的系统重要性程度可望降低。因此，平安集团、国寿集团、太保集团和人保集团应完善其公司治理机制，提高公司治理效率，建立有效的内部制衡和监督机制，及时解决经营中存在的问题，消除系统性风险。应完善董事会和管理层议事规则，将系统性风险管理的决策权、管理权分别划分给董事会和管理层，形成相互制约格局；应建立完善的监事会，加大监事会系统性风险管理权力范围，确保监事能够通过否决权、

① 核心偿付能力充足率＝核心资本/最低资本；综合偿付能力充足率＝实际资本/最低资本。

质疑权等的行使发挥监督能效[178]；建立内审部门，建立高管激励和约束机制，推动内控制度的完善，改善公司治理效率和效果，确保董事会、监事会和管理层就系统重要性风险从不同层面进行统一、有效和透明的管理，降低系统重要性保险机构的系统重要性。

独立董事制度的建立和完善有助于强化公司治理监管。不同于监事、管理层和执行董事，独立董事基于其独立性可以充当保单持有人和保险消费者等利益相关者的代表。因而建立和完善独立董事制度，可以为利益相关者提供保护，降低系统重要性保险机构的道德风险和系统重要性[179]。因此，系统重要性保险机构应在协调配合董事会治理、股权治理等治理模式的基础上，不断提升独立董事制度的有效性，确保独立董事可以真正发挥监督和咨询功能，防止保险机构激进投资和运营，有效维护利益相关者利益，强化公司治理效率和效果[180]。

中国银保监会应督促平安集团、国寿集团、太保集团和人保集团完善其公司治理机制，完善其独立董事制度，加强企业内控建设，提高公司治理效率和风险管理水平，推动系统重要性风险管理计划的制订和实施，并及时进行数据收集和报送。

5. 加强系统性风险管理

系统重要性保险机构根据自身系统性风险状况加强系统性风险管理，可以降低其系统重要性。因此，平安集团、国寿集团、太保集团和人保集团应当在系统性风险识别和分析的基础上，准确衡量和测度系统性风险，并据此提出系统性风险管理策略，如加强投资业务和承保业务管理、强化资本约束和建立隔离机制等，并加以实施，从而降低其系统重要性[181]。

中国银保监会应督促平安集团、国寿集团、太保集团和人保集团及时制订和更新系统性风险管理计划，就系统性风险识别和评估、管理措施及其实施、系统性风险管理评价等进行详尽的设计和安排。

5.5.2 制定损失发生后的危机管理制度

在系统重要性保险机构陷入经营困境的情况下，应进行损失发生后的危机管理，进行有效恢复和处置[79]。其中，恢复计划是危机管理的首要环节，是实施处置计划的先决条件。若发生经营失败，系统重要性机构首先要设法恢复正常运营，在恢复计划无法奏效、系统重要性保险机构难以回归正常运营状态的情况下，启动处置计划，通过有序和有效处置问题保险机构以避免引发系统性风险[114]。

1. 恢复计划

系统重要性保险机构应未雨绸缪，事先制订恢复计划，以便在承受极端压力的情境下，通过一系列计划和措施的实施依靠自身能力恢复正常运营状态。如系统重要性保险机构应事先设定在宏观经济下行、保险机构声誉损害、重要对手方倒闭、流动性紧缩、资产价格波动严重影响运营等压力情境下，可行的自救计划及策略，如资本缺口恢复方案、流动性恢复措施、拆分业务线措施和债务重组方案等[94]。

中国银保监会应督促平安集团、国寿集团、太保集团和人保集团每年制订并更新恢复计划，就危机管理小组的设置、恢复情境的设计、具体的实施方案等加以明确，并要求其在触发机制启动的情况下及时实施恢复计划。

2. 处置计划

当系统重要性保险机构偿付能力不足（Insolvency）、无法持续运营（Non - viability）或经营失败时，若恢复计划无效，将启动处置计划，对其进行清算、重组或者处置[94]。处置计划被称为“生前遗嘱”，是系统重要性保险机构协助中国银保监会等预先制定的处置策略和执行方案。对系统重要性保险机构进行处置时应积极保护保单持有人利益，按照破产清偿的索赔顺序由股东和无担保债权人吸收损失，确保经营失败的系统重要性保险机构有序退出市场，尽可能保证金融体系不遭受严重破坏、纳税人不承担过度损失[182]，将系统性风险影响最小化。在清算机制中应引入“过桥机构”，由其接管问题保险机构的保单[183]，降低系统重要性保险机构退出对金融市场的系统性冲击。

中国银保监会应督促平安集团、国寿集团、太保集团和人保集团预先制订和更新处置计划，并在恢复计划的预期目标无法实现的情境下及时启动处置计划，以降低处置成本，减少系统性风险。

5.6 小结

本章基于全球和国内系统重要性保险机构监管理论和实践，结合国内保险业系统性风险情况，着力于设计系统重要性保险机构监管机制，从监管主体、监管对象、监管目标、监管层次和监管政策等方面加以研究，构建系统重要性保险机构监管框架。

明确监管主体为“一委一行两会”，制定定量指标和定性指标相结合的评估方法以识别系统重要性保险机构（即监管对象），确立国家监管、行业自律和社会监督管理及企业内控管理相结合的多层次监管体系，明确监管目标包括总体目标和具体目标，总体目标根据系统重要性保险机构的风险贡献程度不同加以确定，具体目标则包括损前目标和损后目标。针对损前目标确定监管政策为日常管理，管理内容主要包括（表 5.3）：基于外部效应的存在提出加强服务实体经济能力以增进社会福利；基于公司治理的风险传导机制提出完善其公司治理，阻断公司治理风险传导渠道；基于流动性不足、偿付能力不足的风险传导机制提出加强流动性管理、偿付能力管理和更高的资本要求；基于负外部效应的存在提出加强系统性风险管理。针对损后目标确定危机管理政策，主要包括有效的恢复与处置计划。

表 5.3 系统重要性保险机构监管策略

时点	监管目标	监管内容	
损失发生前	增强系统重要性保险机构持续经营能力，减少其发生重大风险的可能性，降低其系统重要性	日常管理	服务实体经济
			公司治理
			偿付能力管理
			流动性风险管理
			系统性风险管理
损失发生后	确保其发生重大风险时能够得到有效恢复或处置，保障其业务和服务不致中断，系统性风险不致扩散	危机管理	恢复计划
			处置计划

资料来源：根据本书 D－SIIs 监管政策研究结果整理。

第6章

研究结论与展望

6.1 研究结论

通过研究，本书形成以下研究结论。

研究结论一：国内系统重要性保险机构监管工作的积极推进，不仅仅源自国际和国内监管层面的政策推动，更是源自国内金融经济发展的实际需求。进行中国国内系统重要性保险机构识别和监管研究基于监管层面的政策推进，基于国内保险业发展的需求，基于国内系统性金融风险防范的需求，基于社会主义经济建设高质量稳定发展的需求。

研究结论二：保险业系统性风险包括风险因素、风险事件以及风险损失三个构成要素。系统性风险因素引致风险事件，并导致风险损失。保险业系统性风险因素可能是外部环境改变或内部治理问题。保险业系统性风险事件是保险机构破产或倒闭，保险保障功能和风险管理功能、融通资金功能、服务社会治理功能丧失。保险业系统性风险损失包括直接损失和间接损失，其实质是保险业正外部效应丧失和负外部性产生导致的损失。

研究结论三：各国关注和监管系统重要性保险机构，原因在于其具有强烈的外部性，危机发生时各国将面临双重损失的叠加，即正外部效应的丧失和负外部损失。各国进行系统重要性保险机构监管意在强化其正外部效应的同时内化负外部效应。

研究结论四：我国保险业存在系统性风险，其对金融子行业及金融业存在风险溢出。保险业潜在系统性风险在 40 多年间时有表现，如 20 世纪 80 年代保险资金无序投资、90 年代寿险业巨额利差损、2015—2016 年保险资金疯狂举牌股市和四起保险公司接管事件。这些保险风险事件，若无监管部门或政府部门最后兜底，及时监管、施救或接管，就可能导致保险公司破产，酿成保险行业危机，并扩散出去，影响银行业、证券业甚至整个实体经济，形成系统性风险。究其根源，保险业系统性风险源自经营业务及保险制度背景变化，其会触发保险业个体发生内部危机，或是遭受外来冲击时增加风险扩散的可能性和严重程度，引致保险行业内发生多米诺骨牌效应和海啸效应，保险行业内风险在行业外部传导和蔓延，波及金融业、实体经济部门，造成严重损失。

研究结论五：国内系统重要性保险识别基于指标法进行，并运用中国保险业尾部风险关联网络模型加以验证，明确平安集团、国寿集团、太保集团和人保集团为系统重要性保险机构，其他保险公司为非系统重要性保险机构。基于指标法进行指标选择，基于熵权法进行权重设置。具体设置五个大类指标（规模、关联度、复杂性、可替代性四个正指标和公司治理一个逆指标），通过熵权法客观赋权，计算得出保险机构系统重要性得分。通过聚类分析，明确 23 家参评保险机构中，平安集团、国寿集团、太保集团和人保集团为系统重要性保险机构，其他保险公司为非系统重要性保险机构。基于中国保险业尾部风险关联网络确定保险机构存在系统性风险，并根据保险机构节点的出、入度边线数量及风险关联强度，就四家保险机构进行系统重要性程度排定，由大到小依次为：中国平安、中国人寿、中国太保、新华保险。除中国人保集团上市时间较短未入选样本外，指标法中平安集团、国寿集团、太保集团的系统重要性程度高低均得到实证检验。

研究结论六：国内系统重要性保险机构监管机制应从监管主体、评估办法、监管目标、监管层次和监管政策等方面设计。“一委一行两会”作为监管主体进行系统重要性保险机构评估，根据系统风险贡献度不同设定监管总体目标，根据具体的损前目标和损后目标，确定提升服务实体经济能力、完善公司治理、加强偿付能力管理、流动性风险管理和系统性风险管理等日常监管政策，确定有效的恢复计划和处置计划等危机监管政策，从而使系统重要性保险机构的正外部性得以强化、负外部性得以遏制，确保系统重要性程度得以降低，系统重要性风险减少和消除。

6.2 研究展望

未来的研究应基于以下两个方面进行。

研究展望一：循经济、保险之发展路径继续深度探讨。研究中笔者力图能够全方位、多角度进行保险业系统性风险和系统重要性保险机构研究，但是经济动态变幻，市场日新月异，保险市场复杂奥妙之态绝非一纸所能言尽，绝非一夕所能全览。未曾合卷，未曾付梓，已然心怀众多的预期研究动向：随着国内保险业的发展，进一步考察保险业系统重要性程度；随着市场化的推进，进一步考察系统重要性传导机制的变化；随着经济周期变动，进一步考察国内系统重要性保险机构的外部性；随着保险业对外开放加速，进一步研究外资保险企业的系统重要性。此外，就保险公司的公司治理、流动性、偿付能力等对保险机构系统重要性程度的影响和贡献程度加以研究，也是余心所向。

研究展望二：循国际监管之最新动向进行动态潜研。从 2017 年开始全球系统重要性保险机构名单已然经年未更①，其原因是 IAIS 欲制定“以活动为中心”的新评估方法（Activities Based Approach）。2019 年 11 月 IAIS 发布 *Holistic Framework for Systemic Risk*（《保险业系统性风险管理整体框架》），作为全球保险业年度监测评估的新依据。其中，设定监测范围扩展为各国保险行业整体和个体保险人，监测指标变动为规模（5%）、全球活跃度（5%）、互联性（56.7%）、资产流动性（28.3%）和可持续性（权重 5%），并辅以承保及偿付能力、保单持有人行为、经济环境和新兴风险等维度指标。这一新的监管思路实际上是在判定各国保险行业整体风险程度的基础上确定系统重要性保险机构[184]，本书在对国内保险业系统性风险存在性进行判定的基础上评估系统重要性保险机构的思路与此契合，但是新监管指标及权重对于国内系统重要性保险机构评估的适用性和科学性尚待考证，这也将成为新的研究动向。

---

① FSB 将于 2022 年 11 月根据整体性框架评估结果，再行确定是否继续识别 G－SIIs。

附　录

本书用到的程序代码（Python）

```
# In［1］：导入模块
import numpy as np
import pandas as pd
import statsmodels. formula. api as smf
import statsmodels. api as sm
import matplotlib. pyplot as plt
import networkx as nx
# In［2］：数据清洗
#保险、银行、证券机构数据导入
BX = pd. read_ excel（´BX. xls´）
YH = pd. read_ excel（´YH. xlsx´）
YH = YH. drop（［´Date´］，axis =1）
ZQ = pd. read_ excel（´ZQ. xlsx´）
ZQ = ZQ. drop（［´Date´］，axis =1）
#机构数据合并
Data = pd. concat（［BX，YH，ZQ］，axis =1）
#与其他数据合并再分割，使得全部时间一致
SHIBOR = pd. read_ excel（´SHIBOR. xls´）
GD = pd. read_ excel（´GD. xls´）
M = pd. merge（SHIBOR，GD，on =´Date´）
Data = pd. merge（Data，M，on =´Date´）
GDV = pd. read_ excel（´GDV. xls´）
```

```
GDV ['RC'] = GDV ['GDV'] -GDV ['GDV'] . shift (64)
GDV = GDV. drop (range (0, 64))
GDV = GDV. reset_ index (drop = True)
Data = pd. merge (Data, GDV, on ='Date')
#开始提取分割
SHIBOR = Data ['Shibor']
SHIBOR = SHIBOR. drop ( [0], axis =0)
SHIBOR = SHIBOR. reset_ index (drop = True)
SHIBOR
GD = Data ['GD']
GD = GD. drop ( [0], axis =0)
GD = GD. reset_ index (drop = True)
GD
#计算求出短期流动性风险(宏观状态变量之1)
ML = SHIBOR - GD
ML. name = 'ML'
##短期国债利率差(宏观状态变量之2)
RC = Data ['RC']
RC = RC. drop ( [0], axis =0)
RC = RC. reset_ index (drop = True)
RC
#计算求出机构收益率,43 家金融机构
Data = Data. drop ( ['Date', 'Shibor', 'GD', 'GDV', 'RC'], axis =1)
Return = Data/Data. shift (1)
Return = Return. drop ( [0], axis =0)
Return = Return. reset_ index (drop = True)
Return
#股指收益率及收益率的波动率(宏观状态变量之34)
MRV = pd. read_ excel ('MRV. xlsx')
```

```
MRV ['Indefull'] = MRV ['Indefull'] /MRV ['Indefull'] . shift (1)
MRV = MRV. drop ([0], axis =0)
MRV. head ()
MRV ['Mov_ Vol'] = MRV ['Indefull'] . rolling (window =63, center =
False) . std ()
#MRV ['Mov_ Vol'] . isnull () . value_ counts ()
MRV = MRV. drop (range (1, 245))
MRV = MRV. drop (['Date'], axis =1)
MRV = MRV. reset_ index (drop = True)
MRV
#宏观数据汇总
Macro = pd. concat ([MRV, ML, RC], axis =1)
#调整时间滞后，宏观 -1，机构匹配宏观时期
Macro = Macro. drop ([0], axis =0)
Macro = Macro. reset_ index (drop = True)
Return = Return. drop ([1943], axis =0)
#全体数据汇总
Return_ Macro = pd. concat ([Return, Macro], axis =1)
a = Return. describe ()
# In [3]: 分位数方法的 VaR 与 CoVaR 回归
N = Return. shape [1] #/列数，即机构数量
M = Macro. shape [1]
T = Return. shape [0]
params1 =np. zeros ((N, M +1)) #VaR 回归结果
params2 =np. zeros ((N, N, M +1 +1)) #CoVaR 回归结果
params2p =np. zeros ((N, N, M +1 +1))
#i =0
#j =1
for i in range (N):
```

```
    Y = Return_ Macro. iloc [ :, i]
    mod1 = smf. quantreg ('Y ~ Macro', Return_ Macro)
    res1 = mod1. fit (q =0. 05)
    params1 [i, :] = res1. params

    for j in range (N):
        if i = = j:
            continue
        X = Return_ Macro. iloc [ :, j]
        mod2 = smf. quantreg ('Y ~ X + Macro', Return_ Macro)
        res2 = mod2. fit (q =0. 05)
        params2 [i, j, :] = res2. params
        params2p [i, j, :] = res2. pvalues
        if params2p [i, j, 1] > 0. 05:
            params2 [i, j, 1] = 0
# In [4]: 正态性检验: 分位数图
plt. rcParams ['font. sans - serif'] = ['SimHei']    #用来正常显示中文标签
plt. rcParams ['axes. unicode_ minus'] =False  #用来正常显示负号
fig, axes = plt. subplots (9, 5, figsize = (30, 45))
for i in range (0, 9):
    for j in range (0, 5):
        sm. qqplot (Return. iloc [ :, 5 * i + j]. dropna (), line ='s', ax =axes [i, j])
        axes [i, j] . grid (True)
        axes [i, j] . set_ title (Return. columns [5 * i + j])
        axes [i, j] . set_ xlabel ('理论分位数')
        axes [i, j] . set_ ylabel ('样本分位数')
plt. subplots_ adjust (wspace =0. 3, hspace =0. 4)
```

In [5]：提取 Beta 系数矩阵，转置形成 w 溢出关系矩阵 wij 表示 i 对 j 的溢出

```
Beta = np.zeros ( (N, N))
for i in range (N):
    Beta [i,:] = params2 [i,:, 1]
43 * 43 - 22
Beta = Beta.T
#D_ CoVaR = CoVaR05 - CoVaR50
```

In [6]：根据 Beta 矩阵计算系统风险贡献度指数 C 与系统风险暴露度指数 E

```
#计算 VaR
VaR_ spe = np.zeros ( (T, N)) #时间序列
for i in range (N):
    for t in range (T):
        VaR_ spe [t, i] = params1 [i, 0] + sum (params1 [i, 1:5] * (Macro.iloc [t,:] .values))
VaR = VaR_ spe.mean (axis =0) #时间序列取均值
ALL = Beta.sum ()
C = VaR * np.sum (Beta, axis =1) /ALL#每行各自求和，除总数，乘 VaR
E = VaR * np.sum (Beta, axis =0) /ALL#每列各自求和，除总数，乘 VaR
```

In [7]：根据 Beta 矩阵计算行业内部的系统风险贡献度指数 C 与系统风险暴露度指数 E

```
#VaR_ BX = VaR [: 4] .mean ()
#VaR_ YH = VaR [4: 20] .mean ()
#VaR_ ZQ = VaR [20: 43] .mean ()
ALL_ BX = np.sum (Beta [: 4,: 4])
C_ BX = VaR [0: 4] * (np.sum (Beta [: 4,: 4], axis =1) *4) /
```

```
(float (ALL_ BX) *43)
    c_ bx = C_ BX. mean ()
    E_ BX = VaR [0: 4] * (np. sum (Beta [: 4,: 4], axis =0) *4) /
(float (ALL_ BX) *43)
    e_ bx = E_ BX. mean ()
    ALL_ YH = np. sum (Beta [4: 20, 4: 20])
    C_ YH = VaR [4: 20] * (np. sum (Beta [4: 20, 4: 20], axis =1) *
16) / (float (ALL_ YH) *43)
    c_ yh = C_ YH. mean ()
    E_ YH = VaR [4: 20] * (np. sum (Beta [4: 20, 4: 20], axis =0) *
16) / (float (ALL_ YH) *43)
    e_ yh = E_ YH. mean ()
    ALL_ ZQ = np. sum (Beta [20: 43, 20: 43])
    C_ ZQ = VaR [20: 43] * (np. sum (Beta [20: 43, 20: 43], axis =
1) *23) / (float (ALL_ ZQ) *43)
    c_ zq = C_ ZQ. mean ()
    E_ ZQ = VaR [20: 43] * (np. sum (Beta [20: 43, 20: 43], axis =
0) *23) / (float (ALL_ ZQ) *43)
    e_ zq = E_ ZQ. mean ()
    # In [8]: CoVaR、Delta CoVaR 的计算
    CoVaR_ spe = np. zeros ((N, N, T)) #时间序列
    for i in range (N):
        for j in range (N):
            for t in range (T):
                    CoVaR_ spe [i, j, t] = params2 [i, j, 0] + params2 [i,
j, 1] *VaR_ spe [t, j] + sum (params2 [i, j, 2: 6] * (Macro. iloc [t,:].
values))
    CoVaR = CoVaR_ spe. mean (axis =2)
    Return_ Mean = Return. mean (axis =0)
```

```
D_ CoVaR = np. zeros ( (N, N))
for i in range (N):
    for j in range (N):
        D_ CoVaR [i, j] = Beta [i, j] * (VaR [i] -Return_ Mean
[i])
# In [9]: PMFG 网络算法
#将 D_ CoVaR 结果导入 matlab, PMFG 算法计算后的结果导入 Net
Net = pd. read_ excel ('test. xlsx')
Net = Net. values
#核定: 对称矩阵? 无向图权重存在性? 边数量?
cou1 = 0
for i in range (N):
    for j in range (N):
        if Net [i, j] ! =0:
            cou1 + =1
cou1
cou2 = 0
for i in range (N):
    for j in range (N):
        if Net [i, j] ! =0 and Net [j, i] ! = 0:
            cou2 + =1
cou2
#核定无误后生成有向图
for i in range (N):
    for j in range (N):
        if Net [i, j] ! =0 and Net [j, i] ! = 0:
            if D_ CoVaR [i, j] > D_ CoVaR [j, i]:
                Net [j, i] = 0
            elif D_ CoVaR [i, j] < D_ CoVaR [j, i]:
```

```
                Net [i, j] = 0
            else:
                print ('same: ' + str (i) + 'and' + str (j))
# In [10]: 网络作图及相关参数计算
G = nx. DiGraph ()
for i in range (N):
    for j in range (N):
        if i ! =j and Net [i, j] ! =0:
            G. add_ weighted_ edges_ from ( [ (str (i), str (j), Net [i,
j])])
position = nx. circular_ layout (G)
nx. draw (G, position, node_ color = 'silver', with_ labels = True)
#单源最短路径算法求出节点 v 到图 G 每个节点的最短路径，存入 path-
lengths
pathlengths = [ ]
for v in G. nodes ():
    spl = nx. single_ source_ shortest_ path_ length (G, v)
    print ('%s %s'% (v, spl))
    for p in spl. values ():
        pathlengths. append (p)
#取出每条路径，计算平均值。
print ( (sum (pathlengths) /len (pathlengths)))
#最大最小 DCovaR
D_ CoVaR [D_ CoVaR = =0] = -5
abs (D_ CoVaR) . max ()
abs (D_ CoVaR) . min ()
#单个流向问题
Numout = 0
Numin = 0
```

```
Numoutin = 0
Numno = 0
for i in range (N):
    if Net [i,:] . any () ! =0 and Net [:, i] . any () ! = 0:
        Numoutin + = 1
    elif Net [i,:] . any () ! =0 and Net [:, i] . all () = = 0:
        Numout + = 1
    elif Net [i,:] . all () = =0 and Net [:, i] . any () ! = 0:
        Numin + = 1
    elif Net [i,:] . all () = =0 and Net [:, i] . all () = = 0:
        Numno + = 1
Numout
Numin
Numoutin
Numno
Numout + Numin + Numoutin + Numno
# In [11]: 网络表格计算
#发散强度与吸收强度
Net = abs (Net)
Strength_ out = Net. sum (axis = 1)
Strength_ in = Net. sum (axis = 0)
#行业间流向
Net [Net! =0] = 1
Num_ Ind = np. zeros ( (4, 4))
Num_ Ind [0, 0] = Net [: 4,: 4] . sum ()
Num_ Ind [0, 1] = Net [: 4, 4: 20] . sum ()
Num_ Ind [0, 2] = Net [: 4, 20: 43] . sum ()
Num_ Ind [1, 0] = Net [4: 20,: 4] . sum ()
Num_ Ind [1, 1] = Net [4: 20, 4: 20] . sum ()
```

```
Num_ Ind [1, 2] = Net [4: 20, 20: 43] .sum ()
Num_ Ind [2, 0] = Net [20: 43,: 4] .sum ()
Num_ Ind [2, 1] = Net [20: 43, 4: 20] .sum ()
Num_ Ind [2, 2] = Net [20: 43, 20: 43] .sum ()
Num_ Ind [3,: 3] = Num_ Ind [: 3,: 3] .sum (axis =0)
Num_ Ind [: 3, 3] = Num_ Ind [: 3,: 3] .sum (axis =1)
#节点出度中心度与入度中心度
Cen_ out = Net. sum (axis =1) / (N -1)
out_ = Net. sum (axis =1)
Cen_ in = Net. sum (axis =0) / (N -1)
in_ = Net. sum (axis =0)
```

参考文献

[1] IAIS. Position Statement on Key Financial Stability Issues[R]. 2010.

[2] Geneva Association. Systemic Risk and Insurance: An Analysis of Insurance and Financial Stability[R]. 2011.

[3] FSB. Extending the G – SIFI Framework to Domestic Systemically Important Banks[R]. 2012.

[4] BCBS. Management Framework of Global Systemically Important Banks[R]. 2012.

[5] Karnitschnig M, Solomon D, Pleven L, et al. US to Take over AIG in $85 Billion Bailout; Central Banks Inject Cash as Credit Dries up[J]. Wall Street Journal, 2008,17(3):53 – 76.

[6] Andrews E L, Baker P. AIG Planning Huge Bonuses after $170 Billion Bailout [N]. New York Times, 2009 – 03 – 15(1).

[7] Sjostrom Jr W K. The AIG Bailout [J]. Washington and Lee Law Review, 2009, 66(3):943,977 – 983.

[8] 朱铭来,卓宇. AIG危机对我国保险业的启示[J]. 中国金融,2008(21): 34 – 36.

[9] 管斌,彭诗颖. 我国保险接管制度的评析与完善[J]. 华中科技大学学报(社会科学版),2019,33(1):92 – 101.

[10] Geneva Association. Systemic Risk in Insurance: Special Report of the Geneva Association Systemic Risk working Group[R]. 2010.

[11] IAIS. Global Systemically Important Insurers (G – SIIs): Proposed Assessment Methodology[R]. 2012.

[12] IAIS. Global Systemically Important Insurers (G – SIIs): Initial Assessment

Methodology[R]. 2013.

[13] IAIS. Global Systemically Important Insurers (G－SIIs): Updated Assessment Methodology [R]. 2016.

[14] IAIS. Systemic Risk of Insurance Product Characteristics[R]. 2016.

[15] Swiss Re. Reinsurance－A Systemic Risk[R]. Sigma, 2003.

[16] Group of Thirty. Reinsurance and International Financial Markets [R]. 2006.

[17] 王丽珍. 中国保险业系统性风险再保险业务传染效应研究[J]. 当代经济科学,2015(5):1－10.

[18] Harrington S E. Capital Adequacy in Insurance and Reinsurance//Scott H S, et al. Capital Adequacy Beyond Basel: Banking, Secutities and Insurance[M]. Oxford: Oxford University Press, 2003.

[19] Brewer E, Jackson W E. Inter－industry Contagion and the Competitive Effects of Financial Distress Announcements: Evidence from Commercial Banks and Life Insurance Companies[R]. Federal Reserve Bank of Chicago Working Paper No. 23, 2002.

[20] Geneva Association. Systemic Risk in Insurance: An Analysis of Insurance and Financial Stability[R]. Special Report of the Geneva Association Systemic Risk Working Group, 2010.

[21] Geneva Association. Systemic Risk and Insurance: An Analysis of Insurance and Financial Stability [R]. 2011.

[22] Chen H, et al. Systemic Risk and the Interconnectedness Between Banks and Insurers: An Econometric Analysis [J]. Journal of Risk and Insurance 2014, 81 (3): 623－652.

[23] Bell M, Keller B. Insurance and Stability: the Reform of Insurance Regulation [R]. Zurich Financial Services Group Working Paper, 2009.

[24] Cummins J D, Weiss M. A. Systemic Risk and the US Insurance Sector [J]. Journal of Risk and Insurance, 2014, 81(3):489－528.

[25] Berdin E, Sottocornola M. Insurance Activities and Systemic Rik[R]. Safe Working Paper, No. 121, 2015.

[26] Harrington S E. The Financial Crisis, Systemic Risk, and the Future of Insur-

ance Regulation[J]. Journal of Risk and Insurance, 2009,76(4):785 - 819.

[27] 赵桂芹,吴洪.保险体系的系统风险相关性评价:一个国际视角[J].保险研究,2012(9):112 - 119.

[28] 完颜瑞云,锁凌燕.保险公司与系统性风险的中国视角:理论与实证[J].保险研究,2018(11):3 - 16.

[29] 方蕾,粟芳.中国保险业系统性风险的存在性研究:基于动态均衡模型的视角[J].保险研究,2018,(11):17 - 28.

[30] 徐华,魏孟欣,陈析.中国保险业系统性风险评估及影响因素研究[J].保险研究,2016(11):3 - 15.

[31] Baluh F, et al. Insruance, Systemic Risk and the Financial Crisis[J]. The Geneva Papers on Risk and Insurance - Issues and Practice, 2011, 36(1):126 - 163.

[32] Billio M, et al. Econometric Measures of Connectedness and Systemic Risk in the Finance and Insurance Sectors[J]. Journal of Financial Economics, 2012, 104 (3): 535 - 559.

[33] Weiß G N F, Mühlnickel J. Why do some insurers become systemically relevant? [J]. Journal of Financial Stability, 2014, 13(4):95 - 117.

[34] Bansal A. Systemic Importance of Insurance Companies: An Empirical Analysis [J]. International Finance and Banking, 2016, 3(1):44 - 76.

[35] Bierth C, Irresberger F, Weiß G N F, et al. Systemic Risk of Insruers around the Globe[J]. Journal of Banking & Finance, 2015, 55(6):232 - 245.

[36] Chang C W, Li X, Lin E M H, et al. Systemic Risk, Interconnectedness, and Non-core Activities in Taiwan Insurance Industry[J]. International Review of Economics & Finance, 2017, 7(14):35 - 47.

[37] Schwarcz D, Schwarcz S L, Regulating Systemic Risk in Insurance[J]. University of Chicago Law Review, 2014, 81(4):1569 - 1640.

[38] Weiβ G N F, Neumann D B. Systemic Risk and Bank Consolidation: International Evidence [J]. Social Science Electronic Publishing, 2014, 40(1):165 - 181.

[39] Baranoff E. An Analysis of the AIG Case: Understanding Systemic Risk and Its Relation to Insurance [J]. Journal of Insurance Regulation, 2012, 31(1):243 - 270.

[40] 林鸿灿,刘通,张培园. 保险机构系统性风险溢出效应的实证研究:基于 AR - GARCH - CoVaR 模型[C]. 北大赛瑟(CCISSR)论坛文集,2012:310 - 324.

[41] 刘璐,王超. 保险公司业务与系统性风险成因研究[J]. 长春大学学报,2019,29 (7):7 - 13.

[42] 谢远涛,蒋涛,杨娟. 基于尾部依赖的保险业系统性风险度量[J]. 系统工程理论与实践,2014,34(8):1921 - 1931.

[43] Jobst A A. Systemic Risk in the Insurance Sector: A Review of Current Assessment Approaches [J]. The Geneva Papers on Risk and Insurance - Issues and Practice, 2014, 39 (3):440 - 470.

[44] 陈华,李斌. 浅论中国保险行业系统性风险[J]. 上海保险,2007(5): 9 - 13.

[45] 邹奕格,粟芳. 特殊事件对保险公司和行业系统性风险的冲击[C]. 2019 中国保险与风险管理国际年会论文集,2019:187 - 205.

[46] Thomson J B. On Systemically Important Financial Institutions and Progressive Systemic Mitigation [J]. 2009, 27(8):56 - 72.

[47] Bobtheff C, et al. Analysis of Systemic Risk in the Industry [J]. the Geneva Risk and Insurance Review, 2016, 41(1):73 - 106.

[48] 高姗,赵国新. 保险业系统性风险的度量框架与衡量方法研究[J]. 内蒙古金融研究,2014(1):56 - 64.

[49] 朱南军,周娜,邓博文 . 中国国内系统重要性保险机构评估与分析:基于指标法与主成分分析法[J]. 保险研究,2018(11):29 - 40.

[50] 张琳,何玉婷. 基于主成分分析的我国系统重要性保险公司研究[J]. 保险研究,2015(12):40 - 50.

[51] 刘乐平. 中国系统重要性保险机构评估[J]. 湖南社会科学,2016(5): 129 - 135.

[52] 王超,黄英君. 中国系统重要性保险机构评定研究:基于层次分析法和 TOPSIS 评价模型[J]. 西南金融,2019(2):33 - 40.

[53] IMF, BIS, FSB. Guidance to Assess the Systemic Importance of Financial Institutions, Markets and Instruments: Initial Current Issues Considerations [R]. Report to

the G20 Finance Ministers and Governors, 2009.

[54] Pedersen A, Richardson P M. Measuring Systemic Risk[R]. Working Paper, NYU Stern School, 2010:1 – 30.

[55] Brownlees C T, et al. Volatility, Correlation and Tails for Systemic Risk Measurement[R]. NYU Stern School of Business Working Paper, 2012.

[56] Engle R, et al. Systemic Risk in Europe [J]. Review of Finance, 2015, 19(1): 145 – 190.

[57] Adrian T, Brunnermeier M K. CoVaR[R]. NBER Working Paper, No. 17452, 2011.

[58] Tarashev, Borio, Tsatsaronis. Attributing Systemic Risk to Individual Institution [R]. BIS Working Paper, 2010(5):308 – 321.

[59] Chen H, Sun T. Tail Risk Networks of Insurers Around the Globe: An Empirical Examination of Systemic Risk for G – SIIs v. s. Non G – SIIs [J]. Social Science Electronic Publishing, 2017(1):145 – 185.

[60] Chang C W, Li X, Lin E M H, et al. Systemic Risk, Interconnectedness, and Non – core Activities in Taiwan Insurance Industry[J]. International Review of Economics & Finance, 2017(7), 55 – 75.

[61] Banulescu G D. Dumitrescu[J]. Which Are the SIFIs? A Component Expected Shortfall Approach to Systemic Risk [J]. Journal of Banking & Finance, 2015, 50(1): 575 – 588.

[62] Acharya V V, Richardson M. Is the Insurance Industry Systemically Risky? [M]. Modernizing Insurance Regulation: John Wiley & Sons, Inc, 2014.

[63] Acharya V V, et al. Systemic Risk and the Regulation of Insurance Companies [M]. Regulating Wall Street: the Dodd – Frank Act and the New Architecture of Global Finance, John Wiley & Sons, Lnc. 2011.

[64] 刘璐,王春慧. 基于 DCC – GARCH 模型的中国保险业系统性风险研究[J]. 宏观经济研究,2016(9):90 – 99.

[65] 张琳,汤薇,林晓婕,等. 基于 SVM – SRISK 的非上市保险公司系统性风险度量[J]. 保险研究,2018(6):3 – 15.

[66] 欧阳资生,李钊.中国上市保险公司的系统重要性评估研究[J].湖南商学院学报,2017,24(1):25-29.

[67] 郑梦灵,王丽珍.基于CoVaR的保险机构系统性风险研究[J].上海保险,2017(1):42-48.

[68] 朱衡,卓志.保险公司系统重要性识别及其影响因素研究:基于系统性风险敞口与贡献的视角[J].保险研究,2019(3):3-16.

[69] Acharya V V. A Theory of Systemic Risk and Design of Prudential Bank Regulation [J]. Journal of Financial Stability, 2009(3):58-76.

[70] BIS, FSB, IMF. Macroprudential Policy Tools and Frameworks[R]. Progress Report to G20, 2010.

[71] Piet C. the Term "Macroprudential" Origins and Evolution[R]. BIS Quarterly Review, 2010.

[72] BIS. Macro - prudential Regulation and Policy[R]. Bank for International Settlements, BIS Papers, 2011.

[73] Crockett A. Marrying the Micro - and Marco - Prudential Dimensions of Financial Stability[R]. BIS Speeches, 2000.

[74] Borio C. Towards a Macro - prudential Framework for Financial Supervision and Regulation [J]. CESIfo Economic Studies, 2003,49(2):181 -216.

[75] Galati G, Moessner R. Macro - prudential Policy—A Literature Review[R]. De Nederlandsche Bank Working Paper, No. 267, 2012.

[76] IMF. Toward Operationalizing Macro - prudential Policies: When to Act? Chapter 3 in Global Financial Stability Report[R]. Working Paper, 2011.

[77] 臧敦刚.后危机时代保险业宏观审慎监管[J].国际经济合作,2011(12):84-87.

[78] FSB. Global Systemically Important Insurers (G-SIIs) and the Policy Measures that Will Apply to Them[R]. 2013.

[79] IAIS. Global Systemically Important Insurers: Policy Measures[R]. 2013.

[80] 中国保监会.国内系统重要性保险机构监管暂行办法(征求意见稿)[R].2016.

[81] 中国保监会.国内系统重要性保险机构监管暂行办法(第二轮征求意见稿)[R].2016.

[82] 中国银保监会,人民银行,证监会. 关于完善系统重要性金融机构监管的指导意见[R].2018.

[83] 刘兴亚,王少群,陈敏.全球系统重要性保险机构的评估方法和政策措施[J].金融发展评论,2013(9):94 - 97.

[84] 林斌.全球系统重要性保险机构监管新规:更高损失吸收能力[J].金融会计,2016(4):55 - 61.

[85] 郝演苏.防范系统性风险的双刃剑[J].经济,2013(8):96 - 97.

[86] 郭金龙,赵强.保险业系统性风险文献综述[J].保险研究,2014(6):41 - 52.

[87] 朱南军,高子涵.系统重要性保险机构的评估与监管:国际实践与中国探索[J].经济体制改革,2017(2):150 - 156.

[88] 赛铮.保险系统性风险的风险溯源与监管创新[J].财经理论与实践,2019, 40(5):34 - 39.

[89] ECB. Systemic Risk: A Survey[R]. Working Paper, 2009.

[90] Schapiro. Systemic Risk and the Macroeconomy[R]. Working Paper, 2009.

[91] 卓志,朱衡.保险业系统性风险研究前沿与动态[J].经济学动态,2017(6): 109 - 120.

[92] Dow J. What is Systemic Risk? Moral Hazard, Initial Shocks, and Propagation [J]. Monetary and Economic Studies, 2000, 18(2):1 - 24.

[93] 包全永.银行系统性风险的传染模型研究[J].金融研究,2005(8):72 - 84.

[94] 王远卓,钟潇. 系统重要性保险机构的评估和监管[J].保险理论与实践,2017(1):82 - 93.

[95] 徐杰.信息不对称与金融市场脆弱性[J].中央财政金融学院学报,2004(4):30 - 40.

[96] 魏华林.保险的本质、发展与监管[J].金融监管研究,2018(8):1 - 20.

[97] Fisher I. The Debt - Deflation Theory of Great Depressions [J]. Econometri-

ca: Journal of the Econometric Society, 1933(1):337 – 357.

[98] Gennaioli N, Shleifer A, Vishny R, Risks N, Financial Innovation, and Financial Fragility[J]. Journal of Financial Economics, 2011(4): 53 – 64.

[99] 梁赫. 金融脆弱性与金融风险应对策略研究[J]. 北方经贸, 2019(5): 106 – 107.

[100] 陈守东. 系统性金融风险与宏观审慎监管研究[M]. 北京: 科学出版社, 2016.

[101] Stiglitz J E. Pecuniary and Market – Mediated Externalities: Towards a General Theory of the Welfare Economics with Incomplete Information and Incomplete Markets [R]. NBER Working Paper Series, No. 1304, 1984.

[102] Rasmusen E. Games and Information: An Introduction to Game Theory [M]. Basil Blackwell, 1989.

[103] Maslow A. A Theory of Human Motivation [J]. Psychological Review, 1943, 50(4): 370 – 396.

[104] Spence M, Zeckhauser R J. Insurance, Information, and Individual Action [J]. The American Economist, 1971(6):234 – 256.

[105] Buchanan M, Stubblebine W C. Externality [J]. Economic, 1962(29): 371 – 384.

[106] Baumol W J, Oates W E. Theory of Environmental Policy [M]. Cambridge: Cambridge University Press, 1988.

[107] 国务院. 国务院关于加快发展现代保险服务业的若干意见(国发〔2014〕29号)[R]. 2014.

[108] 中国保监会. 保险业功能服务指标体系[R]. 2015.

[109] 薛昊旸. 系统重要性金融机构的外部性及其宏观效应研究[J]. 经济问题, 2013(7):44 – 50.

[110] BIS. Macroprudential Instruments and Frameworks: A Stocktaking of Issues and Experiences[R]. CGFS Papers, 2010.

[111] BCBS. An Assessment of the Long Term Economic Impact of the New Regulatory Framework[R]. 2010.

[112] BCBS. Global Systemically Important Banks: Assessment Methodology and the Additional Loss Absorbency Requirement[R]. 2011.

[113] FSB, IMF, BIS. Macroprudential Policy: An Organizing Framework [R]. Working Paper, 2011.

[114] FSB. Detecting System Risk[R]. Global Financial Stability Report, 2009.

[115] 王少群,吴云. 全球系统重要性保险机构评估方法修订[J]. 金融发展评论,2017(1):53 -58.

[116] Klein R W. Principles for Insurance Regulation: an Evaluation of Current Pratices and Potential Reforms [J]. Geneva Papers on Risk and Practice, 2012,37 (1): 175 -199.

[117] FSB, IMF, BIS. Elements of Effective Macroprudential Policies: Lessons from International Experience [R]. 2016.

[118] IAIS. Insruance Core Principles, Standards, Guidance and Assessment Methodology[R]. 2011.

[119] IAIS. Common Framework for the Supervision of IAIGs[R]. 2011.

[120] FSB. Increasing the Intensity and Effectiveness of SIFI Supervision[R]. 2011.

[121] FSB. Key Attributes of Effective Resolution Regimes for Financial Institutions [R]. 2011.

[122] IAIS. Higher Loss Absorbency Requirement for Global Systemically Important Insurers[R]. 2015.

[123] 中国银保监会. 系统重要性银行评估办法(征求意见稿)[R]. 2019.

[124] 范小云,王道平,方意. 我国金融机构的系统性风险贡献测度与监管[J]. 南开经济研究,2011(4):3 -20.

[125] 王向楠,王超. 保险系统性风险及其监管:文献述评[J]. 金融评论,2018, 10(2):111 -121,126.

[126] Koenker R, Bassett G J. Regression Quantiles[J]. Econometrica, 1978,46 (1):33 -50.

[127] Chen M Y, Chen J E. Application of Quantile Regression to Estimation of Value at Risk[D]. Chiayi City: Chung - Cheng University, 2002.

[128] Engle R, Manganelli S. CAVIAR: Conditional Autoregressive Value at Risk by Regression Quantile[J]. Journal of Business and Economic Statistics, 2004(23): 235 - 239.

[129] Brunnermeier M, Dong G, Palia D. Banks Non - interest Income and Systemic Risk[J]. Journal of Business & Economic Statistics, 2011, 20(3): 339 - 350.

[130] Bjarnadottir F. Implementation of CoVaR, A Measure for Systemic Risk[D]. Stakholm: KTH, 2012: 1 - 20.

[131] 郭金龙,周华林. 保险业的潜在系统性风险[J]. 中国金融,2016(6): 80 - 82.

[132] 赵立平,赵强. 保险行业投资与系统性风险[J]. 保险理论与实践,2017(5): 1 - 14.

[133] 郭金龙,周华林. 保险业系统性风险及其管理的理论和政策研究[M]. 北京:社会科学文献出版社,2016:23 - 25.

[134] 中国保监会. 关于提高保险资金投资蓝筹股票监管比例有关事项的通知[R]. 2015.

[135] 张梦圆. 保险资金举牌上市公司的动因及风险分析[J]. 时代金融,2018(2): 216,221.

[136] 刘汉民. 陈永安. 保险公司举牌与上市公司控制权竞争[J]. 云南财经大学学报,2019,35(3):75 - 82.

[137] 许闲. 举牌潮下保险公司的无奈:兼论保险公司的资金运用[J]. 上海保险,2016(1):18 - 19.

[138] 王辉. 从资金来源看保险资金举牌的实质[J]. 中国保险,2017(1): 45 - 49.

[139] 中国人民银行. 中国金融稳定报告(2015)[R]. 2015.

[140] 韩浩,宋亚轩,刘璐. 保险资金举牌对被举牌公司股价波动的影响研究:基于事件研究法的实证分析[J]. 保险研究,2017(8):73 - 88.

[141] 李金博. 我国保险业系统风险的潜在表现和防范建议[J]. 金融理论与实践,2018(12):97 - 102.

[142] 中国保监会. 关于强化人身保险产品监管工作的通知[R]. 2016.

[143] 中国保监会. 关于进一步完善人身保险精算制度有关事项的通知[R]. 2016.

[144] 中国保监会. 中国保监会关于规范人身保险公司产品开发设计行为的通知 [R]. 2017.

[145] 刘怡遥,张凯亮,许宇帆. 保险资金举牌现象下的公司治理模式与监管改进[J]. 金融经济,2017(24):27－28.

[146] NAIC. Insurer Receivership Model Act[R]. 2005.

[147] 姚琼巍. 对永安保险公司被接管的若干思考[J]. 上海保险,1998(2):23－25.

[148] 徐华. 中国保险业系统性风险评估及预警研究[C]. 中国保险与风险管理国际年会论文集,2019:280－297.

[149] Wilson C. A Model of Insurance Market with Incomplete Information [J]. Journal of Econometrics, 1977(5):146－159.

[150] 张维迎. 博弈论与信息经济学[M]. 上海:三联书店,2004.

[151] 宋凌峰,肖雅慧. 经济波动、业务异质性与保险业系统性风险研究[J]. 保险研究,2018(2):3－16.

[152] 郑锋. Matlab 与熵值法在综合评价中的应用[C]. Proceedings of 2010 National Vocational Education of Communications and Information Technology Conference (2010 NVCIC), 2010:110－114.

[153] 胡雷芳. 五种常用系统聚类分析方法及其比较[J]. 浙江统计,2007(4):11－13.

[154] Aleksiejuk A, Holyst J A. A Simple Model of Bank Bankruptcies[J]. Physica A Statistical Mechanics & Its Applications,2001,299(1):59－78.

[155] Muller J. Interbank Credit Lines as a Chanel of Contagion[J]. Journal of Financial Services Research,2006,29(1):88－106.

[156] Hautsch N. Schaumburg J, Schienle M. Financial Network Systemic Risk Contributions [J]. Ssrn Electronic Journel, 2013,19(2):76－95.

[157] Hardle W K, Wang W, Yu L. Tenet: Tail－Event Driven Network Risk [J]. Journel of Economitrics,2016,192(2):156－189.

[158] 李政,梁琪,涂晓枫. 我国上市金融机构关联性研究:基于网络分析法[J]. 金融研究,2016(8):95-100.

[159] 邓向荣,曹红. 系统性风险、网络传染与金融机构系统重要性评估[J]. 中央财经大学学报,2016(3):52-60.

[160] 欧阳红兵,刘晓东. 中国金融机构的系统重要性及系统性风险传染机制分析:基于复杂网络的视角[J]. 中国管理科学,2015,23(10):30-37.

[161] 叶莉,王远哲,陈勇勇. 基于尾部风险关联网络的中国金融机构间风险溢出效应研究[J]. 统计与信息论坛,2019,34(3):54-63..

[162] 鲁玉祥. 系统重要性保险机构监管改革进展及对我国的启示[J]. 金融纵横,2012(12):20-23.

[163] 朱佳欣. 基于宏观审慎的系统重要性保险机构文献综述[J]. 保险职业学院学报,2018,32(3):28-34.

[164] 王超,黄英君. 中国保险宏观审慎监管指标框架构建研究[J]. 经济社会体制比较,2017(5):169-180.

[165] 王超,王向楠. 保险系统性风险的宏观审慎监管体系探讨[J]. 新金融,2016(12):41-46.

[166] 黄娟. 我国上市保险公司内部控制评价研究[J]. 保险研究,2012(5):45-52.

[167] COSO. Enterprise Risk Management Framework[R]. 2017.

[168] 欧阳越秀,严奕杨,李夏晴. 我国财产保险公司偿付能力风险管理问题研究:基于内控视角及灰色关联分析法[J]. 保险研究,2019(2):16-27.

[169]王桂虎,郭金龙. 保险服务实体经济的效率测算及其影响因素研究:基于欧洲国家的经验[J]. 保险研究,2019(8):3-18.

[170] Association G. Stability of Insurance Sector's Investment Behaviour[C]. Insurance Sector Investments and their Iimpact on Financial Stability,2016(6):21-26.

[171]王军辉. 保险资金服务实体经济创新[J]. 中国金融,2019(18):34-37.

[172] Colquitt L L, Sommer D W, Godwin N H. Determinants of Cash Holdings by Property-Liability Insurers[J]. Journal of Risk & Insurance, 1999,66(3): 401-415.

[173] 王宜可,王佰茹. "偿二代"下我国保险公司流动性风险相对评级差异化

监管探索[J]. 保险职业学院学报,2019,33(2):17-21.

[174] 赵强. 保险业流动性风险管理:惯例与实践[N]. 中国银行保险报,2019-12-06(06).

[175] 魏祖元,陈敏,唐羽. 全球系统重要性保险机构的更高损失吸收能力要求[J]. 金融发展评论,2015(9):61-64.

[176] 郭金龙,王桂虎. 保险公司偿付能力影响因素实证研究及 C-ROSS 试运行后的新变化[J]. 金融评论,2017,9(3):47-56,124.

[177] 中国保监会国际部. 全球系统重要性保险机构监管的政策方法简介[N]. 中国保险报,2015-12-23(08).

[178] 杨镇泽. 保险公司治理的监管创新研究:保险公司特殊性的视角[J]. 中国保险,2019(4):8-11.

[179] Chiappori P A, Salanie B. Testing for Asymmetric Information in Insurance Markets [J]. Journal of Political Economy, 2000(1):234-249.

[180] 郝臣,钱璟. 保险公司董事会治理、公司绩效与偿付能力[J]. 金融发展研究,2018(3):12-20.

[181] 方蕾,谢志刚. 关于我国保险业防范和化解行业系统性风险的研究[J]. 上海保险,2018(11):13-18.

[182] 魏瑄. 国内系统重要性保险机构监管对保险集团的影响[J]. 中国保险,2016(11):29-31.

[183] 陈敏,王邦武,方爱国. 系统重要性保险机构有效处置策略指引[J]. 金融发展评论,2016(3):30-34.

[184] 锁凌燕. 系统重要性保险机构国际监管动向及启示[N]. 中国银行保险报,2020-01-21(06).

后　记

本书得以付梓之际，我内心充满了对我的老师们、我的职业和我的家庭的感恩。

博士研究生学习得以师从沈沛龙教授，是我此生之幸事。博士课程学习期间，沈先生授课一丝不苟、认真严谨，令我在习得知识的同时，更洞见为师之道便当如是；在课题调研写作期间，沈先生不辞辛苦，下县下乡，令我在完成课题的同时，更明白知行合一、学当致用。可以说，师从沈先生，习得新知识的同时，我也学会潜研，学会务实，学会育人。沈先生的言传身教，令我亦能严格自律，身在喧嚣尘世而能潜心钻研。真心感谢我的导师沈先生在校务工作繁忙的同时给予我耐心指导和热情鼓励！

从业从学过程中，张文龙教授作为博士生导师和金融学院院长，给予我学业、工作上的指导和支持。在我学习和科研的路上，张先生无私的帮助、中肯的建议和严格的要求令我受益匪浅。王书华教授和韩秀兰教授的课程为我的科研提供助力，刘维奇教授、彭建刚教授、刘晓星教授、刘立新教授、刘莉亚教授和崔婕教授为我的论文提出详尽的修改意见。真诚感谢各位老师对我的指导和帮助！

我在山西财经大学金融学院从事保险专业教学工作，教授风险管理、保险学等专业课程。多年的职业锻炼使我的研究能力和写作能力得到提升，也使我对风险及风险管理尤为敏感，研究方向的确定和研究成果的完成真是有赖于我的职业。感谢我的职业，感谢我的金融学院，感谢我的财大！

感谢我的爱人和孩子们。无数次笔耕之时，我的爱人给我的一杯热茶、一件衣服，让我感觉温暖而安全；在电脑前迎来黎明之际，我的女儿清晨醒来拥抱着我、叮嘱我休息，让我感觉累意全消；深夜工作之际，我的小儿子睡梦中的召唤让我奔赴床榻得以暂时休憩。感谢我的爱人给我静好岁月，感谢我的女儿给我温柔一抱，感谢我的稚子和我相拥而眠！

此外，还要感谢国家社会科学基金项目（编号：18BJY231）“健全系统性金融风险预警、防控与应急处置机制研究”对本研究的资助。